O FUTURO DA ADMINISTRAÇÃO

Guia das **ferramentas administrativas** para consolidar uma organização exponencial no contexto da **Indústria 4.0**

O GEN | Grupo Editorial Nacional – maior plataforma editorial brasileira no segmento científico, técnico e profissional – publica conteúdos nas áreas de ciências sociais aplicadas, exatas, humanas, jurídicas e da saúde, além de prover serviços direcionados à educação continuada e à preparação para concursos.

As editoras que integram o GEN, das mais respeitadas no mercado editorial, construíram catálogos inigualáveis, com obras decisivas para a formação acadêmica e o aperfeiçoamento de várias gerações de profissionais e estudantes, tendo se tornado sinônimo de qualidade e seriedade.

A missão do GEN e dos núcleos de conteúdo que o compõem é prover a melhor informação científica e distribuí-la de maneira flexível e conveniente, a preços justos, gerando benefícios e servindo a autores, docentes, livreiros, funcionários, colaboradores e acionistas.

Nosso comportamento ético incondicional e nossa responsabilidade social e ambiental são reforçados pela natureza educacional de nossa atividade e dão sustentabilidade ao crescimento contínuo e à rentabilidade do grupo.

Djalma de Pinho **Rebouças** de Oliveira

O FUTURO DA ADMINISTRAÇÃO

Guia das **ferramentas administrativas** para consolidar uma organização exponencial no contexto da **Indústria 4.0**

gen | atlas

- O autor deste livro e a editora empenharam seus melhores esforços para assegurar que as informações e os procedimentos apresentados no texto estejam em acordo com os padrões aceitos à época da publicação, *e todos os dados foram atualizados pelo autor até a data de fechamento do livro.* Entretanto, tendo em conta a evolução das ciências, as atualizações legislativas, as mudanças regulamentares governamentais e o constante fluxo de novas informações sobre os temas que constam do livro, recomendamos enfaticamente que os leitores consultem sempre outras fontes fidedignas, de modo a se certificarem de que as informações contidas no texto estão corretas e de que não houve alterações nas recomendações ou na legislação regulamentadora.
- Data do fechamento do livro: 28/03/2024
- O autor e a editora se empenharam para citar adequadamente e dar o devido crédito a todos os detentores de direitos autorais de qualquer material utilizado neste livro, dispondo-se a possíveis acertos posteriores caso, inadvertida e involuntariamente, a identificação de algum deles tenha sido omitida.
- **Atendimento ao cliente:** (11) 5080-0751 | faleconosco@grupogen.com.br
- Direitos exclusivos para a língua portuguesa
  Copyright © 2024 *by*
  Editora Atlas Ltda.
  Uma editora integrante do GEN | Grupo Editorial Nacional
  Travessa do Ouvidor, 11
  Rio de Janeiro – RJ – 20040-040
  www.grupogen.com.br
- Reservados todos os direitos. É proibida a duplicação ou reprodução deste volume, no todo ou em parte, em quaisquer formas ou por quaisquer meios (eletrônico, mecânico, gravação, fotocópia, distribuição pela Internet ou outros), sem permissão, por escrito, da Editora Atlas Ltda.
- Capa: Manu | OFÁ Design
- Imagem de capa: hqrloveq | iStockphoto
- Editoração eletrônica: Padovan Serviços Gráficos e Editoriais
- Ficha catalográfica

CIP-BRASIL. CATALOGAÇÃO NA PUBLICAÇÃO
SINDICATO NACIONAL DOS EDITORES DE LIVROS, RJ

O46f

Oliveira, Djalma de Pinho Rebouças de
  O futuro da administração : guia das ferramentas administrativas para consolidar uma organização exponencial no contexto da indústria 4.0 / Djalma de Pinho Rebouças de Oliveira. - 1. ed. - Barueri [SP] : Atlas, 2024.

  Inclui bibliografia e índice
  ISBN 978-65-5977-622-1

  1. Administração de empresas. 2. Planejamento estratégico. 3. Eficiência organizacional. 4. Desenvolvimento organizacional - Administração. 5. ferramentas administrativas. 6. Criatividade nos negócios. I. Título.

24-88758   CDD: 658.406
                 CDU: 005.336

Meri Gleice Rodrigues de Souza - Bibliotecária - CRB-7/6439

À Heloísa
"A vida é uma ilha de fatos cercada por um mar de interpretações."
Marcio Kühne

"Ciência e tecnologia revolucionam nossas vidas, mas a memória, a tradição e o mito moldam nossas respostas."
Arthur Schlesinger

Importância e diferencial do livro

"O espírito humano precisa prevalecer sobre a tecnologia."
Albert Einstein

A importância deste livro está correlacionada ao processo evolutivo e irreversível da necessidade de aplicação de novos conhecimentos e modernas tecnologias pelas empresas em mercados altamente complexos e de elevada competitividade. No fundo, a questão é: "modernize-se ou caia fora!".

Essa situação pode ser enfrentada pelas empresas de maneira fácil ou difícil; e o fato gerador desses dois extremos é a existência ou não do conhecimento e da aplicação, de maneira criativa e otimizada, das adequadas ferramentas administrativas, tendo uma atitude interativa para com a atual Quarta Revolução Industrial.

Se você respeitar esse princípio básico, será possível constatar que a administração da sua empresa ficará mais simples, lógica, inteligente, estruturada, criativa, ágil, interligada e aplicável, com custos menores.

Nesse contexto, pode-se afirmar que o diferencial deste livro está sustentado por sete aspectos de elevada importância para a sua atuação como profissional de empresa e para os otimizados resultados desta. São eles:

1. Aborda três assuntos interligados que são de elevada importância para toda e qualquer empresa.
   Você nunca encontrará uma empresa que, em sua realidade, não precise debater e aprimorar esses três assuntos administrativos, ou seja, a otimizada identificação e aplicação das ferramentas administrativas para facilitar a consolidação da empresa como uma organização exponencial atuando no contexto da Indústria 4.0.

2. Analisa os três assuntos com todas as suas partes integrantes de modo interligado e com elevada amplitude.

   Portanto, propicia que a empresa se direcione, de modo direto e simples, para a consolidação da administração total e integrada, a qual é algo que toda e qualquer empresa deve ter, e com qualidade.

3. Identifica todas as questões essenciais a serem analisadas, debatidas e consolidadas no processo evolutivo das organizações exponenciais, e como estas podem atuar com vantagens competitivas – reais e sustentadas – no ambiente empresarial desafiador da Indústria 4.0.

   Naturalmente, você pode identificar alguma outra questão, mas esteja certo(a) de que a sua incorporação será facilitada pela estrutura lógica do livro; em administração, o importante é você conhecer uma metodologia estruturada de desenvolvimento e operacionalização, e, daí, você terá condições de fazer as devidas adaptações e ajustes, sempre com qualidade e eficácia.

4. Incentiva um contexto motivacional de leitura, assimilação e aplicação, pois os assuntos são apresentados em um processo evolutivo e sustentado pelos cinco capítulos do livro.

   Seria interessante, e necessário, analisar outros livros que abordem questões específicas e com mais detalhes; mas esse é um início interessante e bastante prático!

5. Consolida uma situação que favorece você a pensar a respeito dos três assuntos administrativos abordados, pois:

   - Evidencia tanto "o que e por que fazer" quanto explica, com detalhes, o "como fazer".
   - Apresenta cada assunto administrativo de forma sequencial e evolutiva, facilitando a consolidação de um adequado conhecimento por você mesmo.
   - Coloca algumas questões no "meio do texto" para provocar o seu posicionamento – pessoal e profissional – quanto aos assuntos abordados.
   - Apresenta alguns exemplos ou situações de empresas – reais ou fictícias – para reforçar a sua análise e o seu raciocínio.
   - Apresenta questões para debate ao final dos capítulos, reforçando o entendimento dos assuntos abordados.
   - Apresenta exercícios para reflexão ao final de cada capítulo, direcionando você a analisar e aplicar todos os conceitos, metodologias e técnicas administrativas apresentadas no referido capítulo, além de facilitar a interligação com os outros exercícios – e até os casos! – apresentados nos demais capítulos do livro.
   - Apresenta casos – com elevada abordagem – para análise, proposta de solução e debate ao final de cada capítulo, incentivando a interligação com os casos evidenciados nos outros capítulos do livro e efetivando um processo evolutivo de análise de cada um dos assuntos tratados.

- Mostra que os três assuntos administrativos abordados no livro são simples, lógicos, necessários e de relativa facilidade de aplicação, desde que se conheçam os conceitos, as metodologias e as técnicas auxiliares para suas operacionalizações nas empresas.

    A lógica do raciocínio e dos questionamentos que você poderá consolidar analisando, resolvendo e debatendo os diversos assuntos abordados no livro pode ser visualizada pela evolução numérica na Figura 1.

6. Apresenta uma abordagem prática, totalmente direcionada para sua pronta aplicação nas empresas, sempre com efetiva qualidade total.

    Essa abordagem prática é sustentada por metodologias e técnicas administrativas consagradas, mas que podem, facilmente, ser adaptadas à realidade de cada empresa.

7. Evidencia que esses três assuntos são de elevada importância no conteúdo da grade curricular de todo e qualquer curso universitário ou profissionalizante da administração e de outras áreas do conhecimento.

    Essa é uma questão de elevada importância, pois as instituições de ensino têm que ser o alicerce sustentado dos ensinamentos e debates dos assuntos da modernidade da administração e de outros temas.

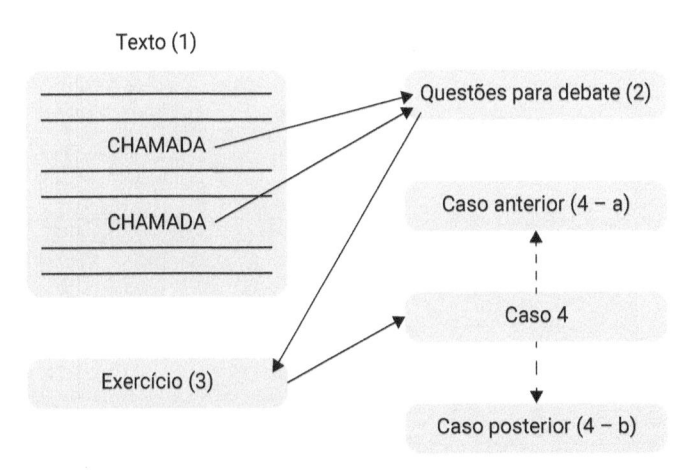

Figura 1 Evolução do raciocínio e dos questionamentos.

Com base nesses sete aspectos que sustentam o diferencial desta obra, pode-se afirmar que a decisão de escrever este livro está correlacionada a uma verdade inquestionável, a partir de vários serviços de consultoria e treinamento realizados pelo autor em empresas diversas, bem como pela troca de informações com profissionais de empresas: existe uma correlação direta entre a otimizada identificação e aplicação de ferramentas administrativas, de um lado, e, do outro, a estruturação e consolidação de organizações exponenciais, atuando com qualidade e diferencial competitivo, em ambientes da Indústria 4.0 – ou seja, o conhecimento, a inteligência, a criatividade e a inovação caminham juntos, sempre direcionados para resultados efetivos para as empresas.

Na prática, pode-se considerar que a identificação, a escolha e a aplicação das ferramentas administrativas ideais são a base de sustentação para todo esse processo.

Portanto, este livro proporciona a você o entendimento da importância, da estruturação e da aplicação de otimizadas ferramentas administrativas, com foco na modernidade das empresas; o próximo passo é você obter os resultados proporcionados por essas importantes questões administrativas das organizações.

Sucesso em sua vida profissional, sempre focando a modernidade administrativa!

Djalma de Pinho Rebouças de Oliveira

Estrutura e aplicação do livro

"O grande mito do novo tempo é que a tecnologia é comunicação."
Libby Larsen

A essência deste livro está correlacionada a seis realidades das empresas:

I – A administração, como uma tecnologia aplicada, está em constante evolução, e sua otimizada utilização está correlacionada aos conhecimentos de seus profissionais.

II – Toda e qualquer empresa tem que otimizar o processo de identificação das suas ferramentas administrativas.

III – O mesmo nível de cuidado deve existir quanto à aplicação, avaliação e aprimoramento dos resultados da operacionalização dessas ferramentas administrativas pelas empresas.

IV – A busca sustentada para se consolidar como uma organização exponencial deve ser uma premissa de toda e qualquer empresa.

V – A identificação, análise, aplicação e aprimoramento das evoluções tecnológicas devem estar no DNA das empresas.

VI – Os executivos e demais profissionais das empresas devem ter a vocação, as capacitações, as habilidades e as atitudes para otimizar os resultados das empresas no atual contexto da Quarta Revolução Industrial.

Para realizar essas seis análises e as correspondentes propostas de solução, foram respeitadas três premissas:

1. Apresentação de metodologias e técnicas administrativas estruturadas para a análise e o tratamento das diversas questões abordadas.
2. Perfeita interação entre essas ferramentas administrativas, de um lado, e a organização exponencial atuando no contexto da Indústria 4.0, do outro.
3. Forte abordagem prática, possibilitando imediata e adequada aplicação do conteúdo deste livro.

Para atender às seis realidades das empresas, bem como as três premissas que devem ser respeitadas, este livro é constituído de cinco capítulos com conteúdos específicos, mas perfeitamente interligados, propiciando o seu entendimento evolutivo e sustentado.

O Capítulo 1 procura "alocar" você no contexto dos assuntos do livro, evidenciando os conceitos, as origens e as finalidades das ferramentas administrativas, das organizações exponenciais e da Indústria 4.0, facilitando a sua análise específica a respeito dos referidos assuntos.

O Capítulo 2 evidencia as sustentações básicas que as empresas devem ter, com qualidade, para se desenvolverem nas situações de modernidade que se apresentam de modo irreversível, incluindo a efetiva participação, com comprometimento, dos profissionais das diversas áreas e níveis da empresa.

O Capítulo 3 explica as formas de identificar e trabalhar com as ferramentas administrativas necessárias, bem como as precauções a serem consideradas nos trabalhos e o consequente processo de aprimoramento das atividades realizadas.

O Capítulo 4 analisa a importante questão do modelo de organização exponencial, incluindo a aplicação das ferramentas administrativas nas diversas etapas do seu processo de desenvolvimento e consolidação.

O Capítulo 5 aborda a atuação ideal da organização exponencial em um ambiente industrial 4.0, incluindo fatores de influências e as possíveis precauções a serem consideradas nos trabalhos – algumas questões já estão evoluindo para uma possível Indústria 5.0.

No final de cada capítulo são apresentadas algumas questões para debate e consolidação dos conceitos evidenciados no texto, bem como um exercício para reflexão e um caso para análise, proposta de solução e debate, os quais podem ser aprimorados com base na plena análise e debate das diversas "chamadas" alocadas no texto do referido capítulo.

A estrutura geral dos cinco capítulos é apresentada na Figura 2.

Você vai verificar que o foco básico deste livro é a apresentação da realidade metodológica de algumas ferramentas administrativas básicas, e de como elas devem sofrer algumas alterações e adaptações para auxiliar as empresas a se tornarem organizações exponenciais na atual realidade da Revolução Industrial 4.0.

```
┌─────────────────────────────────────┐
│  Conceitos, origens e finalidades (1) │
└─────────────────────────────────────┘
                  ↓
┌─────────────────────────────────────┐
│       Processo evolutivo (2)         │
└─────────────────────────────────────┘
                  ↓
┌─────────────────────────────────────┐
│    Ferramentas administrativas (3)   │
└─────────────────────────────────────┘
              ↑
      ┌───────┴───────┐
┌───────────┐   ┌───────────────┐
│Organização│   │Indústria 4.0 (5)│
│exponencial(4)│└───────────────┘
└───────────┘
```

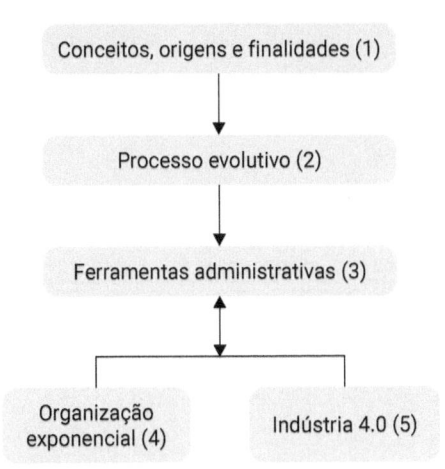

Figura 2 Estrutura geral dos capítulos.

Portanto, a questão não é "reinventar a roda", mas simplesmente saber como trabalhar com essa flexibilidade operacional usufruindo o máximo que cada ferramenta administrativa pode proporcionar para as empresas em seus estilos e modelos de administração, sempre focando a otimização de seus planos de negócios.

Uma ideia interessante é você fazer um plano de desenvolvimento profissional nessas questões e realizar avaliações periódicas, auxiliado(a) por colegas que também se preocupam com esse assunto.

Se houver dúvidas a respeito disso, lembre-se de um pensamento de Albert Einstein: "Insanidade é continuar fazendo sempre a mesma coisa e esperar resultados diferentes".

Sumário

Capítulo 1 **Conceitos, origens e finalidades** 1
   1.1 Ferramentas administrativas 3
   1.2 Organização exponencial 18
   1.3 Indústria 4.0 19
   1.4 Por que essa evolução é um processo irreversível 24
      1.4.1 Sugestões para aproveitar essa onda 25
   Questões para debate e consolidação de conceitos 27
   Exercício para reflexão 27
   Caso para análise, proposta de solução e debate 29

Capítulo 2 **Como consolidar esse processo evolutivo em toda a empresa** 33
   2.1 Estruturação geral das empresas 35
   2.2 Atuação dos profissionais 37
   2.3 Como obter contribuições de todos os níveis hierárquicos da empresa 50
   Questões para debate e consolidação de conceitos 53
   Exercício para reflexão 53
   Caso para análise, proposta de solução e debate 55

Capítulo 3 **Como identificar e trabalhar as ferramentas administrativas necessárias** 57
   3.1 Impacto das ferramentas administrativas 58
   3.2 Metodologia dos trabalhos com as ferramentas administrativas 59

3.3 Mapeamento e análise das ferramentas administrativas 78
    3.3.1 Pelas funções da administração 80
    3.3.2 Pelas funções das empresas 107
3.4 Estruturação e aplicação das ferramentas administrativas 131
    3.4.1 Abordagem criativa 131
    3.4.2 Abordagem estrutural 132
    3.4.3 Abordagem processual 132
3.5 Momento ideal de aplicação das ferramentas administrativas 133
3.6 Precauções gerais no desenvolvimento dos trabalhos 133
3.7 Como avaliar e aprimorar todos os trabalhos realizados 141
Questões para debate e consolidação de conceitos 142
Exercício para reflexão 143
Caso para análise, proposta de solução e debate 143

Capítulo 4 **Como desenvolver e consolidar uma organização exponencial** **145**
4.1 Impactos da organização exponencial 146
    4.1.1 Nos negócios e nos profissionais das empresas 147
    4.1.2 Nos segmentos de mercado e outros agentes do ambiente externo das empresas ... 154
4.2 Etapas do processo de desenvolvimento e consolidação 155
    4.2.1 Alocação das ferramentas administrativas nas diversas etapas 156
    4.2.2 Fatores de influência 182
    4.2.3 Precauções gerais 182
4.3 Como consolidar a qualidade total na organização exponencial 183
Questões para debate e consolidação de conceitos 184
Exercício para reflexão 185
Caso para análise, proposta de solução e debate 185

Capítulo 5 **Atuação da organização exponencial no ambiente industrial 4.0** **187**
5.1 Impactos da Indústria 4.0 191
    5.1.1 Nos negócios e nos profissionais da empresa 191
    5.1.2 Nos segmentos de mercado e outros agentes externos das empresas 199
5.2 Como atuar em um ambiente industrial 4.0 202
    5.2.1 Atuação ativa 203
    5.2.2 Atuação passiva 208
    5.2.3 Precauções a serem tomadas 210
5.3 Consolidação de uma nova atuação inovadora da empresa 215
    5.3.1 Como saber se está sempre evoluindo de maneira sustentada e envolvendo todos os níveis e áreas da empresa ... 224
Questões para debate e consolidação de conceitos 231
Exercício para reflexão 232
Caso para análise, proposta de solução e debate 233

Bibliografia **235**

Índice Alfabético **239**

Capítulo 1

Conceitos, origens e finalidades

"Construção de um negócio é saber fazer algo para se orgulhar, é criar algo que vai fazer uma diferença real na vida de outras pessoas."
Richard Bronson

Você tem plena consciência de que os diversos segmentos da sociedade e da economia estão passando – e vão continuar a passar! – por profundas e rápidas evoluções envolvendo, simultaneamente, um conjunto complexo de tecnologias e conhecimentos; e essa questão se torna ainda mais importante quando se observa que envolve cada uma das partes – pessoas, empresas, regiões, países etc. – e os vários fatores e agentes externos que afetam direta ou indiretamente cada uma dessas partes.

Portanto, todos devem se preparar, da melhor maneira possível, para conhecer, desenvolver e aplicar essas novas tecnologias em suas realidades, além de saber identificar, analisar e, possivelmente, absorver com qualidade as evoluções tecnológicas que estão acontecendo no mundo e que possam afetar, positiva ou negativamente, a sua vida pessoal e/ou profissional.

Mas, para que isso aconteça, é necessário que você tenha otimizado conhecimento e disciplina de análise e debate de, pelo menos, três questões básicas:

1. As ferramentas administrativas que a teoria e a prática da administração disponibilizam para serem aplicadas – com os necessários ajustes – para você e sua empresa melhor usufruírem dessa evolução tecnológica inquestionável e irreversível.
2. O modelo administrativo da organização exponencial, que pode ser considerado como o que melhor estrutura as atividades estratégicas, táticas e operacionais das empresas, para consolidar essa evolução tecnológica e de conhecimentos de maneira diferenciada.

3. A análise da influência da Indústria 4.0 sobre as empresas e as pessoas, e como elas podem identificar, analisar e usufruir os seus benefícios de uma possível forma pioneira e diferenciada.

Portanto, para que essas três expectativas aconteçam – ou você se aproxime delas! –, é necessário que você saiba o que é e como conseguir consolidar a sua empresa como organização exponencial utilizando otimizadas ferramentas administrativas, e que saiba como a Indústria 4.0 pode ajudar a sua empresa a se tornar uma efetiva organização exponencial. Simples, não?

Outra questão é que este autor se concentrou em apresentar, de maneira estruturada e interligada, o básico de cada um dos três assuntos – conforme o caso, podem ser necessárias algumas adaptações pela realidade do leitor ou da empresa considerada; mas acredite: esses ajustes serão fáceis e lógicos!

Objetivos do capítulo

Este capítulo proporciona a sustentação básica para o entendimento dos três assuntos abordados no livro e suas influências nas pessoas e nas instituições, facilitando as respostas a quatro importantes questões:

- Qual o conceito, as origens e as finalidades das ferramentas administrativas que podem ser aplicadas pelas empresas para enfrentar e usufruir esse processo evolutivo das tecnologias?
- Qual o conceito, as origens e as finalidades de uma organização exponencial, a qual evolui de maneira extraordinária?
- Qual o conceito, as origens e as finalidades da Indústria 4.0, com suas inovações tecnológicas?
- Por que essas evoluções tecnológicas são necessárias, inquestionáveis e irreversíveis?

Os detalhes operacionais dessas questões são apresentados nos quatro capítulos subsequentes, e acredite: as evoluções tecnológicas terão forte influência em sua vida pessoal e profissional, sendo o principal fator de análise o seu nível de absorção dessas questões, sempre com qualidade total.

Vai ficar evidenciado que, além de uma atuação mais assertiva e criativa dos profissionais das empresas em seus atos, tem-se consolidado a importância da aplicação de metodologias de trabalho ágeis e validadas visando responder, de modo mais rápido e verdadeiro, as necessidades e expectativas dos clientes, focando a inovação e a adaptação – e até o pioneirismo – a novas realidades, além de efetivar um otimizado e sustentado posicionamento nos diversos segmentos de mercado.

Como uma questão de apoio, mas igualmente de grande importância, deve ocorrer o efetivo envolvimento e comprometimento de todos os profissionais da empresa para com os resultados planejados; a questão do comprometimento real é algo que a teoria e a prática da administração ainda não resolveram na plenitude, pois ainda existe muita "conversa fiada" a respeito disso.

1.1 Ferramentas administrativas

Ferramenta administrativa é a metodologia ou técnica, estruturada e interligada, que possibilita os otimizados desenvolvimento, operacionalização, avaliação e aprimoramento das diversas decisões tomadas ao longo do processo administrativo nas empresas.

Portanto, as ferramentas administrativas servem, entre outras questões, para acabar com o "achismo" em assuntos administrativos, pois uma pessoa que não sabe a finalidade e, principalmente, como um assunto administrativo deve ser analisado, elaborado, implementado, avaliado e aprimorado não tem a mínima condição de trabalhar com o referido assunto.

Na prática, você pode considerar como um sério problema quando um profissional da empresa afirma ser conhecedor de algum assunto administrativo, mas não conhece, de maneira sustentada, como o referido assunto deve ser elaborado, operacionalizado e interligado com os outros assuntos administrativos da empresa, porque em administração todos os assuntos devem estar correlacionados, de modo direto ou indireto.

Neste livro são evidenciadas algumas ferramentas administrativas – poucas, pois o número delas é muito elevado – que podem auxiliar você a trabalhar com organizações exponenciais em contextos da Indústria 4.0. Lembrando que, nesse momento, o mais importante é existir o raciocínio lógico na identificação, análise, aplicação, avaliação e aprimoramento de algumas ferramentas administrativas no referido contexto, uma vez que, a partir desse raciocínio, é perfeitamente possível extrapolar para aplicações de outras ferramentas administrativas, consolidando uma interessante disciplina de atuação.

A maneira mais lógica e simples de analisar a evolução das ferramentas administrativas e suas contribuições, diretas ou indiretas, para cada uma das revoluções industriais, é pelas escolas e teorias da administração, as quais contribuíram fortemente para o desenvolvimento das referidas ferramentas administrativas, sendo essas facilmente alocáveis tanto nas funções da administração quanto nas funções das empresas, conforme pode ser visto na Figura 1.1.

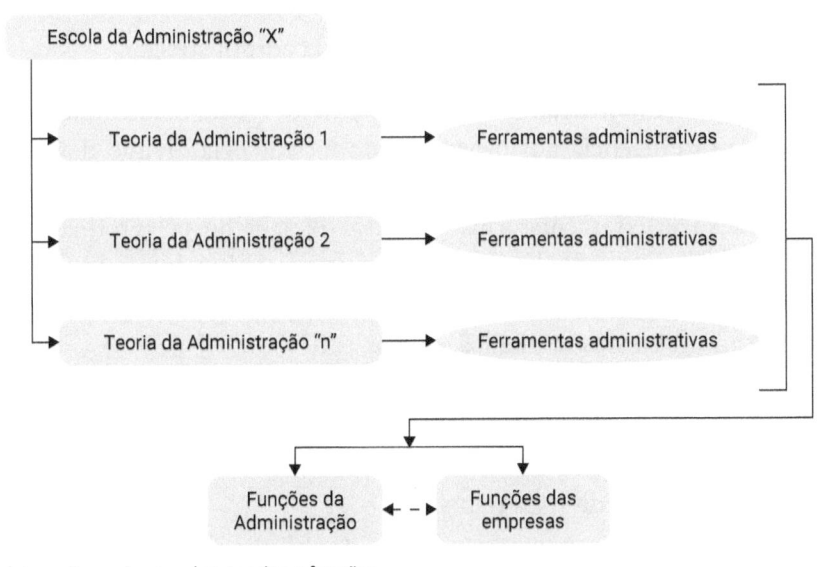

Figura 1.1 Interações entre escolas, teorias e funções.

Não é intenção, neste livro, apresentar todos os detalhes inerentes ao conteúdo da Figura 1.1, portanto serão apresentadas apenas as conceituações dos diversos assuntos a serem abordados – detalhes podem ser analisados, por exemplo, no livro *História da Administração: como entender as origens, as aplicações e as evoluções da administração*, do mesmo autor e editora.

Respeitando essa premissa, tem-se, inicialmente:

- **Escola de administração**: é a consolidação da concepção técnica e de conhecimentos inerentes a um assunto administrativo, decorrente da influência de uma ou mais teorias da administração.
- **Teoria da administração**: é o conjunto de princípios e conhecimentos disseminados e comuns à prática administrativa, dentro de uma abordagem específica quanto às atividades e funções administrativas desempenhadas pelas empresas.

Resumindo: você verifica que as teorias da administração explicitam como as funções da administração e as funções das empresas são aplicadas e, para tanto, é necessário evidenciar as ferramentas administrativas para tal.

Considerando as escolas de administração, você pode analisar as seguintes contribuições:

a) Quanto à Escola Clássica

A Escola Clássica corresponde ao primeiro estudo da administração de modo estruturado, que ocorreu no início da década de 1900, como consequência do aumento da complexidade da administração das empresas e da busca do maior rendimento possível proporcionado pelos recursos dessas empresas, principalmente para enfrentar o crescente nível de concorrência empresarial.

A Escola Clássica contribuiu com duas teorias da administração:

1. **Teoria da Administração Científica**: de modo geral, contribuiu diretamente para a maior eficiência nos processos produtivos pela divisão dos trabalhos e decorrentes especializações, pelos supervisores que orientavam os trabalhos, pela padronização de ferramentas e instrumentos de trabalho, pelas rotinas de trabalho e pelos prêmios de produção, bem como pela possível evolução das comunidades nas quais as fábricas se localizavam e a embrionária estruturação dos objetivos a serem alcançados e dos resultados efetivos.

   Como decorrência, a referida teoria proporcionou o surgimento de três ferramentas administrativas:

   1. estruturação da especialização dos trabalhos, resultando na melhoria da experiência prática dos diversos trabalhos;
   2. análise da produção em massa, otimizando as linhas de montagem na realidade da época;

3. estudo dos tempos e métodos, visando aumentar o nível de produtividade, a menor imobilização de recursos financeiros no processo produtivo e a redução do retrabalho, ou seja, não ficar refazendo o que já foi feito.

E, agora, algo importante para você: nesta seção são solicitados alguns posicionamentos a respeito da organização experiencial – apresentada na Seção 1.2, Organização exponencial, e, com mais detalhes, no Capítulo 4; e da Revolução Industrial 4.0 – apresentada na Seção 1.3, Indústria 4.0, e, com mais detalhes, no Capítulo 5 – para você ir explicitando o que já sabe a respeito disso e, ao longo da análise do livro, ser possível consolidar o processo evolutivo; mas sem se esquecer de aplicar, em sua realidade profissional e pessoal, esses conhecimentos!

2. **Teoria do Processo Administrativo**: de modo geral, contribuiu para o estabelecimento inicial das funções da administração – premissas e atividades a serem consolidadas pelo processo administrativo – e das funções das empresas, que são atividades básicas a serem realizadas, com maior ou menor intensidade, por toda e qualquer empresa; e, para proporcionar maior sustentação a essas duas questões, também elencou os princípios básicos que as empresas devem respeitar em seus processos decisórios, assim como o conjunto das responsabilidades básicas que os executivos e demais profissionais das empresas devem consolidar.

Pelos seus estudos, a referida teoria proporcionou o surgimento de quatro ferramentas administrativas:

1. estruturação das funções da administração;
2. estruturação das funções das empresas;
3. estudo da atuação e das responsabilidades dos executivos das empresas;
4. maneiras básicas de estruturar as empresas: funcional, territorial, por clientes, por produtos e serviços, por projetos, bem como por processos, a qual se aprimorou pela Teoria da Administração por Processos (ver item g – 1).

Você já está percebendo que, em administração, as teorias e práticas não ficam "surgindo do nada", mas sim de um processo evolutivo e sustentado – muitos dos ensinamentos administrativos foram estruturados há muitas décadas, e foram recebendo importantes aprimoramentos por diversos estudiosos da administração e por profissionais de empresas como decorrência de suas atividades diárias, pois no estudo da administração o principal "laboratório" é representado pelas organizações.

Essa realidade você vai verificar nas escolas e teorias apresentadas a seguir, fato que está tendo forte influência atual pelas organizações exponenciais e pela atuação da Indústria 4.0; ou seja, tudo que está apresentado neste livro está em forte processo evolutivo, principalmente pela influência da tecnologia, a qual nunca para de se desenvolver.

b) Quanto à Escola Burocrática

A Escola Burocrática surgiu em meados de 1910, com base em três questões: a busca da racionalidade e da igualdade no tratamento dos funcionários das diversas empresas; a incorporação da ciência política, da sociologia e do direito nos estudos da administração de empresas; a necessidade de estudos mais estruturados para a análise dos tipos de relacionamentos humanos na busca de maior produtividade.

Na prática, ela contribuiu para o surgimento da Teoria da Burocracia em um contexto bem amplo, pois se considerava que qualquer sociedade, empresa ou grupo que sustente e oriente os seus atos em leis racionais é uma burocracia – as pessoas que atuam nessas instituições acreditam que essas leis foram elaboradas para o seu próprio bem; outro aspecto é que essas pessoas aceitam, com naturalidade, que algumas "pessoas privilegiadas" sejam as representantes da autoridade proporcionada pelas referidas leis.

Portanto, a burocracia das empresas apresenta três características básicas e interativas: formalidade, que é baseada em normas e leis que sustentam as decisões tomadas; impessoalidade, em que os cargos são mais importantes do que as pessoas que os ocupam; e profissionalismo, pois a burocracia funciona, na prática, como fator de sobrevivência das pessoas nas empresas.

Como resultado você pode considerar que a Teoria da Burocracia proporcionou a consolidação de duas ferramentas administrativas:

1. Estruturação formal das empresas, resultando em maior formalização dos procedimentos, na detalhada descrição dos cargos, políticas e regulamentos, na efetiva especialização das atividades realizadas nas empresas, na padronização das atividades uniformes das empresas e na centralização do processo e do poder de decisão na alta administração das empresas.
2. Estudo da autoridade hierárquica, envolvendo os diversos níveis de decisão nas empresas, procurando interagir com o nível de competência profissional exigido e apresentado para o cargo, evidenciando os quatro princípios básicos da Teoria da Burocracia: atividades, hierarquia, competência e conhecimento. Entretanto, na prática, esses quatro princípios podem ser questionados, principalmente os dois últimos.

c) Quanto à Escola Humanista

A Escola Humanista consolidou-se entre 1930 e 1970 como decorrência de algumas críticas à Escola Clássica: a elevada ênfase direcionada à necessidade de produtividade a "qualquer preço"; a forte influência dos sindicatos; a adequação da estrutura organizacional às necessidades dos negócios e das equipes de trabalho das empresas; a consolidação das equipes multidisciplinares de trabalho; e os estudos de influência do nível motivacional na qualidade da administração.

Você pode considerar que a Escola Humanista proporcionou quatro teorias da administração:

1. **Teoria das Relações Humanas**: baseia-se em um processo pelo qual todo e qualquer trabalhador da empresa exerce influência no comportamento empresarial e,

por consequência, influencia a qualidade do processo decisório e o nível de produtividade da referida empresa.

Essas questões facilitaram a contribuição da Teoria das Relações Humanas com quatro questões básicas para a melhor administração das empresas: maior abrangência de participação e de contribuição dos diversos profissionais das empresas, independentemente de seu nível hierárquico; melhoria nas comunicações entre todos os níveis hierárquicos das empresas, como resultado dos trabalhos em equipe e dos estudos das situações de lideranças; reconhecimento da necessidade e da validade dos programas estruturados para maiores níveis de capacitação e de conhecimento dos diversos profissionais das empresas; e, principalmente, estruturação e aplicação de pesquisas e das ciências do comportamento, bem como de uma abordagem de atuação humanística e democrática nas empresas, proporcionando importantes estudos na administração, como as análises de conflitos, das competências individuais e das equipes de trabalho, das lideranças, dos níveis de motivação e de criatividade, dos valores individuais e grupais, dos incentivos no trabalho.

Como decorrência, a Teoria das Relações Humanas proporcionou a consolidação de três ferramentas administrativas de elevada importância para as empresas:

i. **Liderança**: corresponde ao processo em que uma pessoa é capaz, por suas características individuais, de entender e assimilar as necessidades dos profissionais da empresa, bem como de exprimi-las de maneira válida e eficiente, obtendo o engajamento e a participação de todos no desenvolvimento e na implementação dos trabalhos necessários ao alcance das metas e dos objetivos da empresa.

ii. **Comunicação**: pode ser algo simples ou complicado para as pessoas, conceituada como o processo interativo e de entendimento, assimilação e operacionalização de uma mensagem – dado, informação, ordem – entre o emissor e o receptor por um canal, em determinado momento e visando a um objetivo específico da empresa.

iii. **Criatividade**: é a capacidade, intrínseca ao indivíduo **diferenciado**, de dar origem, com maior ou menor sustentação metodológica e técnica, a uma nova situação, bem como de realizar algo já existente ou, preferencialmente, algo novo.

2. **Teoria Comportamentalista**: considerou o indivíduo como um ser com capacidade de raciocínio e, dessa maneira, gerou estudos específicos da psicologia empresarial ou do trabalho, focando o aumento da produtividade nas empresas como resultado do maior conhecimento e controle dos comportamentos, da maior participação e atuação dos trabalhadores, do maior nível de moral e de motivação, bem como da melhor integração dos trabalhadores nas atividades realizadas pelas empresas; e, como consequência, essa teoria considera a empresa como um sistema social constituído de pessoas com suas necessidades e atitudes, as quais se consolidam em seus comportamentos que influenciam os resultados da referida empresa.

Com base nessas questões, a Teoria Comportamentalista proporcionou algumas contribuições interessantes para os estudos da administração, como o desenvolvimento da psicologia empresarial, o movimento direcionado à qualidade de vida no trabalho, os estudos focados na dinâmica de grupos, a consolidação da importância do estudo do comportamento humano e a consolidação do indivíduo como catalizador do processo de tomada de decisão.

Como decorrência, a Teoria Comportamentalista contribuiu para a efetivação de cinco ferramentas administrativas de auxílio para as empresas:

i. Estudo das necessidades humanas e do nível de motivação, influenciando a produtividade das empresas.

ii. Análise do **clima organizacional**, resultante da verificação de como as pessoas se sentem em relação à empresa, com seu estilo e modelo de administração, bem como aos relacionamentos interpessoais existentes.

iii. Identificação do **estilo administrativo** das empresas, em que se analisa o contexto de atuação da empresa, consolidando se o processo decisório é mais centralizado ou descentralizado, com maior ou menor nível de participação, qual a abordagem de comprometimento e de cobrança de resultados, entre outros assuntos administrativos.

iv. **Psicologia empresarial**, em que se estuda a interação e a interdependência entre a empresa e os seus funcionários na busca da otimização das relações interpessoais e dos resultados da empresa.

v. **Dinâmica de grupo**, com a interação estruturada e sustentada entre pessoas com interesses comuns em uma atividade específica buscando, em um contexto de solidariedade, um resultado coordenado comum.

3. **Teoria Estruturalista**: procurou dar maior amplitude ao estudo da administração considerando os fatores externos e internos das empresas, possibilitando melhor análise comparativa entre as empresas; identificou que alterações em uma parte da empresa podem provocar alterações em outras partes dela; ampliou o campo de análise das empresas envolvendo diferentes áreas do conhecimento, bem como revisou alguns conceitos de administração.

Como decorrência, pode-se afirmar que essa teoria proporcionou algumas importantes contribuições para o estudo da administração, como o tratamento interativo dos fatores internos ou controláveis e os fatores externos ou não controláveis, consolidando a abordagem estratégica das empresas; a análise estruturada das mudanças nas empresas focando os grupos formais e informais, a estruturação dos sistemas de comunicação, a identificação das lideranças, bem como a estruturação e a aplicação dos mecanismos de controle, avaliação e aprimoramento; a identificação de empresas de diferentes tipos e características demandando diferentes tipos de estrutura organizacional; a identificação dos conceitos e das abordagens dos conflitos e das interações entre diferentes grupos e as suas influências nas realidades das empresas; e a constatação de que a identificação de problemas e de necessidades de mudanças é fundamental para manter o crescimento das empresas.

Pelo apresentado, pode-se considerar que a Teoria Estruturalista proporcionou o desenvolvimento de quatro ferramentas administrativas para as empresas:

i. Análise da estrutura organizacional formal – que dá ênfase às posições em termos de autoridades e responsabilidades das unidades organizacionais das empresas – e da estrutura informal, que analisa as pessoas e as suas relações e interações.
ii. Estabelecimento dos níveis hierárquicos das empresas, evoluídos para os níveis estratégico, tático e operacional, com suas diferentes análises, mas sempre interativas.
iii. Estudo do ambiente empresarial que está fora do controle da empresa, mas afeta a sua atuação, e vice-versa.
iv. Interações entre empresas com seus diversos aspectos de influências recíprocas.

4. **Teoria do Desenvolvimento Organizacional**: consolidou-se pela aglutinação de vários estudos que proporcionaram todos os conhecimentos das razões e dos processos inerentes às mudanças – e possíveis resistências – nas empresas, provocadas por suas necessidades internas e pelas influências externas.

   De qualquer modo, esses estudos proporcionaram melhores conhecimentos das pessoas que trabalham nas empresas, dos efeitos das mudanças sobre essas pessoas e de suas possíveis resistências, e da função do agente de mudanças ou **agente de desenvolvimento organizacional**, correspondendo ao profissional capaz de desenvolver comportamentos, atitudes e processos que facilitem à empresa transacionar, proativa e interativamente, com os diversos aspectos externos (ou não controláveis) e aspectos internos (ou controláveis) da empresa considerada; da melhoria da qualidade do relacionamento entre as pessoas que trabalham em uma empresa; do entendimento de que as mudanças nas empresas são necessárias, lembrando que elas estão em ambientes em constantes e fortes evoluções, representadas principalmente pelas quatro revoluções industriais, que já são realidades no mundo empresarial; bem como do conhecimento das condições de sucesso e de fracasso da técnica do desenvolvimento organizacional pelas empresas.

   Como consequência, pode-se considerar que essa teoria da administração proporcionou quatro importantes ferramentas administrativas:

   i. **Diagnóstico empresarial**, que é o processo estruturado de avaliação de uma situação e o estabelecimento da ação ou estratégia mais adequada para consolidar a mudança na empresa.
   ii. **Técnicas de intervenção**, correspondendo às maneiras – mais fortes ou mais brandas – de atuar sobre os processos de mudanças nas empresas.
   iii. **Equipe multidisciplinar**, que é o conjunto de profissionais com diferentes conhecimentos e habilidades, que realizam reuniões coordenadas e programadas, em caráter temporário ou permanente, para emitir, mediante discussão organizada, opiniões a respeito de assuntos previamente estabelecidos e que, nascidas dos debates, sejam as mais adequadas à realidade e às necessidades da empresa considerada.
   iv. **Cultura organizacional**, que é o conjunto estruturado de valores, crenças, normas e hábitos compartilhados, de modo interativo, pelas pessoas que atuam

em uma empresa sustentando o seu estilo administrativo e evidenciando que essas pessoas entendam, na plenitude, a necessidade de mudanças e se tornem as grandes incentivadoras e responsáveis por elas.

d) Quanto à Escola Sistêmica

A Escola Sistêmica consolidou-se a partir da década de 1950, por três razões principais: integração de todas as abordagens da administração até então estudadas; visualização das empresas no contexto ecológico em que os elementos do universo não são independentes, mas sim interdependentes; a necessidade de melhor tratamento do todo e das diversas partes das questões administrativas das empresas.

Na prática, a Escola Sistêmica consolidou uma única e importante teoria que se desenvolve até os dias atuais, denominada **Teoria de Sistemas**, cujas principais contribuições para a administração das empresas são: maior facilidade no estabelecimento dos objetivos das empresas, bem como a análise estruturada da empresa, de cada uma de suas partes e do ambiente empresarial – em que estão os fatores ou variáveis não controláveis –, e a sua interação com outras empresas em uma análise bastante abrangente.

Você pode considerar três ferramentas administrativas decorrentes dos estudos da Teoria de Sistemas:

1. **Estruturação de sistemas**: como uma técnica para lidar com a amplitude e a complexidade das empresas, uma visão interativa do todo e de suas partes, bem como o estudo das relações entre os elementos componentes em preferência ao estudo dos elementos em si, lembrando que **sistema** é o conjunto de partes interativas e interdependentes que, conjuntamente, formam um todo unitário com determinado objetivo e efetuam determinada função.
2. **Sistemas de Informações Gerenciais (SIG)**: é o processo de transformação de dados em informações que são utilizadas na estrutura decisória da empresa, proporcionando, também, a sustentação administrativa para otimizar os resultados esperados.
3. **Tecnologia da informação**: é a interação estruturada entre sistemas de *software* e de *hardware* para registro, transformação, transmissão e arquivamento de todos os tipos de informações das empresas, assunto que tem sido muito afetado pela atual revolução industrial.

e) Quanto à Escola Quantitativa

A Escola Quantitativa surgiu em meados de 1940 para tratar, principalmente, de decisões de logística em contextos complexos na Segunda Guerra Mundial, mas também para otimizar o processo decisório nas empresas – esses estudos resultaram na **Teoria Matemática**, com fortes contribuições de físicos, matemáticos, engenheiros e outros profissionais, inclusive para o processo de melhoria do conhecimento, da capacitação profissional e da habilidade das pessoas, ou seja, essa teoria ajudou a conhecer "quem é quem" nas empresas.

Na prática, a Teoria Matemática contribuiu com três ferramentas administrativas para as empresas:

1. **Pesquisa operacional**: é a metodologia administrativa estruturada que possibilita a otimização da atuação das pessoas e das equipes multidisciplinares nas questões inerentes ao planejamento, à solução de problemas e ao processo de tomada de decisões nas empresas.
2. **Indicadores de desempenho**: são os parâmetros e critérios de avaliação, previamente estabelecidos, que permitem a análise das realizações, bem como das evoluções dos principais resultados das empresas – você pode considerar essa avaliação de maneira interligada e interativa com a avaliação de desempenho dos profissionais da empresa considerada.
3. **Análise de risco**: estado do conhecimento no qual cada ação ou estratégia alternativa leva a um conjunto de resultados cuja probabilidade de ocorrência é conhecida do tomador de decisão; e **análise de decisão**: que corresponde a uma escolha entre vários caminhos alternativos que levam a determinado resultado – essas decisões podem ser tomadas em condições de certeza e em condições de risco ou incerteza.

f) Quanto à Escola Contingencial

A Escola Contingencial desenvolveu-se na década de 1950, como consequência do rápido processo de adaptação que as empresas devem ter para com as contingências apresentadas pelo ambiente empresarial, que é externo e não controlável; pela melhoria da qualidade do processo decisório, com a aplicação de alguns parâmetros que podem auxiliar no entendimento dos fatores e variáveis que influenciam a realidade das empresas; e o tratamento das questões administrativas no contexto de "cada caso é um caso".

Nesse contexto, a Escola Contingencial consolidou duas teorias da administração:

1. **Teoria da Administração por Objetivos**: assunto que talvez você conteste como teoria da administração, mas este autor considera que o assunto **objetivo empresarial** proporciona o foco orientativo para o estabelecimento de outras ferramentas administrativas, facilitando a interação das empresas com o ambiente empresarial, como as estratégias, as políticas, os estudos de cenários, o detalhamento das análises internas e externas das empresas.

   De qualquer modo, a Teoria da Administração por Objetivos proporcionou algumas contribuições para a prática administrativa nas empresas, como a estruturação do processo negocial de estabelecimento dos resultados a serem alcançados pelas empresas; a melhoria da eficácia empresarial pelo direcionamento dos esforços para os objetivos estabelecidos; a redução do nível de conflitos nas empresas pelo simples fato de os objetivos estabelecidos serem, antecipadamente, negociados entre as partes envolvidas; a consolidação de uma estrutura organizacional dinâmica e com as responsabilidades estabelecidas aprimorando o nível motivacional e a produtividade; a identificação de "onde e quando" as mudanças nas empresas são necessárias, contribuindo, nesse caso, com a anteriormente citada Teoria do Desenvolvimento Organizacional (ver item c – 4).

Como consequência, a Teoria da Administração por Objetivos contribuiu com três ferramentas administrativas para as empresas:

i. **Metodologia de estabelecimento de objetivos e metas, respeitando oito aspectos básicos, em ordem sequencial**: análise da situação atual da empresa, debate da situação idealizada para a empresa, estabelecimento dos objetivos da empresa, estabelecimento dos objetivos das unidades organizacionais da empresa, interligação de todos os objetivos das diversas áreas da empresa, decomposição negociada dos objetivos das áreas principais pelas áreas subordinadas, estabelecimento dos meios e das atividades que propiciem o alcance dos objetivos intermediários e finais da empresa, o estabelecimento dos critérios de medição e de avaliação do alcance dos objetivos estabelecidos; esse processo se consolidou em uma **rede escalar de objetivos**, correspondente à decomposição dos objetivos pela estrutura organizacional – da alta para a média e a baixa administração – de modo que o sucesso de uma unidade organizacional depende de outra unidade, esteja esta em nível hierárquico superior, inferior ou igual.

ii. **Planejamento tático**: é a metodologia administrativa que tem por finalidade otimizar determinada área de resultado da empresa.

iii. **Planejamento operacional**: corresponde à formalização das metodologias de desenvolvimento e de implementação de resultados específicos a serem alcançados pelas áreas funcionais da empresa.

2. **Teoria da Contingência**: baseada no princípio de que nas empresas nada é absoluto, pois tudo é relativo e, portanto, depende de algo que, geralmente, é incontrolável pelas empresas, pois está em seu ambiente, o qual é externo e não controlável.

Essa abordagem evidente e simples proporcionou algumas contribuições importantes para a administração das empresas: maior abrangência no estudo dos assuntos administrativos; incentivou o surgimento de administradores contingenciais que sabem que cada situação é única e devem ter a capacidade de antecipar a incerteza e a imprevisibilidade do futuro, reduzindo as incertezas; consolidou a obrigatoriedade do conhecimento e do uso dos assuntos administrativos de modo interligado e global; e contribuiu para o desenvolvimento e a consolidação da **adhocracia** nas empresas, correspondente a uma estruturação temporária, flexível, inovadora e antiburocrática na qual se formam equipes multidisciplinares para resolver, rapidamente, problemas complexos e não programáveis.

Como decorrência, a Teoria da Contingência proporcionou cinco ferramentas administrativas para as empresas:

i. **Análise externa da empresa**: corresponde à identificação das oportunidades e das ameaças inerentes à empresa, bem como as melhores maneiras de usufruí-las e de evitá-las.

ii. **Planejamento estratégico**: é a metodologia administrativa que proporciona sustentação decisória para estabelecer a melhor direção a ser seguida pela empresa, visando ao otimizado grau de interação com os fatores externos – não controláveis – e atuando de maneira inovadora e diferenciada. Na prática, ele tem se consolidado como a ferramenta administrativa que mais contribui para a eficácia das empresas.

iii. **Estratégias e técnicas estratégicas**: lembrando que as **estratégias** representam as ações ou caminhos mais adequados e, preferencialmente, inovadores e diferenciados a serem executados para alcançar os objetivos e as metas das empresas; as **técnicas estratégicas** são os modos estruturados e interativos para o tratamento das informações básicas inerentes ao processo decisório no estabelecimento das estratégias das empresas, ou seja, as técnicas estratégicas servem como "roteiro" a ser seguido por cada empresa, de acordo com a sua realidade atual e a situação futura desejada. Evidencia-se que não é foco deste livro apresentar as diversas técnicas estratégicas existentes nem os modelos de cenários estratégicos – ver item seguinte –, mas, se você quiser saber detalhes a respeito disso, pode analisar o livro *Estratégia empresarial e vantagem competitiva: como estabelecer, implementar e avaliar*, do mesmo autor e editora.

iv. **Cenários estratégicos**: proporcionam os critérios e as medidas para a preparação do futuro das empresas, não se esquecendo de efetuar também a análise dos concorrentes visando ao estabelecimento da vantagem competitiva inerente às estratégias estabelecidas pela empresa, ou seja, consolidar a razão básica – real, sustentada e duradoura – das pessoas comprarem os nossos produtos e serviços em detrimento dos oferecidos por nossos concorrentes, ou vice-versa, no caso de o mercado ser dominado pelos nossos concorrentes.

v. **Modelos organizacionais decorrentes dos estudos da Teoria da Contingência**: departamentalização matricial e departamentalização por unidade estratégica de negócios.

g) Quanto à Escola Moderna

O que este autor está chamando de Escola Moderna procura aglutinar as últimas abordagens e ferramentas administrativas que as empresas estão considerando para sustentar o desenvolvimento de seus negócios no atual contexto da forte evolução tecnológica; mas não podemos esquecer que essa situação envolve, além de novas ferramentas administrativas, o aprimoramento e a adequação de algumas ferramentas administrativas idealizadas e estruturadas em momentos anteriores, o que nos leva a pensar em um princípio: "Em administração, nada se perde, mas tudo tem que ser aprimorado". Essa é para você pensar!

A Escola Moderna começou a se consolidar nas décadas de 1950 e 1960, com fortalecimento na década de 1990 e evoluções diversas até os dias atuais, provocadas por três razões principais: um novo contexto competitivo, tanto entre empresas quanto entre nações, resultante, principalmente, da globalização, da elevada evolução das comunicações e da otimização da qualidade decisória pelos profissionais das empresas; mudanças nos comportamentos e nas necessidades das pessoas, porque a atual situação das empresas influencia o comportamento, e recebe influência dele, bem como das necessidades das pessoas que interagem com essas empresas, ou seja, o foco está, cada vez mais, no final do processo correspondente ao indivíduo consumidor do produto ou serviço disponibilizado pela empresa ao mercado; e o desenvolvimento de novos modelos de administração das empresas, decorrente dos próprios tipos de empresas, como a mais inovadora, a diversificada, a profissionalizada, a transparente e participativa, a com forte abordagem política, a com foco no processo de aprendizagem e do conhecimento administrativo, entre outros tipos.

As duas teorias da administração que estão no contexto da Escola Moderna são:

1. **Teoria da Administração por Processos**: tem proporcionado diversas contribuições para a prática administrativa, como a plena estruturação e consolidação otimizada do processo decisório nas empresas – não se pode esquecer que a qualidade decisória depende, também, da qualidade da informação (para a qual a referida teoria tem influência parcial) e da qualidade do decisor (para a qual a referida teoria tem baixa influência); direcionamento às expectativas e necessidades dos clientes, tanto os externos quanto os internos, nas empresas; efetiva busca da eficácia empresarial sustentada, principalmente, pelo otimizado nível de racionalização das atividades das empresas; e consolidação do "modelo japonês" de administração, focando os círculos de qualidade com melhoria contínua, a elevada qualidade com preço baixo, a estrutura organizacional pequena e **enxuta**, a produção flexível, o elevado nível de parcerias, as equipes multidisciplinares e os trabalhos autogeridos.

   Como decorrência, você pode considerar que a Teoria da Administração por Processos consolidou seis ferramentas administrativas:

   i. **Desenho de processos**: é a metodologia estruturada para identificar, ordenar em sequência lógica e otimizada, implementar e avaliar as atividades que contribuem, direta ou indiretamente, para o maior valor agregado para as empresas, bem como para seus diversos públicos (clientes, fornecedores, funcionários, governos, comunidades).

   ii. **Departamentalização por processos**, que proporcionou a otimização das atividades das empresas, lembrando que **processo** é o conjunto de atividades sequenciais que apresentam relação lógica entre si, com a finalidade de atender e, preferencialmente, suplantar as necessidades e as expectativas dos clientes externos e internos das empresas, ou seja, é fazer muito bem apenas o que deve ser feito.

   iii. **Qualidade total**: é a capacidade de um produto ou serviço de satisfazer – ou suplantar – as necessidades, as exigências e as expectativas dos clientes externos e internos da empresa envolvendo, portanto, todas as áreas, atividades e pessoas da empresa e considerando a melhoria contínua – tornando o processo mais capaz ao utilizar recursos existentes – e a inovação – tornando o processo mais capaz ao inserir recursos atualmente não existentes.

iv. **Logística:** é o processo estruturado e integrado que considera todas as atividades que têm relação entre si em uma sequência lógica, desde o planejamento das necessidades e das expectativas dos segmentos de mercado, passando por todos os insumos, transformações, vendas, entregas, até o pós-venda do produto ou serviço colocado no mercado.

v. **Rede de integração entre empresas:** é a cooperação estruturada visando consolidar fortes e internacionais vantagens competitivas sustentadas por otimizadas tecnologias, melhor utilização dos ativos, bem como maiores produtividade, flexibilidade, qualidade, rentabilidade e lucratividade das empresas participantes.

vi. **Reengenharia:** sofreu uma série de críticas, pois foi correlacionada a uma simples redução de custos, o que não é verdade, pois **reengenharia** é um trabalho participativo de elevada amplitude, o qual é direcionado para os negócios e seus resultados e tem como sustentação o desenvolvimento e a implementação de novos processos que integrem funções e áreas das empresas, em uma busca contínua por excelência na realização de serviços e no fornecimento de produtos aos clientes internos e externos das empresas. Portanto, o foco da reengenharia é transformar e não simplesmente melhorar, o que a leva a ser um processo sem fim, mas sempre lembrando que o objetivo é aumentar o numerador da equação – a receita da empresa, e não simplesmente diminuir o denominador, as despesas da empresa –, bem como não perder a vantagem competitiva e a sua tecnologia diferencial, o que levaria a empresa a ter sérias dificuldades de "levantar o voo" para novas oportunidades de mercado e novos negócios.

2. **Teoria da Excelência das Empresas:** com a maior parte das contribuições decorrentes de aprimoramentos parciais e/ou totais de teorias anteriormente apresentadas, reforça-se a necessidade de que os diversos estudos de toda e qualquer ciência e arte – como a administração – sejam bem documentados, permitindo as suas posteriores análises, testes, aplicações e aprimoramentos.

   De modo geral, pode-se considerar as seguintes contribuições da Teoria da Excelência das Empresas: tornar a otimizada administração das empresas como algo plenamente estruturado, lógico e disponível, pois não se pode mais ter dificuldades de aplicar as diversas ferramentas administrativas na estrutura das empresas; consolidação de um processo administrativo ágil, sustentado e focado nas pessoas; maior facilidade de aprendizado e de aplicação dos ensinamentos administrativos, consolidando otimização decisória e maior satisfação profissional das pessoas que trabalham nas empresas; bem como maior interação entre os conhecimentos de administração e os acontecimentos – e índices de acontecimentos – nas empresas, pois os profissionais capacitados e inteligentes estão sempre "ligados" nos índices de influência nas questões administrativas nas empresas, principalmente para antecipar, com qualidade, o seu processo decisório.

   Como decorrência, a Teoria da Excelência das Empresas contribuiu com sete ferramentas administrativas para as empresas:

i. **Administração participativa**, que teve suas origens nas Teorias Comportamentalista e do Desenvolvimento Organizacional, mas só se consolidou quando aplicada junto a outras ferramentas administrativas, algo que ocorreu também com outras ferramentas administrativas citadas no livro, ou seja, cada ferramenta administrativa sofre influências de algumas teorias da administração. De qualquer modo, deve-se saber que a administração participativa tem três pontos de apoio, representados: pela participação dos profissionais da empresa na estruturação das informações, pela participação nas decisões e pela participação na consolidação dos resultados – o objetivo a ser alcançado é a autogestão da empresa considerada.

ii. **Administração estratégica**, correspondendo à administração do futuro que, de maneira estruturada, sistêmica e intuitiva, consolida um conjunto de princípios, normas e funções para alavancar, harmoniosamente, o processo de planejamento da situação futura desejada da empresa como um todo e seu posterior controle perante os fatores ambientais, bem como a estruturação organizacional e a direção dos recursos empresariais de forma otimizada com a realidade ambiental, com a maximização das relações interpessoais. Se você quiser estudar detalhes a respeito dessa importante e atual ferramenta administrativa, pode analisar o livro *Administração estratégica na prática*, do mesmo autor e editora.

iii. **Administração virtual** de interações entre pessoas e/ou empresas próximas ou distantes entre si. É estruturada e sustentada pela tecnologia da informação.

iv. **Empreendedorismo**: é o processo evolutivo e inovador da capacidade e habilidade profissionais direcionadas à alavancagem dos resultados das empresas e à consolidação de novos projetos estrategicamente relevantes – para mais detalhes, você pode analisar o livro *Empreendedorismo: vocação, capacitação e atuação direcionadas para o plano de negócios*, do mesmo autor e editora.

v. **Responsabilidade social**: abordagem das empresas como instituições sociais dentro de um contexto interativo de dependência e de auxílio à sociedade na qual elas atuam; e **ética**: conjunto estruturado e sustentado de valores considerados ideais e que orientam o comportamento das pessoas, dos grupos, das empresas e da sociedade como um todo – essas duas questões têm forte interação com o modelo de administração da empresa, bem como influenciam, fortemente, as suas estratégias.

vi. **Governança corporativa**: representa a principal ferramenta administrativa para proporcionar, organizacionalmente, o desenvolvimento sustentado da empresa e de seus negócios. Esse é um assunto amplamente analisado neste livro – ver item II da Seção 3.3.1, Pelas funções da administração; para detalhes, você pode analisar o livro *Governança corporativa na prática*, do mesmo autor e editora.

vii. **Administração do conhecimento**: é o processo estruturado, criativo, inovativo e sustentado, de identificar, desenvolver e operacionalizar os conhecimentos necessários para alavancar os resultados globais das empresas. Na prática, pode-se afirmar que sem elevados níveis de conhecimentos gerais e específicos nenhuma empresa consegue ser uma organização exponencial nem enfrentar um ambiente empresarial inserido em uma revolução industrial.

Você deve ter observado que este autor apresenta as escolas e as teorias da administração em um contexto que pode ser questionado por alguns outros autores, mas foi seguida uma lógica básica que, inclusive, facilita a sua análise interativa com o processo das quatro revoluções industriais, identificadas na Seção 1.3, Indústria 4.0.

Essa abordagem efetivou a apresentação da Escola Moderna, na qual foram aglutinadas as últimas abordagens e ferramentas administrativas que as empresas estão considerando para sustentar o desenvolvimento de seus negócios, de as transformarem em organizações exponenciais, bem como enfrentarem e usufruírem as influências da atual Revolução Industrial 4.0.

Você verificou que foram apresentados apenas pequenos resumos das escolas e das teorias da administração, pois a finalidade é evidenciar que os assuntos administrativos têm fortes e constantes processos evolutivos – as referidas escolas e teorias proporcionam a devida sustentação a esses processos.

Essas várias ferramentas administrativas, bem como outras, são analisadas em outras seções deste livro, contribuindo para o seu processo de análise, identificação e aplicação das mais adequadas ferramentas administrativas para transformar, com qualidade, a sua empresa em organização exponencial com otimizada atuação na atual Revolução Industrial 4.0, e caminhando para uma possível Revolução Industrial 5.0.

Naturalmente, esse processo evolutivo não é mecanicista nem segue um modelo matemático de análise e decisão, mas o apresentado nos capítulos seguintes, inclusive a análise das ferramentas administrativas pelas suas alocações nas funções da administração e nas funções das empresas – ver Seção 3.3, Mapeamento e análise das ferramentas administrativas – serve como "exercício mental" para você estruturar e consolidar a melhor situação pela realidade atual e situação futura desejada de sua empresa e, até, de sua atuação nela!

Você verificou que, nesta seção, foram evidenciadas sete escolas da administração que proporcionaram o desenvolvimento de 13 teorias da administração, as quais deram sustentação para a estruturação de 52 ferramentas administrativas; ficou evidente a forte interação entre as escolas, as teorias e as ferramentas administrativas – no contexto deste livro, todos os assuntos apresentados podem contribuir, direta ou indiretamente, com maior ou menor intensidade, para a transformação das empresas em organizações exponenciais atuando em ambientes com fortes evoluções tecnológicas.

Nos capítulos do livro, e em suas seções, são apresentadas algumas explicações a respeito da aplicação de determinadas ferramentas administrativas.

Com referência à otimizada aplicação das ferramentas administrativas na atual realidade da forte evolução digital, foram consideradas duas premissas básicas:

1. Apresentação, com exemplos, do que deverá ocorrer no processo de utilização de algumas ferramentas administrativas, principalmente quanto às suas metodologias de desenvolvimento e aplicação (ver Capítulo 3).
2. Incentivo ao desenvolvimento e ajustes nas ferramentas administrativas decorrentes do processo da Revolução Industrial 4.0. Nesse caso, o foco é você, pois a quantidade de ferramentas administrativas é muito elevada, bem como devem ser consideradas as particularidades de cada empresa.

1.2 Organização exponencial

Organização exponencial é aquela cujo impacto, ou resultado, é desproporcionalmente grande – pelo menos dez vezes maior –, comparado ao de seus pares, em razão do uso de novas tecnologias empresariais que alavancam as atuais tecnologias já aceleradas (Ismail; Malone; Van Geest, 2015, p. 19).

Essa conceituação pode ser considerada muito ambiciosa, mas, na prática, ela é totalmente sustentada e verdadeira, pois essas empresas são construídas com base nas tecnologias de informação no contexto digital, que é algo em constante evolução tecnológica, como são os casos da inteligência artificial, robótica, neurociência, nanotecnologia, biotecnologia, realidade aumentada, computação em nuvem, computação quântica, entre outros, as quais são questões integrantes da evolução tecnológica que integra a realidade da Indústria 4.0, abordada na Seção 1.3, Indústria 4.0, e, com mais detalhes, no Capítulo 5.

Essa forte evolução tecnológica consolida uma outra interessante questão, que é a velocidade dessas mudanças, e com um "complicômetro" correspondente à interligação entre as diversas tecnologias, o que acelera a velocidade desse processo da evolução tecnológica da empresa ou organização exponencial, bem como de seu ambiente externo e não controlável, ou seja, a Indústria 4.0.

Nesse contexto, as empresas com características tradicionais utilizando estrutura organizacional rígida, processo decisório linear e voltado "para dentro" da empresa, com processos e atividades inflexíveis, estruturas "inchadas", foco básico nos resultados financeiros imediatos, plano estratégico baseado no passado, resistência às mudanças e análise do mérito profissional muito pela eficiência, pouco pela eficácia e nada pela inovação, são automaticamente alijadas do processo concorrencial e, normalmente, são excluídas do mercado. Você deve conhecer algumas – várias! – empresas que passaram por esse processo decadente!

No caso da organização exponencial, o foco deste livro é, basicamente, apresentar, com os devidos detalhes:

- A metodologia clássica com as etapas do processo de desenvolvimento e consolidação do modelo de organização exponencial nas empresas, evidenciando as influências da atual revolução 4.0.

- A alocação das ferramentas administrativas nas diversas etapas da referida metodologia, pois é por meio desse procedimento – com otimizada atuação dos profissionais da empresa – que é possível consolidar uma organização exponencial.

1.3 Indústria 4.0

A **Indústria 4.0** – ou Quarta Revolução Industrial – identifica o processo de alocação de modernas tecnologias visando, principalmente, agregar valor aos clientes e ao aumento da produtividade dos processos e de suas atividades nas empresas.

Na prática, a Indústria 4.0 viabilizou as chamadas "fábricas inteligentes" com suas estruturas modulares e seus sistemas ciberfísicos, a internet das coisas e a computação em nuvem.

E agora são apresentadas algumas questões para você pensar enquanto analisa o conteúdo deste livro, sendo intenção deste autor que você faça um "exercício mental", considerando que todos devem pensar a respeito do futuro das profissões, inclusive para melhor usufruir dessas inevitáveis evoluções; e lembre-se: os primeiros serão os mais beneficiados!

Inicialmente, deve-se resgatar alguns momentos históricos que caracterizaram as revoluções industriais anteriores:

- A Primeira Revolução Industrial (1780-1914) originou-se com a utilização de novas ferramentas e equipamentos industriais, resultando na simples utilização de um só operário e substituindo, com qualidade e menores custos, dezenas ou centenas de outros operários sem qualquer capacitação técnica. Não restam dúvidas de que essa revolução enriqueceu os empresários pioneiros na utilização de novas tecnologias e provocou o surgimento da classe operária, consolidando uma situação em que, até os dias atuais, operários e máquinas não mantêm boas "relações de amizade". Na prática, essa situação deveria ser diferente com os operários, ajudados pelas empresas, sendo treinados nas novas profissões que surgiram, e iriam continuar a surgir, de modo cada vez mais intenso. Essa primeira revolução industrial se originou na Inglaterra e depois se consolidou em outros países, sendo a sua base a indústria têxtil de algodão – tear mecânico movido a vapor – e a siderurgia, pela importância que o aço teve na mecanização dos trabalhos, com a energia principal proveniente das máquinas movidas a vapor gerado pela combustão do carvão, que foi uma fonte de energia para todas as atividades, como a ferrovia e a navegação marítima, que transportavam as mercadorias.
- A Segunda Revolução Industrial (1870-1970) ocorreu, principalmente, nos Estados Unidos da América e teve um período sobreposto à parte final da Primeira Revolução Industrial, basicamente pelo processo de assimilação de novas tecnologias pelos diferentes países. Ela teve suas bases nos segmentos metalúrgico e químico, provocando todos os desenvolvimentos técnicos, científicos e de trabalho que ocorreram durante a Primeira e, principalmente, a Segunda Guerra Mundial.

O aço continuou como material básico, e o foco se direcionou para a siderurgia e a metalurgia; o sistema básico de trabalho era o fordista, desenvolvido pela indústria Ford de automóveis, consolidando uma nova regulação técnica e de ambiente de trabalho nas fábricas, com o princípio da linha de montagem com produção padronizada em série e em massa, separando a função do operário – fazer – e a do engenheiro – pensar –, dando margem para Frederic Taylor (1856-1915) estabelecer a organização científica do trabalho, tornando-o especializado, não qualificado, intenso, rotineiro, padronizado, insalubre e hierarquizado. No reboque desse processo também se desenvolveram as tecnologias da eletricidade, da eletromecânica, do petróleo, do motor à explosão e da petroquímica.

- A Terceira Revolução Industrial (1970-) teve como base a alta tecnologia ou tecnologia de ponta, tornando as tarefas mais criativas e exigindo elevada qualificação profissional, inclusive com horário flexível.

E, como na Segunda Revolução Industrial, a indústria automotiva teve um importante papel – dessa vez pela Toyota, que aboliu a função dos trabalhadores profissionais, para transformá-los em especialistas multifuncionais, lidando com as emergências locais em **tempo real** e **na tarefa**. Nessa realidade, desenvolveram-se a microeletrônica, a informática, a máquina de controle numérico computadorizado, o robô, o sistema integrado às telecomunicações informatizadas e a biotecnologia, tendo, portanto, de trabalhar simultaneamente com a física, a química, a engenharia genética e a biologia molecular, transformando o computador na máquina base da Terceira Revolução Industrial.

Como consequência, a organização do trabalho sofre uma profunda reestruturação, tornando-se polivalente, flexível, menos hierárquico, bem como integrado em equipes, principalmente as multidisciplinares. Consolida-se o princípio da "gestão à vista", com ampla sinalização da realidade das atividades desempenhadas em todas as áreas da fábrica; o *just-in-time*, com maior interação entre a produção e o consumo; a horizontalização das atividades; a terceirização, resolvendo problemas dos altos investimentos que as novas tecnologias estavam exigindo; a globalização, com a quebra da arcaica divisão imperial do mundo; por fim, o desenvolvimento de novas regiões industriais de alta tecnologia, sendo o maior exemplo o Vale do Silício (EUA), que reúne centros produtores de tecnologia com indústrias de informações associados a grandes centros de pesquisa, como as universidades. De modo embrionário, o Brasil tem um pequeno exemplo, mas significativo para o país, no eixo São Paulo-Campinas-São Carlos.

Com referência à Quarta Revolução Industrial, seus aspectos básicos são evidenciados nas diversas partes deste livro, principalmente no Capítulo 5.

No caso do Brasil, a revolução industrial basicamente começou, de modo evidente, na década de 1950, ou seja, com mais de um século de atraso e, talvez, não muito impactante como em outros países.

Você pode considerar, para análise, o Plano de Metas do governo Juscelino Kubitschek, elaborado para o período 1956-1960, o que proporcionou sustentação para o nascimento da indústria automobilística pelo Decreto n. 39.412, de 16 de junho de 1956, que criou o Grupo Executivo da Indústria Automobilística (Geia).

E, agora, alguns dados interessantes que demonstram a validade da interação operário × máquina na indústria automotiva brasileira:

- em 1957, cada operário respondeu pela produção de 3,1 veículos;
- em 1967, cada operário já respondia pela produção de 4,6 veículos;
- em 2017 – quando a indústria automobilística brasileira completou 60 anos –, cada operário respondeu por 21,3 veículos.

Entretanto, também deve ser evidenciado que, com números aproximados, em 1957 a indústria automobilística brasileira empregava 10 mil pessoas, em 1967 passou para 49 mil e, em 2017, o número saltou para 127 mil pessoas. Essa forte evolução é para pensar e considerar, em qualquer análise e questionamento, essa inútil briga operário × máquina!

Você deve considerar que, até nos dias atuais, existem grupos de pessoas que não aceitam a evolução tecnológica, afirmando que esta prejudica a sua vida, o seu emprego, a sua renda, esquecendo itens básicos que são disponibilizados no seu dia a dia, como o *smartphone*, a moderna indústria de veículos de transporte, a produção agrícola, entre tantos outros exemplos; mas todas essas evoluções exigem, em contrapartida, menor ou maior "evolução tecnológica" no nível de conhecimento e habilidade das pessoas, e aí é que a "coisa pega"!

Em termos históricos mundiais, a violência organizada contra as máquinas surgiu no início da década de 1810, principalmente na Inglaterra, liderada por produtores artesanais de meias que exigiam o retorno aos métodos manuais de fabricação, afirmando que as máquinas aumentavam a produção e diminuíam a renda dos trabalhadores das fábricas. Isso resultou em quebra de máquinas e saques em residências dos proprietários e mestres dessas fábricas, além de ter provocado intervenções militares para reestabelecer a ordem.

Na prática, esse debate entre capital e trabalho gera algo bom, pois o mercado se adapta para comprar de quem é mais produtivo e pode oferecer o produto por um preço menor e com melhor qualidade.

Mais recentemente ocorreram, no Brasil, diversas tentativas de alguns sindicatos querendo evitar a introdução da robotização em determinadas atividades do processo produtivo da indústria automobilística, ou seja, esses sindicatos, na prática, eram contrários à retirada dos seus sindicalizados de algumas atividades insalubres e perigosas, bem como à inevitável redução dos custos industriais e à decorrente queda do preço ao consumidor final, o que poderia aumentar as vendas e dar maior garantia de emprego a esses funcionários.

Além desses aguerridos sindicatos, a concentração de trabalhadores nas fábricas propiciou, também, o surgimento de cooperativas de ajuda mútua e de associações humanitárias.

Pode-se considerar que o Brasil tem um problema que vem se avolumando nas últimas décadas, representado pelo atraso no processo de transição da Terceira para a

Quarta Revolução Industrial, o que dificulta ao nosso país alcançar níveis mais sofisticados de produção e, consequentemente, permanecer nos padrões necessários para ocupar novos espaços no mercado mundial. Até porque, a partir da primeira década do século XXI, a Revolução Industrial 4.0 tem apresentado uma velocidade de evolução tecnológica muito forte, e, cada vez mais, o nosso distanciamento pode ficar maior, em um mundo que apresenta grandes ganhos de produtividade e de competitividade.

Quando este livro estava sendo escrito, o Senai e a Confederação Nacional da Indústria publicaram o Mapa do Trabalho Industrial, apresentando a medida das dificuldades que os trabalhadores com carteira assinada terão de enfrentar para se manterem em seus empregos, como consequência das transformações tecnológicas.

As áreas que estão exigindo maior formação técnica são as de logística e transportes, metalmecânica, eletroeletrônica e informática; e, se você tivesse que indicar uma ferramenta administrativa que está presente nessas atividades, é a administração de processos, logicamente interligada estruturalmente com várias outras ferramentas administrativas, pela necessidade de as empresas trabalharem no contexto da administração total e integrada.

Uma questão evidente é que essa realidade exige melhor formação profissional dessas pessoas, com sólida formação – entre outras disciplinas – em matemática e física, disciplinas nas quais o desempenho dos alunos brasileiros não tem sido dos melhores, conforme revelam as sucessivas edições do Programa Internacional de Avaliação de Estudantes promovido pela respeitada Organização para Cooperação e Desenvolvimento Econômico (OCDE).

Nessa realidade, muitos estudantes têm dificuldade de aprender, por exemplo, matemática básica na escola e, com isso, acabam descartando as profissões que exigem esse conhecimento, ficando, consequentemente, fora do mercado profissional mais importante; e essa análise vale para qualquer disciplina de sustentação para a atual Revolução Industrial 4.0 – e você pode imaginar o que virá com uma possível Revolução Industrial 5.0!?

Na realidade, o Brasil tem uma dificuldade extra para atuar nesse processo evolutivo das tecnologias, lembrando que, no momento de escrever este livro, o relatório anual da Organização Mundial de Propriedade Industrial (OMPI) colocava o nosso país em último lugar, entre 76 países, quanto à eficiência dos órgãos públicos para o registro de patentes e da propriedade intelectual, o que evidencia um dos mais graves entraves que as empresas em operação precisam superar para executar seus programas de desenvolvimento tecnológico e de inovação.

Só para você ter uma ideia, o órgão público brasileiro encarregado do registro de patentes e da propriedade intelectual gasta, em média, 95 meses – praticamente 8 anos – entre a apresentação do pedido e a concessão do registro, segundo o relatório *World Intellectual Property Indicators* 2018, enquanto na China e nos países da Europa a média é de 22 meses, e na Rússia, de apenas 9 meses.

A situação fica ainda mais complicada quando o próprio Instituto Nacional de Propriedade Industrial (INPI), vinculado ao Ministério da Indústria, Comércio

Exterior e Serviços, e responsável pelos referidos registros, admite que o prazo médio é de 11 anos – em alguns casos, pode superar 14 anos. No México, que é um país latino-americano e de realidade mais comparável à do Brasil, o tempo é de 36 meses, ou seja, 62% menor do que o observado em nosso país.

No Brasil, as áreas em que a espera é mais longa são as de telecomunicações, fármacos e computação eletrônica – existem pedidos na área de tecnologia de informação que foram protocolados no início do século; e, levando-se em conta que, nessa área, a tecnologia fica obsoleta em 3 ou 4 anos, verifica-se quanto de criatividade e de inovação o nosso país pode ter perdido e continua a perder por falta de capacidade operacional de um órgão vital para o desenvolvimento tecnológico, como é o caso do INPI – esperando-se que essa situação esteja resolvida quando você estiver lendo este livro.

Em uma análise mais ampla, observa-se que, também em outras áreas, especialmente naquelas em que o crescimento da indústria em todo o mundo é mais rápido, o ciclo de vida de uma inovação vem se encurtando; e isso tudo ajuda a explicar por que o empresário brasileiro, infelizmente, investe pouco – e, talvez, cada vez menos – em pesquisa, desenvolvimento e inovação, quer seja em produtos e serviços, quer seja em atividades operacionais ou administrativas.

Na administração desses cenários estão sendo utilizados recursos fortemente evoluídos, como a computação em nuvem, para atender as crescentes demandas de mobilidade, conectividade, comunicações unificadas e colaboração integrada, soluções digitais, vídeo e segurança de dados, tudo isso sem o gerenciamento ativo direto do usuário, pois existem vários centros de dados disponíveis para muitos usuários pela internet.

Talvez ela possa ser considerada uma nova fronteira da Era Digital, possibilitando o início de uma possível Revolução Industrial 5.0; naturalmente de modo interativo com várias outras inovações tecnológicas que estão ocorrendo no mundo.

De acordo com o Instituto Nacional de Padrões e Tecnologia, a computação em nuvem apresenta cinco características básicas:

1. Cada usuário pode utilizar, unilateralmente, os recursos de computação – como tempo de servidor e armazenamento de rede – conforme suas necessidades, sem ter que interagir junto a cada provedor de serviço.
2. Os recursos ficam disponíveis na rede e podem ser acessados por meio de diferentes plataformas (*smartphones*, *tablets*, *notebooks*, estações de trabalho).
3. Os recursos físicos e virtuais de computação do provedor são agrupados para atender a vários usuários, com suas diferentes necessidades.
4. Os recursos são liberados, rápida e automaticamente, de acordo com a demanda dos usuários.
5. O uso dos recursos pode ser monitorado, controlado e relatado, propiciando transparência tanto para o provedor quanto para o usuário do serviço realizado.

A computação em nuvem apresenta sete princípios básicos de segurança:

1. Controle de acesso dos usuários e de informações específicas.
2. Efetivo sistema de *compliance* com regulamentação, sendo as empresas responsáveis pela segurança, integridade e confiabilidade dos seus próprios dados.

3. Cada fornecedor de dados se compromete, contratualmente, em obedecer à legislação e aos requerimentos de privacidade que o país de origem da empresa fornecedora solicitar.
4. Administra a situação de uma empresa que divide um ambiente com dados de diversos clientes.
5. Cada fornecedor em nuvem deve saber onde estão os dados da empresa e o que precisa ser feito para recuperação de dados em caso de catástrofe.
6. Tem que existir pleno apoio a todo e qualquer processo de investigação.
7. A empresa garante que os seus dados estarão disponíveis caso o fornecedor de computação em nuvem deixe de existir ou seja migrado para uma empresa maior.

Portanto, a computação em nuvem requer uma infraestrutura de gerenciamento desse grande fluxo de dados que inclui funções para aprovisionamento e compartilhamento de recursos computacionais, equilíbrio dinâmico do processo e monitoramento em **tempo real** do desempenho.

De qualquer modo, deve-se considerar que o fator crítico da computação em nuvem é a segurança, pois os dados ficam disponíveis o tempo todo.

1.4 Por que essa evolução é um processo irreversível?

Perante evoluções de qualquer natureza, algumas pessoas podem ter determinadas reações:

1. Não identificam essas evoluções e, portanto, não fazem nada.
2. Não fazem nada porque consideram que a evolução identificada não vai afetar a eles próprios, nem à sua empresa.
3. Identificam a evolução, mas não fazem nada porque não sabem o que fazer.
4. Fazem alguma coisa para enfrentar ou usufruir a evolução tecnológica identificada, mas o fazem de modo incompleto, errado e/ou tardio.
5. Identificam e trabalham a evolução tecnológica de maneira adequada.
6. Participam, com determinado nível de intensidade, do processo criativo e de consolidação da evolução tecnológica.

Conforme já evidenciado, a administração de empresas é um conhecimento e, portanto, envolve tecnologias, as quais estão em constante evolução.

Talvez você questione, para alguns assuntos administrativos, a sua velocidade de evolução, o que pode ocorrer em duas situações básicas:

1. O referido assunto administrativo realmente não teve a evolução necessária para melhor atender às necessidades das empresas.
2. As empresas consideradas por você em sua análise não aplicaram, por alguma razão, a evolução tecnológica do assunto administrativo considerado.

Com referência à primeira situação, você pode estar certo de que a citada evolução ocorrerá, ainda que tardia – e é necessário estar atento aos primeiros sinais dessa evolução; mas a segunda situação é algo que, infelizmente, ocorre até com alguma intensidade – todo e qualquer leitor deste livro deve ter alguns exemplos dessas empresas.

1.4.1 Sugestões para aproveitar essa onda

Como você seguramente enquadra-se em um dos seis tipos de reações quanto à evolução tecnológica explicitados na seção anterior, são apresentadas algumas sugestões para sua análise e possíveis complementações, visando ao seu otimizado proveito dessa onda irreversível.

Essas sugestões são:

- Implemente, com qualidade e plena interligação, todas as ferramentas administrativas necessárias na empresa – nesse quesito, você deve "errar pelo excesso".
- Analise, implemente, debata e aprimore constantemente as ferramentas administrativas que exigem e consolidam forte interação entre os fatores externos ou não controláveis e os fatores internos ou controláveis pela empresa, como o planejamento estratégico, os cenários, o planejamento tático tecnológico, o planejamento tático de marketing, a governança corporativa, a logística, a qualidade total, entre outros.
- Fortaleça, analise e aprimore constantemente as ferramentas administrativas que tratam, basicamente, das questões internas e controláveis da empresa, como os projetos, o sistema de *compliance*, os indicadores de desempenho, a capacitação profissional, a vocação tecnológica e de inovação, entre outros.
- Estruture e consolide a atuação de equipes multidisciplinares de trabalho, incentivando a interação e a troca de conhecimentos e experiências entre profissionais de diferentes áreas de atuação e níveis hierárquicos na empresa.
- Consolide, com plena qualidade, um estilo administrativo e um modelo de administração que efetivem a empresa como uma organização exponencial de sucesso, sempre com aprimoramentos sustentados.
- Estruture um processo de identificação de talentos direcionados à inovação de resultados para a empresa, disponibilizando prêmios de participação nos resultados efetivos a curto e médio prazos, mas, principalmente, a longo prazo.
- Incentive sinergias de ideias tecnológicas, principalmente as que geram "filhotes" – inerentes às atividades, aos negócios, aos produtos e aos serviços – na realidade atual da empresa.
- Pratique, com inteligência e disciplina, o *benchmarking* entre as empresas de referência, tanto em seu setor de atuação quanto no mercado em geral.
- Consolide a empresa como um local de trabalho no qual prevaleça a otimizada qualidade de vida, e incremente o raciocínio criativo e inovador de seus profissionais.
- Efetive a empresa como uma referência atualizada na disponibilização de produtos e serviços modernos e sustentáveis para os diversos segmentos de mercado.

Os detalhes necessários inerentes a essas sugestões você vai analisar nos quatro capítulos subsequentes.

É válido encerrar este capítulo com considerações complementares a respeito da interação e da possível substituição profissional *versus* máquina.

Com relação ao medo que algumas pessoas apresentam quanto ao possível desemprego gerado pela automação e pela Era Digital, não é válido se alarmar, pois os referidos temores existem desde o século XIX e, até agora, nunca se materializaram; e mais: para cada emprego perdido para uma máquina, pelo menos um novo emprego foi criado, e o padrão de vida médio das pessoas subiu consideravelmente.

A base dessa mudança é o aspecto cognitivo, pois no aspecto físico as pessoas são facilmente substituídas pelas máquinas; a inteligência artificial está possibilitando que as máquinas tenham ações cognitivas – analisar, aprender, ensinar, comunicar, entender reações e emoções –, portanto, a atual revolução industrial consolidará um novo contexto de emprego formal, e a diferença na vantagem competitiva de cada profissional será a velocidade e a intensidade com que absorve os ensinamentos desse processo evolutivo.

Pense na seguinte situação: você tomando uma decisão emergencial no trânsito. Nesse momento, os seus neurônios estão trabalhando em forte intensidade; agora considere que as máquinas poderão, um dia, saber trabalhar com o contexto de atuação dos neurônios das pessoas. Essa é mais uma para você pensar!

Portanto, na prática, a inteligência artificial pode substituir o raciocínio das pessoas até mesmo em situações que envolvam emoções e intuições; considere que você deva exercer, em alguns momentos e situações, premeditadamente ou não, a intuição sobre os possíveis atos e decisões de outras pessoas, imaginando o que estas poderiam fazer, e, a partir disso, delinear a sua possível reação a essa situação que imaginou. Agora pense o seguinte: essa será uma tarefa de uma máquina com inteligência artificial. É por isso que você pode considerar que a inteligência artificial poderá "ocupar um espaço" importante na área do conhecimento da administração de empresas, pois podem existir habilidades humanas e não humanas, como a elevada capacidade de atualização e, principalmente, a criatividade, pois é possível integrar um amplo conjunto de computadores em uma rede flexível, o que é impossível no caso de pessoas e leva à questão do processo de substituição de profissionais individuais por uma rede integrada de robôs e computadores.

Talvez essa seja, no contexto geral, a grande influência da atual Era Digital no estudo da administração nos próximos anos.

Existem determinadas atividades administrativas das empresas que são mais fáceis de serem automatizadas, como as tabulações, as análises de dados e a maior parte das atividades operacionais; mas existem determinadas atividades que precisam de habilidades motoras e emocionais que as máquinas não podem substituir, como um processo de desenvolvimento organizacional de um grupo empresarial quando da compra e incorporação de uma nova empresa com seus valores e postura de atuação.

O exemplo da habilidade e do conhecimento sustentado para o desenvolvimento de novas metodologias e técnicas administrativas também deverá continuar como uma prerrogativa da capacidade humana dos profissionais das empresas.

É lógico que, se você "forçar a barra", nenhuma atividade profissional permanecerá totalmente imune ao processo da automação e da Era Digital.

De qualquer maneira, pode-se considerar que o ideal é os profissionais das empresas não competirem com a inteligência artificial, mas direcionarem os serviços de apoio à inteligência artificial, bem como ao seu aprimoramento e maior amplitude de utilização; isso, em um contexto amplo, pode consolidar o mercado de trabalho como um ambiente de cooperação, e não de competição entre pessoas e inteligência artificial.

Nesse contexto, a única certeza é que todos os novos empregos exigirão altos níveis de especialização, cenário para o qual, de modo geral, os profissionais brasileiros não estão preparados.

Daí surge uma pergunta: como se preparar para isso? A resposta básica é, mais uma vez, a mesma: elaborando, com qualidade, o seu plano de carreira realista para a evolução natural do mercado de trabalho e se organizando para tal situação, com sustentação em conhecimentos, habilidades e atitudes; esse será um processo contínuo, pois, se você se adaptar a uma nova atividade empresarial, é possível que essa atividade se torne obsoleta dentro de duas décadas.

Questões para debate e consolidação de conceitos

1. Como você se sente ao analisar, debater e aplicar aspectos gerais resultantes da forte evolução tecnológica que está ocorrendo nos diversos segmentos das economias brasileira e mundial?
2. Alguma vez você apresentou determinado tipo de resistência frente a essa revolução industrial que está ocorrendo no mundo? Como você trabalhou essa questão?
3. Como você considera que o Brasil está atuando frente à forte evolução tecnológica mundial? Quais são os aspectos positivos que você visualiza nessa atuação? E quais são os aspectos negativos?
4. Você considera que a Indústria 4.0 pode auxiliar, ou atrapalhar, as empresas a se transformarem em organizações exponenciais? Explique, com exemplos, a sua resposta.

Exercício para reflexão

O Jaqueira Esporte Clube quer saber como um clube social e esportivo pode se consolidar como uma instituição inovadora e usuária de modernas tecnologias do atual mundo 4.0.

Antes de você começar a analisar este exercício, são necessárias algumas informações básicas, que servem para todos os exercícios inerentes aos diversos capítulos deste livro.

Nesse contexto, são apresentadas as informações que se aplicam tanto aos exercícios quanto aos casos apresentados ao final de cada um dos cinco capítulos do livro:

- Os exercícios e os casos foram elaborados visando a ampla análise e posterior debate, privilegiando a inserção de situações extras pela decisão do leitor.
- Esse aspecto consolida a premissa de que quanto mais ampla for a análise, com você inserindo o maior número possível de assuntos e situações administrativas, melhor será a qualidade do aprendizado pelos participantes das equipes de trabalho.
- Nenhum exercício ou caso apresenta uma solução única, sendo mais importante o processo de análise, de debate e de proposta de solução para cada exercício ou caso.

Com referência específica aos exercícios, evidencia-se que:

- Eles foram estruturados para você aplicar, com maior intensidade, os assuntos abordados em cada capítulo.
- Embora não seja solicitado, você pode fazer uma interligação entre os cinco exercícios do livro e, se julgar válido, até com os cinco casos, embora os exercícios se refiram a um clube social e esportivo, e os casos tratem de uma instituição de ensino – o mais importante é a análise e o debate dos assuntos administrativos abordados.

Feitas essas considerações iniciais, são apresentadas, a seguir, as informações gerais e as específicas quanto ao exercício inerente ao Capítulo 1.

O foco do estudo em todos os exercícios do livro é o Jaqueira Esporte Clube, partindo-se do princípio de que isso é algo motivador, pois toda e qualquer pessoa é sócia de um clube socioesportivo ou torce para um. Mas, se você não gostar dessa ideia, é só aplicar o conteúdo do exercício em outra instituição de seu interesse.

Agora, são apresentadas as informações básicas para desenvolver o exercício do Capítulo 1.

Você é sócio do Jaqueira Esporte Clube desde a sua infância, tendo consolidado ampla rede de amizades em suas atividades sociais e esportivas.

A recém-empossada diretoria, constituída de pessoas jovens e interessadas nas evoluções tecnológicas que estão ocorrendo no atual mundo 4.0, gostaria de que o Jaqueira apresentasse para os seus sócios duas questões básicas:

1. Que o clube fosse administrado como uma empresa que atuasse em um mercado fortemente concorrencial.
2. Que o Jaqueira tivesse o seu estilo e modelo administrativos sustentados pela efetiva aplicação das mais modernas tecnologias, levando-o a ser uma organização exponencial que sabe "encarar" e absorver o que está acontecendo no contexto da Indústria 4.0.

Entretanto, quando a diretoria apresenta essa ideia para o conselho deliberativo – o qual decide pela possível aprovação –, o assunto "morre na praia", pois os membros desse conselho não entendem nada desse processo evolutivo inquestionável. E pior ainda: esse posicionamento do conselho deliberativo tem levado a diretoria do Jaqueira a começar a ter dúvidas se a melhor situação é o clube ser administrado como uma empresa "normal" buscando produtividade, resultados e excelência no atendimento de seus diversos públicos.

Para tanto, o diretor administrativo do Jaqueira, que foi seu colega na faculdade e sabe que você é um estudioso e especialista em organizações exponenciais atuando no contexto da Indústria 4.0, não teve dúvidas e o convidou para elaborar um plano, o mais detalhado possível, de como um clube social e esportivo pode atuar, com qualidade, no referido contexto.

Todos os membros da diretoria do Jaqueira se motivaram com essa ideia do diretor administrativo e decidiram formar uma equipe de trabalho para atuar com você, fornecendo todos os detalhes básicos de funcionamento do referido clube.

Essa questão das informações básicas do clube fica de sua responsabilidade, sendo sugestão deste autor que você considere todas as áreas de atuação do clube, e algumas outras que poderiam ser incluídas no futuro, como: finanças, administração de pessoas, manutenção e limpeza, vigilância e segurança, serviços médicos, sauna, *fitness*, bilhar, tênis, piscinas, vôlei, basquete, bares e restaurantes, etc.; e, para cada uma dessas atividades, você deve apresentar resumos de sua realidade atual quanto ao nível de tecnologia envolvida, bem como, principalmente, o nível de satisfação dos sócios para com esses produtos e serviços disponibilizados pelo clube.

Ao final você deve apresentar um plano para, possivelmente, tornar o Jaqueira Esporte Clube uma organização exponencial atuando em um contexto industrial 4.0.

Se conseguir provar para a diretoria do Jaqueira que isso é possível, você estará evidenciando algo que já está se tornando normal: toda e qualquer empresa, desde que tenha competência para tal, pode se tornar uma organização exponencial e saber tirar vantagens de atuar em um contexto industrial 4.0.

Você irá verificar que algumas questões ainda não foram apresentadas neste capítulo; portanto, você deve ir aprimorando as suas propostas de solução ao longo da análise dos capítulos seguintes.

O Jaqueira Esporte Clube agradece, antecipadamente, as suas inteligentes contribuições.

Caso para análise, proposta de solução e debate

A Faculdade XYZ está analisando uma parceria com a Escola Técnica ABC visando à maior sustentação nas diversas disciplinas envolvendo teoria e prática das tecnologias aplicadas nas duas instituições.

Antes de você começar a analisar esse caso, são necessárias algumas informações básicas que servem para todos os casos inerentes aos diversos capítulos do livro.

Com referência às informações de ordem geral que servem tanto para os exercícios quanto para os casos dos cinco capítulos, você pode considerar as três informações básicas anteriormente evidenciadas para todos os exercícios do livro.

Quanto às informações específicas inerentes aos casos apresentados nos diversos capítulos do livro, evidencia-se que:

- Eles foram estruturados para você aplicar o maior número possível de assuntos administrativos que tiver conhecimento.

- Você deve fazer uma interligação evolutiva entre os cinco casos apresentados no livro, podendo, inclusive, fazer interligação com os cinco exercícios apresentados, embora os casos se refiram a uma instituição de ensino e os exercícios tratem de um clube social e esportivo.

Feitas essas considerações iniciais, são apresentadas, a seguir, as informações gerais e as específicas quanto ao caso inerente ao Capítulo 1.

O foco do estudo em todos os casos do livro é a Faculdade XYZ, partindo-se do princípio de que isso é algo motivador, pois toda e qualquer pessoa tem, ou teve, uma interação com alguma instituição de ensino que o tem ajudado em suas atividades profissionais.

Agora, são apresentadas as informações básicas para você desenvolver o caso do Capítulo 1.

A Faculdade XYZ iniciou suas atividades há duas décadas em uma grande cidade oferecendo os cursos de Administração, Economia e Contabilidade no nível de graduação. Seis anos depois, começou a disponibilizar para o mercado os referidos cursos também no nível de pós-graduação *lato sensu* (extensão, especialização e aperfeiçoamento). Atualmente, está em análise inicial a possível entrada no segmento do pós-graduação *stricto sensu* (mestrado e doutorado).

No momento, a diretoria da faculdade está desenvolvendo e analisando quatro projetos:

1. A criação da faculdade de Direito, um projeto que está bem adiantado.
2. A criação da faculdade de Engenharia, projeto que está no início, mas demonstra ser plenamente viável.
3. A criação da Universidade XYZ, transformando a Faculdade XYZ em Faculdade de Administração, Economia e Contabilidade, e das faculdades de Direito e de Engenharia, começando naturalmente pela primeira.
4. A possível parceria com a Escola Técnica ABC, reconhecida instituição que fica na mesma cidade da Faculdade XYZ.

Os três primeiros projetos estão caminhando bem, e não existem maiores dúvidas a respeito de suas viabilidades e validades.

Com referência ao quarto projeto, a diretoria da Faculdade XYZ tem algumas dúvidas e gostaria de contar com a sua colaboração, já que você foi aluno diferenciado na primeira turma da referida instituição, bem como é especialista no assunto de interesse dos diretores da faculdade.

Essa dúvida da diretoria da Faculdade XYZ tem origem nas seguintes situações:

- Existe uma evidência inquestionável de que a evolução tecnológica decorrente da Indústria 4.0 está afetando, e vai afetar cada vez mais, todas as áreas do conhecimento.
- Os atuais cursos – Administração, Economia e Contabilidade –, bem como os futuros cursos de Direito e Engenharia, terão suas disciplinas afetadas, com maior ou menor intensidade, por essa evolução tecnológica.
- No atual – e respeitado – plano estratégico da Faculdade XYZ está evidenciada uma diretriz estratégica estabelecendo que ela sempre será uma instituição de ensino pioneira e intensa na disponibilização das mais modernas tecnologias no processo de aprendizado de seus alunos.

- Existe uma séria dúvida de como será a atuação dos novos alunos dos cursos da futura Universidade XYZ, recebendo forte abordagem tecnológica em suas disciplinas.

A última questão tem provocado incertezas nos sete diretores e proprietários da Faculdade XYZ – onde também são professores –, pois eles acreditam que um possível e forte distanciamento tecnológico entre o curso médio e o curso universitário pode gerar uma desmotivação para com este último, resultando em elevado nível de evasão escolar.

Entretanto, os diretores da Faculdade XYZ querem resolver essa questão sem "baixar o nível" de ensino da instituição e, nesse contexto, surgiu a ideia de fazer uma parceria com a Escola Técnica ABC, que tem boa reputação no mercado, inclusive pelo adequado uso das modernas tecnologias em suas disciplinas; e com uma vantagem extra, pois muitos dos alunos da escola técnica poderiam cursar a futura Universidade XYZ, evidenciando, se possível, que o aprendizado e a incorporação das tecnologias – inclusive em seus contextos teórico e prático – devem ocorrer o mais cedo possível na vida das pessoas.

Para o desenvolvimento e a proposta de solução desse caso, você deve respeitar as situações apresentadas, mas pode – e deve! – acrescentar todas as situações e realidades que você julgar necessárias para o bom resultado das análises, podendo considerar situações reais ou hipotéticas de sua vida como estudante.

Esteja certo(a) de que, quanto mais hipóteses e situações você acrescentar para analisar esse caso, melhor será o seu processo evolutivo como pessoa e como profissional.

A Faculdade XYZ e a Escola Técnica ABC agradecem as suas importantes contribuições.

Capítulo 2

Como consolidar esse processo evolutivo em toda a empresa

"Obscurecemos as trevas de nossos vizinhos com a nossa própria luz."
Nietzsche

Para que você possa mapear e aplicar as ferramentas administrativas ideais nas organizações exponenciais e que essas atuem, permanentemente, de maneira diferenciada na Indústria 4.0, é necessário que você, antecipadamente, analise a questão da estruturação das empresas e da atuação de seus profissionais nesse processo evolutivo, ou seja, esta última questão é uma premissa para os otimizados trabalhos, sendo necessário, também, que existam contribuições de todas as áreas e níveis hierárquicos da empresa.

Nesse contexto, apresenta-se essa premissa de modo resumido – mas provocativo para debate! –, pois esse não é o escopo básico deste livro.

Para tornar esse debate bem amplo, são apresentadas também algumas contribuições que os cursos profissionalizantes e de graduação e de pós-graduação podem proporcionar, direta ou indiretamente, para você, para as empresas e para outras instituições trabalharem, da melhor maneira possível, essas evoluções tecnológicas e de conhecimentos.

Objetivos do capítulo

Este capítulo tem a finalidade de apresentar as principais questões a serem consideradas pelas empresas para consolidar um processo evolutivo:

- Como pode ser sua estruturação geral?
- Qual a atuação ideal dos profissionais das empresas, incluindo o processo de obtenção dos conhecimentos necessários?
- Como podem ser consolidados os diferenciais competitivos das empresas e de seus profissionais, mas também das instituições de ensino que proporcionam sustentação para esse processo?
- Como efetivar esse processo em todas as áreas e níveis hierárquicos da empresa?

Nos três capítulos seguintes são explicados os trabalhos com as ferramentas administrativas em organizações exponenciais atuando no contexto da Indústria 4.0.

Como existe um elevado nível de abrangência e de complexidade quando se analisam as ferramentas administrativas, as organizações exponenciais e a Indústria 4.0, partiu-se, neste livro, pela estruturação básica da interligação geral desses assuntos, o que, na prática, corresponde à premissa básica que você pode considerar quando de seus trabalhos nessas questões.

Esquematicamente, você pode considerar esta premissa representada na Figura 2.1.

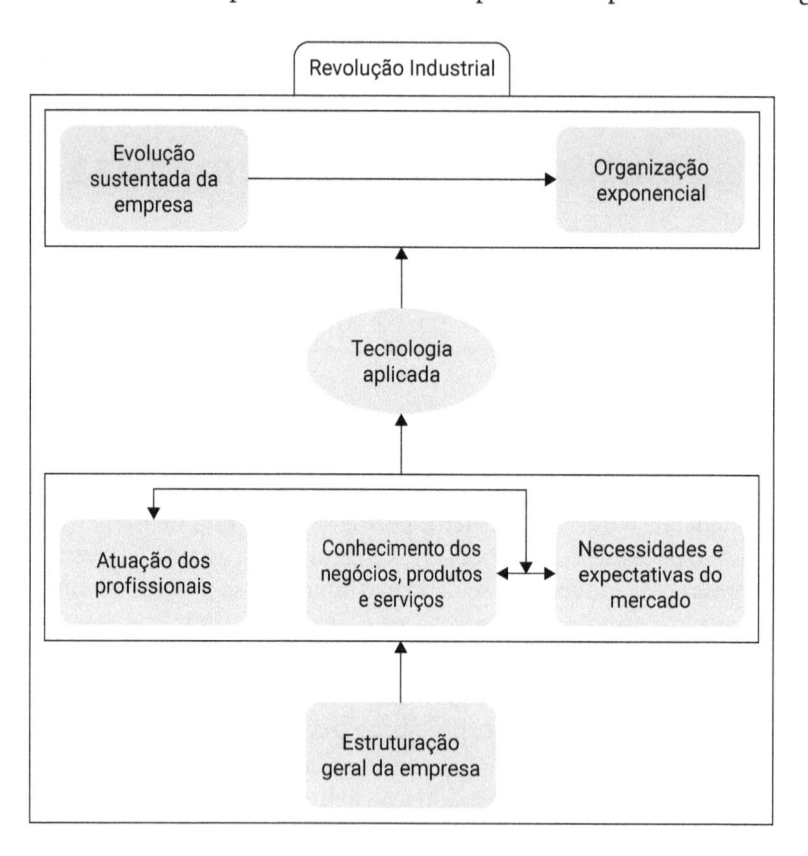

Figura 2.1 Premissa do processo evolutivo.

A Figura 2.1 evidencia, de modo resumido, a seguinte situação:

- É necessário que a empresa apresente uma otimizada estruturação geral que sustente todas as suas atividades, e que estas sejam realizadas com qualidade. Embora essa estruturação geral seja apresentada como base de sustentação, ela deve ser estabelecida de modo interativo com os diversos planejamentos inerentes aos negócios atuais e potenciais futuros, bem como respeitando o estilo administrativo da empresa.
- Depois, deve-se considerar a atuação dos profissionais com a análise de suas capacitações e carências, de modo interativo com o efetivo conhecimento dos

negócios, produtos e serviços da empresa para atender, com vantagem competitiva, as necessidades e expectativas dos diferentes segmentos de mercado.
- Para que isso ocorra, é necessário, no mínimo, que a empresa tenha uma otimizada realidade quanto à aplicação de modernas tecnologias nos conhecimentos e nas diversas atividades realizadas na referida empresa.
- Essa situação deve proporcionar a evolução sustentada da empresa, podendo chegar a se consolidar como uma organização exponencial.
- Não se pode esquecer que todo esse processo evolutivo ocorre em um contexto de revolução industrial com forte aceleração tecnológica.

E, agora, um importante comentário: a lógica estrutural deste livro segue a premissa da evolução de um processo qualquer de análise e debate de um assunto de interesse que, no momento, é decorrência direta da influência da atual Revolução Industrial 4.0 com a administração das empresas e a vida das pessoas no contexto digital.

Portanto, você está percebendo que a apresentação dos assuntos segue essa lógica evolutiva e vai "forçando" você a pensar, analisar, completar, incorporar, aplicar, avaliar e aprimorar os referidos assuntos, inclusive de modo interligado.

2.1 Estruturação geral das empresas

Quando você analisa os assuntos básicos deste livro, é necessário considerar como a empresa deve se estruturar, organizacionalmente, para melhor enfrentar, e até usufruir, as influências da Revolução Industrial 4.0, inclusive se consolidando como organização exponencial – detalhes sobre as maneiras de estruturar as empresas podem ser verificados no livro *Estrutura organizacional: uma abordagem para resultados e competitividade*, do mesmo autor e editora.

O mais importante, nesse momento, é elencar os assuntos que você deve considerar nessa análise organizacional da empresa na qual trabalha, bem como apresentar alguns detalhes para a sua operacionalização, ou seja, fazer esse trabalho "sob medida" para a realidade atual e situação futura desejada da empresa, atuando em forte contexto tecnológico; e, depois, na Seção 2.2, Atuação dos profissionais, você vai identificar como deve ser a atuação ideal dos profissionais nesse contexto.

Para sua análise básica, foi decidido apresentar, nesse momento, de modo resumido, as principais premissas que você deve respeitar e os itens de conteúdo na estruturação geral da empresa quando se quer consolidar um processo e um pensamento evolutivo em toda a empresa; naturalmente, as questões apresentadas nesta seção devem ser complementadas com as várias outras questões abordadas no livro, bem como as identificadas por você em sua realidade.

Portanto, você pode considerar, para análise e debate nesse momento inicial, duas partes principais:

1. Quanto às premissas a serem respeitadas, devem ser considerados, no mínimo:
   - Otimizado nível de transparência e veracidade das informações, com forte incentivo de colaboração de todos os profissionais da empresa, pois a prática tem demonstrado que a maior parte das boas ideias surge dos mais diversos pontos da empresa – lembrando que uma atividade específica pode ser o foco gerador de uma importante ideia transformadora.
   - De conhecimento geral, a vantagem competitiva da empresa e de seus negócios, produtos e serviços, e que o referido diferencial seja real – reconhecido pelo mercado –, sustentado – por pontos fortes da empresa –, bem como, preferencialmente, duradouro para proporcionar uma "personalidade" à empresa, perante as realidades analisadas das empresas concorrentes.
   - Por parte dos profissionais da empresa, uma atitude interativa em seus atos e decisões, acreditando que podem "fazer acontecer" com o que realizam agora e nos momentos subsequentes, bem como consideram que todas as atividades devem ser avaliadas e podem ser aprimoradas.
   - A análise de consistência da estruturação geral da empresa, de suma importância quando se deve verificar a sua consistência interna, analisada quanto à capacitação profissional e tecnológica da empresa, aos seus recursos disponíveis, aos objetivos e metas estabelecidos, bem como sua cultura organizacional; e a sua consistência externa, analisada quanto aos seus clientes, aos seus fornecedores, à legislação vigente, aos concorrentes, aos distribuidores, aos planos de governo, bem como à conjuntura econômica e política, entre outros assuntos.
   - Análise efetiva dos riscos envolvidos quanto às questões financeiras, econômicas, tecnológicas, sociais, ambientais e políticas.
   - Horizonte de tempo enfocando impactos recebidos e exercidos a curto, médio e longo prazos.
   - A análise da praticabilidade e da flexibilidade da estruturação organizacional concebida.
   - O nível de entendimento e de aceitabilidade da estruturação organizacional estabelecida.

2. Quanto ao conteúdo da estruturação geral das empresas, você deve considerar, no mínimo, as seguintes questões:
   - Completo, estruturado, respeitado e interligado processo de planejamento envolvendo os três níveis: estratégico, tático e operacional, pois é a única maneira de a empresa estabelecer, como um todo, aonde quer chegar e o que vai fazer para chegar lá.
   - Otimizada estruturação e aplicação dos projetos – decorrentes das estratégias –, dos processos e de suas atividades com adequados indicadores de avaliação dos resultados da empresa interligados com os indicadores de desempenho dos seus profissionais, focando, prioritariamente, a criatividade e a inovação.

- Otimização dos trabalhos em equipes multidisciplinares, principalmente com o uso da técnica do painel integrado – ver etapa 11 da Seção 4.2.1, Alocação das ferramentas administrativas nas diversas etapas –, respeitando as responsabilidades e as autoridades estabelecidas, privilegiando a horizontalização e o equilíbrio entre atividades fins e as de apoio, com adequada descentralização do poder decisório.
- Consolidação de plena análise da evolução tecnológica que está ocorrendo ou pode ocorrer em seu ambiente empresarial, sabendo usufruir, com qualidade, de todas as possíveis oportunidades advindas.
- Otimizado desenvolvimento sustentado da capacitação profissional de realização das atividades e de conhecimento dos negócios da empresa, incluindo treinamento direcionado ao alcance dos objetivos e metas estabelecidos.
- Pleno nível de entendimento e aplicação de relatórios gerenciais que facilitem e incentivem decisões criativas e inovadoras para que a empresa aprimore a sua vantagem competitiva.

2.2 Atuação dos profissionais

Você pode considerar que a atuação de um profissional de empresa – de qualquer nível hierárquico e trabalhando em qualquer área da empresa – está sustentada, de modo geral, por um tripé, conforme apresentado na Figura 2.2.

Figura 2.2 Atuação de um profissional.

A Figura 2.2 mostra que você, como atual ou futuro profissional de empresa, tem que considerar no mínimo três questões básicas para saber trabalhar de maneira adequada com as ferramentas administrativas em organizações exponenciais em um contexto de Revolução Industrial 4.0:

1. Ter **capacitação profissional**, que é a aprendizagem gradativa, acumulada e sustentada, ao longo do tempo, de um conjunto de conhecimentos, habilidades e atitudes, bem como de metodologias e técnicas que se aplicam a uma área de atuação e aos trabalhos inerentes às funções da administração e ao desenvolvimento e à consolidação de uma empresa.

    Você percebe que a capacitação profissional é algo intrínseco a cada indivíduo e, portanto, você é responsável por sua capacitação profissional, não podendo jogar essa responsabilidade para a empresa na qual trabalha.

Não vamos nos preocupar em apresentar um conjunto de conhecimentos, habilidades e atitudes que você deve considerar em ter, pois esse é um assunto analisado, com diferentes abordagens, em diversos livros – você pode verificar no livro *Como se tornar um executivo de sucesso e de valor para as empresas*, do mesmo autor e editora.

2. Exercitar um otimizado **estilo administrativo**, que corresponde ao seu "jeitão" de atuar em uma empresa, consolidando se a sua preferência é o processo decisório mais centralizado ou descentralizado, com maior ou menor nível de participação, qual a abordagem de comprometimento e de cobrança de resultados que você privilegia, entre outros assuntos administrativos e técnicos da empresa na qual trabalha.

Para análise e debate você pode considerar, como ideal, ter as seguintes características em seu estilo administrativo, as quais sustentam também as suas capacitações profissionais:

- Saber construir e trabalhar com equipe competente e, preferencialmente, multidisciplinar.
- Ter sempre metodologias e técnicas estruturadas para o desenvolvimento e a implementação dos trabalhos, acabando com os inconvenientes "achismos".
- Sempre trabalhar na abordagem da administração total e integrada, para que as atividades empresariais sejam simples, lógicas, de fácil entendimento e aplicação, bem como de baixo custo – se você tiver alguma dúvida, pode analisar o livro *A moderna administração integrada*, do mesmo autor e editora.
- Ter **pensamento estratégico** – postura direcionada para a otimização interativa com o ambiente externo e não controlável em **tempo real** – e **atitude interativa** – explicitação do comportamento criativo, inovativo e sustentado, em que se procura consolidar uma situação futura desejada –, sabendo trabalhar com imprevistos.
- Ser empreendedor em seus atos e proporcionar valor para a empresa na qual trabalha, bem como para seus clientes e fornecedores, lembrando que **valor agregado** é o aumento do valor final de um negócio, produto ou serviço resultante de uma mudança evolutiva na tecnologia aplicada, no processo, na atividade ou no conhecimento.
- Ter liderança e saber formar novos líderes.
- Contribuir para a consolidação de um otimizado ambiente de trabalho, direcionado para a análise, o debate, a criatividade, a inovação e a aplicabilidade.
- Facilitar a iniciativa, a criatividade e o desenvolvimento tecnológico em cada atividade, negócio, produto e serviço da empresa.
- Saber trabalhar em empresas com crescimento exponencial (ver Capítulo 4).
- Saber usufruir as vantagens de atuar em contextos de fortes revoluções industriais (ver Capítulo 5).
- Saber trabalhar com a competitividade, contribuindo para o estabelecimento de uma vantagem competitiva real, sustentada e duradoura para a empresa na qual trabalha.

- Gostar de atuar e conseguir otimizados resultados trabalhando em equipes multidisciplinares com elevado senso analítico e crítico.
- Saber aplicar e disseminar o ***compliance***, que é o respeito às normas e aos procedimentos internos e externos pela empresa e seus profissionais, bem como por todas as instituições e pessoas que interagem com a referida empresa.
- Trabalhar com humildade e foco no princípio da **meritocracia**, que corresponde ao sistema em que as pessoas são avaliadas por critérios e parâmetros que privilegiam o conhecimento, a atuação e os resultados apresentados em relação aos objetivos anteriormente estabelecidos.
- Saber administrar o que o mercado pensa a respeito da empresa – você pode extrapolar essa questão para como você administra a sua imagem pessoal e profissional.

3. Consolidar um interessante **processo de evolução profissional**, pois, assim como as empresas podem evoluir até a condição de organizações exponenciais em um ambiente empresarial apresentando fortes e irreversíveis revoluções industriais e tecnológicas, você também tem que evoluir de maneira sustentada e rápida nessa realidade.

   Daí surge uma pergunta: Como fazer isso?

   A resposta pode ser simples ou complicada.

   Será complicada se a pessoa não souber o que quer da vida e nem souber o que a vida espera dela, ou seja, está sem rumo.

   Será simples se a pessoa tiver um rumo bem-definido, no qual sabe onde quer chegar e por que precisa chegar lá; e mais, sabe o que deve ser feito para chegar lá, conhecendo as suas sustentações e as suas carências nesse processo, bem como o modo e quando vai sanar as suas carências. Simples, não?

   Para consolidar esse processo, existem três ferramentas administrativas com responsabilidades de desenvolvimento e aplicação bem-definidas, e que podem apresentar uma interação entre elas, cujos aspectos básicos são apresentados a seguir:

   i. Plano de carreira, que é de responsabilidade específica de cada pessoa e deve ser desenvolvido, implementado e respeitado o mais cedo possível na vida do estudante e do profissional.

   Por razões diversas – que este autor não entende! –, são poucas as pessoas que desenvolvem e aplicam um plano de carreira como orientador de sua vida profissional.

   O ideal é que o plano de carreira seja elaborado desde a época do início de um curso técnico ou universitário – nesse momento, as instituições de ensino podem ajudar, por meio da estruturação e disponibilização de um Centro de Orientação Profissional (COP) (ver item II, a seguir).

   Plano de carreira é a explicitação formal de um conjunto planejado, estruturado, sustentado e sequencial de estágios que consolidam a realidade evolutiva de cada pessoa, de modo interativo com as necessidades das empresas e das comunidades nas quais elas atuam.

Respeitando a abordagem dos assuntos analisados neste livro, que é fortemente estratégica e de elevada interação com as questões da evolução tecnológica, você pode considerar, resumidamente, o desenvolvimento de seu plano de carreira em seis etapas com questões específicas, mas não esquecendo que o referido plano pode sofrer influências, positivas ou negativas, de alguns fatores sobre os quais você pode ter maior ou menor poder de influência, como: os seus conhecimentos, as suas habilidades, as suas atitudes, a intensidade e a qualidade de seus relacionamentos, a sua vocação para as mudanças e as inovações, as mudanças – planejadas ou não – na empresa em que você trabalha, a estrutura de poder na referida empresa, bem como as situações de riscos e frustrações e as de sucessos e gratificações que podem ocorrer de forma previsível ou não.

Considerando essas situações – e outras de sua identificação –, você pode elaborar o seu plano de carreira respeitando, com conhecimento e criatividade, as seguintes etapas:

Etapa 1: análise do mercado de trabalho atual e futuro, de modo interativo com as questões básicas de sua realidade atual ou futura, como profissional de empresa:

- A sua visão, identificando o que você quer ser, dentro de um período mais longo e uma abordagem mais ampla, procurando colocar o seu posicionamento futuro quanto à evolução tecnológica nas várias atividades empresariais e pessoais.
- Os seus valores pessoais, com o conjunto de princípios, crenças e questões éticas fundamentais, os quais fornecem sustentação a todas as suas principais decisões em sua vida pessoal e na empresa na qual trabalha.
- As oportunidades – coisas boas – e as ameaças – coisas ruins – que você identifica no mercado de trabalho, incluindo as evoluções tecnológicas, bem como considerando a sua visão do que pretende ser no futuro e os seus valores pessoais.
- A identificação, a análise e o debate de cenários estratégicos diversos com suas situações, critérios e medidas para análise estruturada do que poderá acontecer no futuro, com as oportunidades e ameaças anteriormente identificadas.

Você verifica que a análise e o tratamento dessas questões básicas sofrem influência do nível de análise dos fatores **evolução tecnológica** – externo – e **tecnologia aplicada** – interno – que você decidir fazer em seu plano de carreira, ou seja, é no início do processo que se deve estabelecer "qual é a sua" perante as questões inerentes às revoluções industriais.

Etapa 2: análise de sua vocação e capacitação profissional, em que se pode debater, com otimizado nível de detalhes:

- A sua vocação, na qual deve explicitar a predestinação de um talento ou aptidão de uma atividade, de maior ou menor abrangência e de necessidade

das empresas, que proporcione sustentação para o seu desenvolvimento pessoal, com qualidade de vida.
- A sua capacitação profissional, com seus pontos fortes e fracos, para consolidar a sua vocação nas empresas, inclusive efetivando as modernas tecnologias para otimizar os resultados esperados.
- A sua missão ou razão de ser como profissional de empresas, bem como os seus focos de atuação interagindo com as novas realidades decorrentes da revolução industrial.
- A sua postura estratégica de atuação, indicando o seu nível de "aceleração" para administrar e usufruir as modernas evoluções tecnológicas, interagindo os seus pontos fortes e fracos com as oportunidades e as ameaças do mercado de trabalho.

Você percebe que a sua vocação não é algo "solto" ou um simples sonho, devendo estar perfeitamente sustentada, com veracidade, pela sua capacitação atual e futura, a qual deve ser desenvolvida por um plano estruturado e respeitado por si mesmo..

Etapa 3: estabelecimento de sua vantagem competitiva como profissional de empresas, em que você deve fazer:
- Análise dos seus concorrentes atuais e potenciais para o cargo desejado na empresa em que trabalha ou pretende trabalhar, considerando os possíveis níveis de capacitação dos diversos candidatos, principalmente quanto a assuntos que envolvam elevada tecnologia.
- Identificação de sua vantagem competitiva, que é a razão básica pela qual a empresa "compra" os seus serviços, em detrimento de outros profissionais.
- Interação entre a sua vantagem competitiva como profissional com a vantagem competitiva da empresa na qual trabalha, frente às outras empresas que concorrem nos mesmos segmentos de mercado.

Você verifica que o foco dessa etapa é autoconhecer-se, saber o que o diferencia perante os outros profissionais da empresa, bem como interligar esse seu diferencial com o diferencial que a empresa na qual trabalha está consolidando no mercado. Na prática, esse pode ser o seu grande "lance" como profissional da empresa!

Etapa 4: estabelecimento dos resultados a serem alcançados e das ações a serem operacionalizadas, em que você pode analisar:
- Os objetivos e metas a serem alcançados, considerando toda a sua realidade identificada nas etapas anteriores.
- As estratégias e os correspondentes projetos que você vai operacionalizar para alcançar os resultados planejados no atual contexto da Revolução Industrial 4.0.

Você deve considerar que os objetivos e metas a serem alcançados devem ser viáveis para a sua realidade, mas também devem ser desafiadores e exigirem esforço extra de si mesmo. Além disso, as estratégias para alcançar esses resultados devem ser criativas e inovadoras, considerando a forte evolução tecnológica nas atividades empresariais; e os projetos decorrentes das estratégias devem ser bem elaborados e detalhados para permitir otimizado acompanhamento, avaliação e aprimoramento das atividades alocadas.

Etapa 5: delineamento de seu estilo administrativo, em que se deve estabelecer e aplicar com amplo debate na empresa:

- O seu **código de ética profissional**, que corresponde ao conjunto estruturado, lógico, disseminado e respeitado por você, com normas de conduta e de orientações ao seu processo decisório quanto ao que você considera como certo ou errado.
- As políticas ou parâmetros e critérios que você considera em seu processo decisório.

Fica evidente que tanto o seu código de ética quanto as suas políticas de decisão devem ser compatíveis e interagentes com as aplicadas pela empresa na qual trabalha e, de preferência, devem contribuir para o desenvolvimento tecnológico da referida empresa.

Etapa 6: análise de sua evolução profissional, considerando:

- As estratégias para aprimoramento de seu plano de carreira, sempre com criatividade, inovação e diferenciação, focando os novos conhecimentos e as novas tecnologias proporcionadas pela Revolução Industrial 4.0.
- A consolidação da qualidade total em sua atuação como profissional de empresa, além da preservação da sua qualidade de vida.

Você verifica que esse processo de elaboração, operacionalização e aprimoramento de seu plano de carreira é perfeitamente estruturado e lógico, pois segue basicamente a mesma metodologia de desenvolvimento do planejamento estratégico de uma empresa; com a diferença de que se troca a empresa por uma pessoa: você!

Você verifica que os profissionais da empresa que estão direcionados aos processos de inovação precisam entender a linguagem do negócio, interpretar a demonstração de resultados apresentados, fazer o "meio de campo" entre a alta administração – com suas questões estratégicas – e os outros profissionais da empresa – com suas questões táticas e operacionais –, para selecionar o que é mais importante e olhar para o futuro com o pé na realidade do presente.

Quando os profissionais direcionados para a criatividade e a inovação se colocam como pertencentes à atividade estratégica da empresa, eles ficam conhecendo as melhores práticas do mercado, contribuem para o aumento da produtividade, da rentabilidade e da lucratividade, transcendem a posição de simples centro de custo e proporcionam valor para a empresa, bem como para os seus fornecedores e clientes.

Nesse momento, são válidos alguns comentários a respeito de uma atuação empreendedora por sua parte, pois, nesse caso, a sua análise de atuação pode se tornar mais estruturada e sustentada.

Quando você estiver analisando a sua atuação na Era Digital, como empreendedor interno – funcionário da empresa – ou externo – criador de uma empresa –, deve considerar algumas questões importantes:

a) Quanto à busca de parcerias ou de possíveis aquisições, você pode considerar:

- ***Startups***: referem-se a empreendimentos em estágios iniciais, que têm como principal característica um modelo de negócio inovador, que procura ter crescimento acelerado em alta escala de produção, envolvendo algum tipo de tecnologia diferenciada.
- **Aceleradora**: é uma empresa cuja principal finalidade é apoiar financeiramente uma empresa *startup* que se apresenta com efetiva possibilidade de rápido crescimento e consolidação no mercado; para tanto, o foco é torná-la atrativa para investidores diversos em rodadas programadas de investimento.
- **Investidor anjo**: é um empresário, empreendedor ou investidor de sucesso que aloca parte de seu patrimônio pessoal para desenvolver novos negócios viáveis, bem como atua como mentor ou conselheiro dos idealizadores do novo negócio.
- **Incubadora**: corresponde a ambiente planejado em grandes empresas ou universidades, que é criado com a finalidade de ajudar, com sua experiência, negócios criativos em estágios iniciais de operação a definir, testar e estruturar uma ideia inovadora, não se preocupando, entretanto, em fornecer recursos financeiros para tal.

b) Quanto aos possíveis facilitadores nesse processo evolutivo, você pode elencar:

- **Mentoria**: que corresponde ao processo pelo qual um profissional com maior experiência auxilia o desenvolvimento da trajetória empreendedora de outro profissional, com menor experiência; nesse caso, o foco é o apoio e o encorajamento do mentorado para o aprimoramento de seu desempenho e desenvolvimento pessoal e profissional.
- ***Coworking***: é um modelo de escritório compartilhado reunindo profissionais com diferentes experiências, proporcionando custos mais interessantes do que no caso de o empreendedor ter o seu próprio escritório, com a vantagem extra de facilitar a troca de ideias e de experiências na busca de um resultado comum.
- ***Stakeholders***: nesse caso, você deve saber se envolver e trocar ideias com as diversas partes envolvidas em um negócio, como acionistas, funcionários, clientes, fornecedores etc.

- **Capital de risco ou capital empreendedor**: é uma modalidade de investimento direcionada para o apoio aos negócios por meio de participação acionária; nesse caso, um investidor aporta recursos no negócio inovador em troca de participação, geralmente minoritária, em uma empresa de capital fechado, o qual poderá ser aberto, dependendo dos resultados.

c) Quanto a alguns assuntos básicos que você deve conhecer, além de seu negócio em si, você pode considerar:

- *Core business*: é a veia central dos negócios de uma empresa, efetivando seus processos-chave para a geração de valor para os seus clientes; portanto, a sua ideia inovadora deve ter uma interação, preferencialmente direta, com o *core business* da empresa com a qual está negociando.
- *Break-even*: corresponde a um indicador que evidencia o quanto é necessário vender para que as receitas se igualem aos custos; portanto, estabelece o equilíbrio entre o que se gasta e o que se recebe, eliminando-se a possibilidade de prejuízo para o negócio em análise.

d) Quanto ao exercício da prática inerente ao negócio inovador, você pode considerar algumas questões, a saber:

- **B2B e B2C**: significam, respectivamente, *business to business* ou negócios realizados entre empresas, e *business to consumer* ou negócios realizados entre empresas e consumidores finais. Você percebe que a Era Digital transforma todas as interações entre interessados em um assunto envolvendo até agentes externos ou não controláveis pela empresa para a consolidação de seus negócios básicos.
- **Empreendedorismo social**: é um modelo de negócios sem fins lucrativos, que trabalha com produtos e serviços focados na resolução de problemas sociais com a finalidade de transformar, positivamente, as comunidades nas quais estão inseridos.
- **Escalabilidade**: correspondente ao aumento do volume de produção ou de prestação de serviço de uma empresa sem que isso implique um aumento dos custos, sendo fundamental para entender o quão longe o negócio analisado pode ir, o que representa uma das questões principais na análise pelos investidores.
- **Produto mínimo viável** (MVP, do inglês *minimum viable product*): corresponde ao produto que, com o menor investimento possível, permite testes do modelo de negócios, do público-alvo e de outras hipóteses de mercado, auxiliando, significativamente, no processo decisório.
- **Unicórnio**: representa um sonho, mas é a *startup* cujo valor de mercado atingiu a marca de R$ 1 bilhão. Na realidade, são negócios míticos, como os unicórnios. Mas um sonho não mata ninguém!

ii. Centro de orientação profissional, cujas estruturação e disponibilização são de responsabilidade das instituições de ensino, mas que pode fornecer importante contribuição para o desenvolvimento e, possível, implementação do plano de carreira de cada aluno a se tornar profissional de empresa, preferencialmente com forte abordagem tecnológica.

Infelizmente, não são todas as instituições de ensino que têm um centro de orientação profissional – ou outra denominação correspondente –, mas é possível acreditar que essa situação vai se alterar gradativamente ao longo do tempo, pois está evidente que tão importante quanto o ensino do conteúdo de disciplinas diversas no curso é que cada aluno desenvolva, sob orientação específica, o seu plano de carreira alocando os conhecimentos adquiridos e trabalhando as carências para que o seu futuro como profissional de empresa esteja o mais próximo possível ao que ele deseja ser, isto é, corresponde à situação de cada aluno elaborar o seu planejamento estratégico de vida!

Para análise e debate pelas instituições de ensino em geral são apresentadas, a seguir, algumas questões importantes a serem consideradas nessas interações com os alunos e participantes de cursos de treinamento em geral.

Centro de Orientação Profissional (COP) é o órgão da instituição de ensino que orienta os alunos a desenvolverem, de maneira sustentada e realista, os seus planos de carreira alocando os ensinamentos proporcionados pelas diversas disciplinas do curso e direcionando cada aluno ao que ele espera de seu futuro como profissional de empresa, principalmente recebendo forte influência da atual Revolução Industrial 4.0.

O ideal é que esses COPs sejam estruturados em faculdades e escolas técnicas, oferecendo os seus serviços, principalmente, para os alunos do primeiro ano do curso, com acompanhamento e orientação nos anos subsequentes; mas esses centros também podem ser instalados em empresas, funcionando, basicamente, para ajustes das atuações de alguns profissionais, e de modo fundamental no caso de reestruturações decorrentes de novo portfólio de negócios, produtos e serviços – neste último caso, deve focar, sobretudo, a meritocracia e a produtividade de cada profissional da empresa.

Para os casos de capacitações e orientações profissionais em empresas, você deve considerar, também, as universidades corporativas (ver item III da Seção 3.3.2, Pelas funções das empresas).

É possível que você concorde com duas situações inerentes à realidade dos alunos, principalmente de escolas técnicas e de faculdades, bem como até dos participantes dos cursos de treinamento em geral:

- Desconhecimento da validade do conteúdo das disciplinas e assuntos lecionados, o que provoca baixo nível motivacional no processo de aprendizado, consolidando reduzida qualificação profissional no assunto considerado.
- As pessoas não elaboram os seus planos de carreira, o que pode provocar dificuldade de entender a aplicação do assunto estudado em suas atividades

profissionais atuais ou futuras e, como consequência, não conseguem explicitar os seus efetivos conhecimentos e carências, inclusive em questões de evoluções tecnológicas e de tecnologias aplicadas.

Você pode considerar que os COPs, desde que bem estruturados, disseminados e incorporados pelos participantes da instituição, podem proporcionar os seguintes benefícios:

a) Para os alunos, podem ocorrer os seguintes benefícios principais:
- Entendimento da realidade atual do mercado de trabalho e suas possíveis evoluções.
- Alocação de sua expectativa profissional nesse mercado.
- Recebimento de apoio estruturado de como elaborar o seu plano de carreira. Quanto a essa questão, a instituição de ensino deve alocar em sua grade curricular a disciplina **Plano de Carreira**, preferencialmente no início do curso.
- Maiores entendimento e aplicabilidade dos conteúdos das diversas disciplinas.
- Maior nível motivacional no processo de aprendizagem, gerando melhor qualidade na sua evolução como profissional de empresa.
- Presença em ambiente de debate de carreiras e delineamento do seu futuro como profissional da empresa.

b) Para as instituições de ensino, podem ser considerados os seguintes benefícios:
- Maior facilidade na aplicação direta – geral e específica – do conteúdo das diversas disciplinas.
- Melhores qualidade e produtividade nas aulas e nos programas de treinamento.
- Constante e rápida atualização do conteúdo básico das diversas disciplinas.
- Maior facilidade de interligação entre os conteúdos das diversas disciplinas.
- Otimizado equilíbrio entre teoria e prática.
- Consolidação da instituição de ensino como referência no processo de aprendizado (educação continuada etc.).
- Resposta efetiva do mercado de trabalho quanto à qualidade de seus programas curriculares.

c) Para as empresas em geral, podem ocorrer os seguintes benefícios:
- Melhor conhecimento da realidade de cada candidato a emprego, pela análise de seu plano de carreira.
- Rápida interação de cada profissional com a realidade de cada empresa, gerando maiores níveis de motivação, produtividade e qualidade.

- Maior interação do plano de carreira do profissional, com a estrutura de administração de carreiras de cada empresa (ver item III, a seguir).
- Direcionamento otimizado nos processos de treinamento e capacitação dos profissionais das empresas.
- Menores custos e maior rapidez nos processos de treinamento e desenvolvimento dos profissionais das empresas, inclusive considerando a realidade dos seus conhecimentos, habilidades e atitudes.
- Maior facilidade na consolidação de otimizado cadastro de capacitação interna.
- Interação otimizada com a universidade corporativa da empresa.

iii. Estrutura de administração de carreiras, cujas estruturação e aplicação são de responsabilidade das empresas, mas o seu adequado enquadramento nelas é de sua responsabilidade, funcionário.

Na prática, o que interessa para você nesse momento é como você pode fazer a interligação estruturada entre o seu plano de carreira e a estrutura de administração de carreiras da empresa na qual trabalha ou pretende trabalhar.

Mas antes é válido lembrar o que é e quais são as maneiras de estruturar as carreiras dos profissionais das empresas.

Estrutura de administração de carreiras é a sequência lógica e coerente de cargos ou funções que as empresas disponibilizam para a evolução profissional das pessoas; você deve saber que nenhuma empresa obriga os seus profissionais a aplicarem em suas vidas essas estruturas, mas é de "boa inteligência" cada pessoa saber e respeitar as referidas estruturas, sempre lembrando que elas sofrem influências, diretas ou indiretas, das estratégias da empresa, dos valores e das políticas dela, da realidade do mercado de trabalho, da realidade mercadológica e operacional da organização, bem como do estilo e do modelo de administração da referida empresa, ou seja, cada "caso é um caso".

De modo geral, você pode considerar quatro estruturas lógicas de administração de carreira nas empresas:

1. Estrutura da carreira em linha ascendente, em que os cargos ou funções são apresentados em uma sequência lógica ascendente, com uma única direção, não aceitando alterações no processo. Você pode considerar que, desde que a empresa tenha um sistema justo, estruturado, lógico, disseminado e entendido dos seus critérios e parâmetros de avaliação de desempenho, a estrutura em linha ascendente possibilita que a empresa facilite a evolução profissional dos seus melhores funcionários, e isso enquadra a empresa no contexto das fortes revoluções industriais e seus novos conhecimentos tecnológicos.

2. Estrutura em rede de evolução na carreira, em que os cargos ou funções são apresentados em forma de rede, possibilitando, conforme a vocação e a capacitação de cada profissional, que ele siga algum caminho mais

correlacionado às suas expectativas e às oportunidades apresentadas. Você verifica que um profissional com inovação e criatividade tecnológica tem um futuro interessante nessa empresa, desde que não faça confusões diante do possível amplo "leque" de opções que a empresa lhe disponibiliza, bem como lembrando que a evolução na rede depende, diretamente, da evolução de determinadas atividades da empresa, o que não é algo controlável e previsível pelas pessoas, independentemente de seu conhecimento em questões tecnológicas.

3. Estrutura paralela de evolução na carreira, em que as empresas propiciam o desenvolvimento profissional das pessoas de acordo com as suas expectativas básicas, quer seja no contexto técnico, quer seja no contexto administrativo, isto é, a estrutura paralela permite que as empresas direcionem o desenvolvimento de seus profissionais de acordo com as vocações e as expectativas individuais, o que se evidencia como algo interessante em situações de fortes e complexas evoluções tecnológicas.

4. Estrutura em Y de evolução na carreira, que pode ser considerada uma variante da estrutura paralela na qual a base é única e, depois, os profissionais se diversificam em suas carreiras, podendo ir para a carreira executiva ou para a carreira de pesquisador, cientista ou consultor interno. Portanto, aqui se parte do princípio de que a base de conhecimentos e de experiências tem que ser única, independentemente do futuro profissional de cada pessoa, o que pode ser algo interessante para unir, em equipes multidisciplinares de trabalho, profissionais com diferentes vocações e capacitações, inclusive em questões de evoluções tecnológicas.

Você pode considerar que as quatro estruturas de administração e evolução das carreiras podem ser consolidadas de maneira conjunta e interativa nas empresas, procurando usufruir das vantagens de cada uma, desde que o resultado final seja entendido, assimilado e aceito por todos os profissionais atuantes no processo.

Agora podem ser apresentadas considerações a respeito da parte mais importante do processo, em que se deve interligar o plano de carreira das pessoas com a estrutura de administração de carreiras da organização onde essas pessoas trabalham.

Embora essa situação possa ser considerada complexa por alguns, você pode se dedicar, no mínimo, às seguintes questões:

- Imagine a vantagem competitiva perante os outros candidatos ao mesmo cargo ou função na empresa se você mostrar como seu plano de carreira – elaborado com elevada qualidade – pode se encaixar, de modo natural, na estrutura de carreira formalizada pela empresa; para tanto, é necessário que você tenha um plano de carreira bem-elaborado e conheça a essência da realidade administrativa da empresa. Na maioria das vezes, essa interligação pode ser efetuada pelos requisitos de cargo, do lado da empresa, e pelo conteúdo do plano de carreira, do lado do candidato ao cargo na referida empresa.

- Com base na questão anterior, você terá condições de debater, e talvez apresentar, ideias gerais de aplicação e desenvolvimento de tecnologias que possam contribuir, com maior ou menor intensidade, para o aprimoramento do processo e de suas atividades na empresa considerada. De qualquer maneira, independentemente de seu raciocínio estratégico e tecnológico, nesse momento você pode deixar um interessante posicionamento criativo e inovador, o que, seguramente, é importante para a empresa, mas sempre se deve tomar cuidado em suas propostas e ideias para que estas tenham uma sustentação mínima.

Esse autor tem observado, em seus trabalhos de consultoria e treinamento, que estão ocorrendo, em maior ou menor intensidade, algumas interligações entre as carreiras das pessoas e as estruturas de carreiras. Além disso, tem observado como essas empresas administram essa questão, o que é bastante interessante para os dois lados.

Nesse contexto, você pode considerar:

- Administração interativa e compartilhada entre o plano de carreira das pessoas e a estrutura de carreira das empresas em um processo de aprendizado mútuo e da busca de maior comprometimento para com os resultados planejados, tanto pelas empresas quanto pelas pessoas.
- Desvinculação, cada vez mais intensa e ampla, do plano de carreira das pessoas da realidade da estruturação organizacional das empresas, ou seja, os "personogramas" estão desaparecendo e o que está prevalecendo é a meritocracia.
- Transparência e estímulo para o pleno conhecimento dos critérios e dos parâmetros para a ascensão das pessoas nas empresas, acabando com os protecionismos inadequados.
- Completa interação entre as necessidades das empresas em termos de conhecimentos, habilidades e atitudes, de um lado, e o comprometimento e a capacitação profissional que cada pessoa pode oferecer para a empresa, de outro.

De qualquer modo, quando você estiver debatendo o seu plano de carreira – envolvendo maior ou menor quantidade de questões tecnológicas –, é possível que ouça alguns "conselhos" que envolvam mitos e inverdades a respeito do referido assunto; portanto, tome cuidado com quem você pretende debater esse importante tema para a sua vida profissional!

Esses mitos, inverdades e bobagens principais são:

- As empresas são responsáveis pela carreira e pelo desenvolvimento profissional dos que trabalham nela.
- A ascensão profissional é uma questão de sorte e/ou de "bajulação".
- Não se pode fazer alterações no plano de carreira.
- Um plano de carreira não serve para nada!

2.3 Como obter contribuições de todos os níveis hierárquicos da empresa

Essa é uma questão que preocupa muitas empresas, pois, quando existem divergências quanto aos objetivos da empresa e às maneiras de realizar suas atividades, ocorrem desperdícios de recursos, e os resultados da empresa ficam prejudicados – nesse contexto, não existe a mínima possibilidade de a empresa se tornar uma organização exponencial, e, pior ainda, porque estará atuando em um ambiente industrial 4.0 com intensas evoluções tecnológicas que podem atrapalhar os seus negócios e resultados.

Embora não seja algo fácil, é perfeitamente possível toda e qualquer empresa conseguir efetivas contribuições e fortes atuações de todos os seus profissionais – de todas as áreas e níveis hierárquicos – no processo de desenvolvimento da empresa.

É evidente que alguns questionamentos nesse processo devem ocorrer, o que é altamente interessante, pois eles podem ser sustentações para o processo de melhoria, e as análises devem estar sustentadas – você sabe que, nem sempre, isso ocorre! – por adequados estudos de viabilidade.

Nesse contexto, você pode fazer um "exercício mental" considerando resumidamente os fatores componentes e os fatores de influência mais evidentes para que todos os profissionais da empresa direcionem os seus esforços para os mesmos resultados planejados para a referida empresa.

Com referência aos fatores componentes, você pode considerar, para análise:

- Nível de conhecimento de cada profissional quanto às suas atividades, mas também da contribuição destas para os negócios, produtos e serviços da empresa, pois, se a sua capacitação profissional for restrita à sua área de atuação, o referido profissional não entende a finalidade de suas atividades para os resultados globais da empresa na qual trabalha. E como resolver esse problema? A resposta é simples: alocar as atividades de cada profissional nos processos decorrentes das estratégias estabelecidas pelo planejamento estratégico, em que a empresa, como um todo, direciona-se para os mesmos objetivos e metas.
- Efetiva transparência e veracidade das informações gerais e específicas da empresa decorrente de um modelo organizacional de governança corporativa. Essa é só uma questão de "querer fazer" e de respeitar essa situação, pois várias empresas mostram pseudoestruturações de governança corporativa, mas elas só "estão no papel".
- Otimizado mapeamento dos processos e de suas atividades, de modo estruturado e interligado com adequados indicadores de desempenho – da empresa, de suas áreas e de cada profissional –, consolidando um respeitado modelo de *compliance*. Aqui, o foco é a disciplina e a honestidade profissional!
- Elevado nível motivacional para os aprendizados geral e específico inerentes às atividades de cada profissional e da empresa, sempre focando o que há de mais moderno em termos de tecnologia aplicada, tanto para os atuais quanto para os futuros negócios da empresa.

- Entusiasmo para conhecer as necessidades e as expectativas de cada segmento de mercado que tenha relação, direta ou indireta, com os atuais negócios da empresa, tendo como premissa básica o atendimento e o fornecimento com qualidade total.

Agora, são elencados alguns fatores de influência que podem facilitar os diversos profissionais a direcionarem os seus esforços para os melhores resultados da empresa na qual trabalham:

- Efetivo e amplo incentivo ao aprendizado, à inovação, à interação e ao debate entre os diversos profissionais da empresa, principalmente por equipes multidisciplinares e pela aplicação da técnica do painel integrado – ver etapa 11 da Seção 4.2.1, Alocação das ferramentas administrativas nas diversas etapas – utilizando desafiadores indicadores de avaliação.
- Existência de pequenos centros de identificação, análise e debate de novas tecnologias que podem ser aplicadas – agora ou no futuro – em atividades, produtos e serviços atuais ou potenciais da empresa. Um modo organizacional que pode auxiliar nesse processo, e inclusive torná-lo sustentável e perene, é a universidade corporativa (ver item III da Seção 3.3.2, Pelas funções das empresas).
- Participar, como palestrante ou ouvinte, de eventos de análise estratégica de segmentos da economia, inclusive com debates utilizando técnicas estratégicas e técnicas de cenários, as quais proporcionam maior sustentação e validade aos assuntos analisados.

Pelo que foi apresentado, uma coisa é certa: se os profissionais da empresa não incorporarem, na plenitude, a necessidade desse processo de mudanças baseada na evolução tecnológica, nada deverá acontecer.

E você precisa tomar alguns cuidados:

- Uma questão é você aceitar, com ressalvas, a famigerada frase do "vestir a camisa da empresa", a qual é muito usada, mas em geral, é apenas "conversa fiada".
- Outra questão é que, preferencialmente, todos os profissionais da empresa devem participar desse processo evolutivo de modo ativo, incluindo amplo e forte programa de capacitação direcionada para os resultados esperados. Você deve concordar que apenas uma parte dos profissionais da empresa não tem condições de atrelar a empresa a essa nova realidade.
- Todas as ferramentas administrativas explicitadas neste livro – e outras por necessidade específica da empresa – devem ser aplicadas com qualidade.
- Os critérios e parâmetros de avaliação dos trabalhos devem considerar a empresa, cada uma de suas áreas, cada equipe de trabalho e cada profissional, sempre com abordagem integrada e objetiva, bem como privilegiando o mérito de cada um.
- A prática tem demonstrado que o caminho ideal de desenvolvimento dos trabalhos considerando toda a empresa é atuar, primeiramente, no sentido do estratégico para o operacional e, a seguir – em alguns poucos casos pode ser conjuntamente –, atuar do operacional para o estratégico; essa importante questão é analisada, de modo geral, nos capítulos seguintes.

Por tudo que é apresentado neste livro, você constata que a relação entre as pessoas e as máquinas é de compartilhamento de atuação, e não de concorrência, pois as pessoas pensam e contribuem com o senso comum, bem como têm ética, imaginação, empatia, sentimentos; e as máquinas processam enormes quantidades de dados e informações, localizam conhecimentos, identificam e estruturam padrões, bem como nos disponibilizam uma série de conhecimentos que as pessoas, sozinhas, não seriam capazes de compreender, ou seja, as pessoas pensam e as máquinas trabalham!

Nesse contexto, você deve ser crítico – não pessimista, mas otimista com sustentação – e analisar a sua "validade profissional".

Em vários pontos deste livro são apresentadas questões para você atentar para a possível morte de sua profissão; você deve se precaver contra essa situação, que ocorrerá em sua vida mais cedo ou mais tarde.

Portanto, você deve estar sempre se atualizando, absorvendo as novas tecnologias e os novos conhecimentos de metodologias e técnicas administrativas e operacionais que o atual mundo digital está apresentando, pois, caso contrário, você ficará, em um período médio de 5 anos, completamente fora do que o mercado de trabalho necessita.

Na prática, você deve ter fortes desafios em seu crescimento profissional, até porque, nessa situação, começará a trabalhar com outras pessoas, procurando aprender com elas – mas também ensinando – dentro do moderno e interessante conceito das equipes multidisciplinares.

Nesse momento, não se deve esquecer das contribuições das instituições de ensino – as sérias e comprometidas com o efetivo aprendizado dos alunos –, que podem proporcionar toda a sustentação para o processo evolutivo dos profissionais das empresas, inclusive porque estas, de modo geral, não aceitam mais gastar recursos com treinamentos básicos que deveriam ser assimilados, na plenitude, pelos alunos em suas salas de aula.

Como consequência, tem-se observado que algumas instituições de ensino – poucas, por enquanto – têm se dedicado a estruturar suas grades curriculares de acordo com as necessidades das empresas e do mercado, o que proporciona uma base altamente interessante para os seus alunos; tudo isso com um importante diferencial competitivo para cada uma dessas instituições de ensino, que contribuem diretamente para o diferencial competitivo de cada aluno, quando este se torna um profissional de empresa.

E uma unidade que muito pode auxiliar nesse processo é:

- Do lado das instituições de ensino, a disponibilização de um COP – ver item II da Seção 2.2, Atuação dos profissionais – e da alocação da disciplina "Plano de Carreira" no início de sua grade curricular.
- Do lado das empresas, a disponibilização de uma adequada estrutura de administração de carreiras e o incentivo ao desenvolvimento individual de estruturados e lógicos planos de carreira, preferencialmente com forte abordagem inovadora e tecnológica.

Você verifica que o grande "lance" é quando as instituições de ensino e as empresas trabalham de maneira integrada e única, focando as pessoas e os ambientes corporativos com seus resultados, que podem ser naturalmente compartilhados e interativos na atual e forte evolução tecnológica, com elevadas mudanças nas necessidades dos diversos segmentos de mercado.

Questões para debate e consolidação de conceitos

1. Quais as influências possíveis da estruturação das empresas na atuação de seus profissionais? E vice-versa?
2. Como você pretende trabalhar a sua capacitação profissional para melhor trabalhar com essa forte e irreversível evolução tecnológica mundial?
3. Explique como você pretende obter contribuições de todas as áreas e níveis hierárquicos da empresa na qual trabalha para que todos direcionem seus esforços para os resultados comuns.
4. O que você conseguiu, até agora, quanto ao seu futuro profissional planejado?

Exercício para reflexão

O Jaqueira Esporte Clube não sabe como poderá ter uma estruturação organizacional que incentive os seus profissionais - e os seus sócios - a terem uma postura de atuação direcionada ao aprendizado e à aplicação de modernas tecnologias, levando o Jaqueira a ser uma referência nacional.

O Jaqueira Esporte Clube, por uma parte de seu conselho deliberativo e de sua diretoria - a outra parte não tem noção do que significa o termo "**evolução tecnológica**" -, acredita que devem ser utilizados todos os mecanismos para que os funcionários, e os sócios do clube, tenham uma postura de atuação preocupada com o aprendizado e a aplicação de modernas tecnologias em seus diversos campos de atuação, contribuindo para a melhor qualidade de vida de todos, bem como possibilitando ao Jaqueira ser uma referência nacional em estilo e modelo administrativo.

Nesse contexto, foram elencados vários assuntos para os quais a diretoria do Jaqueira deve direcionar os seus esforços; um dos primeiros assuntos citados foi a estrutura organizacional, pois ela cuida das responsabilidades e das autoridades de todas as áreas do clube, do processo de comunicação entre elas, bem como do processo decisório, sem esquecer que a referida estrutura recebe a influência de todos os fatores externos ou não controláveis, entre os quais a importante questão da evolução tecnológica.

Entretanto, existe um problema sério para a diretoria do Jaqueira: nenhum diretor tem qualquer noção de como uma estrutura organizacional deve ser elaborada e implementada visando incentivar os profissionais do clube, bem como os sócios, a terem uma postura de atuação direcionada ao uso das modernas tecnologias que estão disponíveis no mercado.

Como você é conhecido no clube e um diretor sabe que você é especialista no assunto **estrutura organizacional**, aconteceu o inevitável: você foi convidado(a) para analisar e debater o assunto.

Conforme já explicado, você pode interligar com o exercício anterior e os seguintes, mas o importante é respeitar as informações apresentadas a seguir e, principalmente, complementar com outras informações que facilitem a sua análise e lhe proporcionem melhor "raciocínio analítico".

Portanto, você pode considerar as seguintes informações básicas do Jaqueira Esporte Clube:

O organograma básico representativo de sua estrutura organizacional é evidenciado a seguir.

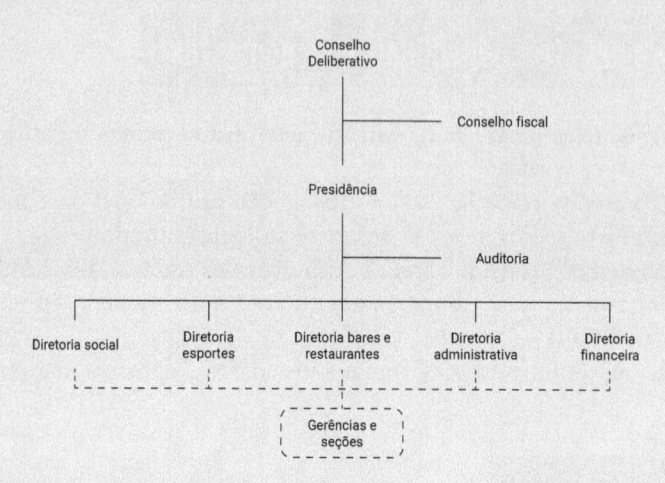

```
                        Conselho
                       Deliberativo
                            |
                            |────────── Conselho fiscal
                            |
                       Presidência
                            |
                            |────────── Auditoria
                            |
    ┌───────────┬───────────┼───────────┬───────────┐
 Diretoria   Diretoria   Diretoria    Diretoria   Diretoria
  social     esportes    bares e     administrativa financeira
                        restaurantes
                            |
                       Gerências e
                         seções
```

Você deve analisar os seguintes aspectos básicos:

- Complementação do organograma de acordo com a possível realidade do clube que você frequenta.
- Detalhamento da atuação do conselho deliberativo, que é constituído de 220 sócios – acredite! As decisões destes não são baseadas em projetos estruturados, portanto você deve explicitar qual é a sua proposta para acertar essa situação.
- O presidente afirma que o modelo administrativo adotado por ele é a governança corporativa, mas só troca ideias com alguns diretores e poucos conselheiros – os sócios constantemente se "assustam" com as suas decisões intempestivas.
- Existe um plano estratégico resumido que parece ser respeitado, mas não tem nenhuma interligação com as outras ferramentas administrativas do clube, inclusive a estrutura organizacional.
- Ocorreu uma análise da capacitação profissional dos funcionários do clube há dois anos, mas sem qualquer interação com o processo de avaliação de desempenho.
- Outras situações "esquisitas" de seu clube, as quais você deve alocar para a melhor análise e resolução deste exercício.

Como essa análise é bastante ampla e envolve várias questões administrativas, é recomendado que você debata as suas propostas de solução com outros colegas de estudo e/ou trabalho.

Ao mesmo tempo não existe solução única; portanto, o debate pode ser bastante interessante e proveitoso.

Mais uma vez, o Jaqueira Esporte Clube agradece a sua efetiva colaboração.

Caso para análise, proposta de solução e debate

A Faculdade XYZ tem dúvidas de como deve ser a melhor estruturação organizacional e a atuação de seu corpo docente com a interação curricular entre a faculdade e a Escola Técnica ABC.

Como a Faculdade XYZ quer consolidar uma interação curricular e de atuação dos corpos docentes dela com a Escola Técnica ABC, são necessárias algumas decisões, como a melhor estruturação organizacional para sustentar esse processo de parceria educacional.

Na realidade, as duas instituições já estavam pensando em analisar a questão da estrutura organizacional, até porque estão sentindo a influência da evolução tecnológica em várias de suas atividades.

De modo resumido, os organogramas da Faculdade XYZ e da Escola Técnica ABC são apresentados a seguir. Você deve incluir todos os detalhes necessários para a sua melhor análise do caso.

O organograma resumido da Faculdade XYZ é:

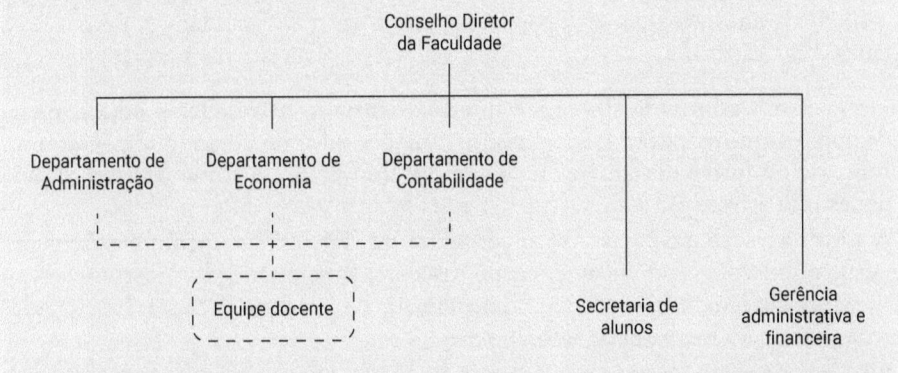

```
                    Conselho Diretor
                     da Faculdade
                          |
    ┌─────────────┬───────┴───────┬─────────────────┐
Departamento de  Departamento de  Departamento de
Administração    Economia         Contabilidade
    ¦                ¦                ¦
    └────────────────┼────────────────┘
                     ¦
              ┌─────────────┐       Secretaria de    Gerência
              ¦ Equipe      ¦       alunos           administrativa e
              ¦ docente     ¦                        financeira
              └─────────────┘
```

Você verifica que a Faculdade XYZ tem três cursos básicos: Administração, Economia e Contabilidade. Sua equipe de professores é distribuída entre os três departamentos, com aproximadamente 20% de seus professores lecionando em disciplinas que são comuns aos três departamentos.

O organograma resumido da Escola Técnica ABC é:

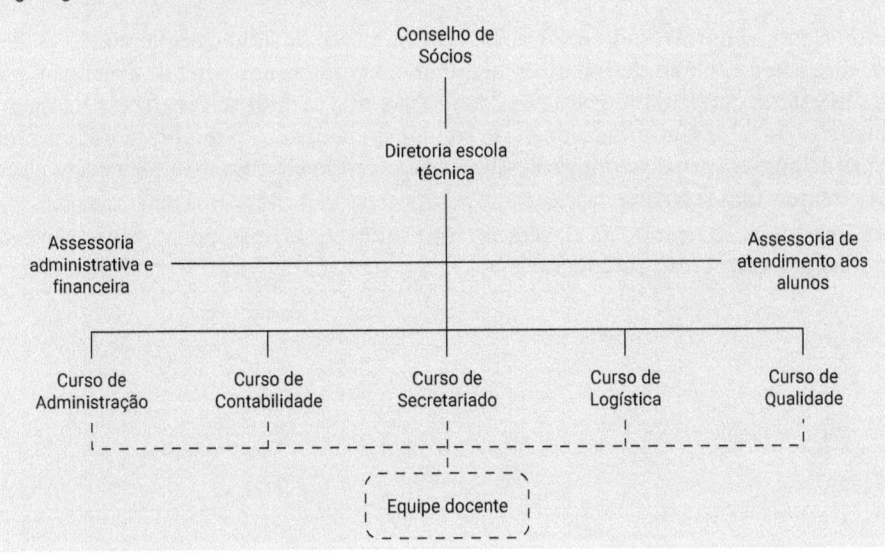

```
                    Conselho de
                     Sócios
                        |
                    Diretoria escola
                       técnica
                        |
   Assessoria ──────────┼────────── Assessoria de
   administrativa e                 atendimento aos
   financeira                       alunos
                        |
   ┌──────────┬─────────┼─────────┬──────────┐
 Curso de   Curso de   Curso de  Curso de   Curso de
 Administração Contabilidade Secretariado Logística Qualidade
   ¦          ¦         ¦         ¦          ¦
   └──────────┴─────────┼─────────┴──────────┘
                        ¦
                 ┌─────────────┐
                 ¦ Equipe      ¦
                 ¦ docente     ¦
                 └─────────────┘
```

Você verifica que a Escola Técnica ABC disponibiliza cinco cursos para o mercado: Administração, Contabilidade, Secretariado, Logística e Qualidade. Sua equipe de professores é distribuída entre os cinco cursos, com aproximadamente 40% de seus professores lecionando em disciplinas que são comuns aos cinco cursos.

Tanto a Faculdade XYZ como a Escola Técnica ABC têm duas unidades organizacionais de apoio:

1. Uma unidade que cuida de todo o atendimento aos alunos, incluindo matrícula, entrega de apostilas e outros materiais, venda de livros recomendados pelos professores etc.
2. Uma unidade que cuida de todas as questões administrativas e financeiras da instituição de ensino.

O seu trabalho inicial é detalhar, de acordo com o seu nível de conhecimento, as atividades básicas desempenhadas pelas diversas unidades organizacionais das duas instituições de ensino.

As principais questões quanto à possível parceria entre a Faculdade XYZ e a Escola Técnica ABC são:

- Deve existir otimizada sinergia e interação entre as atividades – educacionais e de apoio administrativo – das duas instituições, proporcionando um interessante processo evolutivo dos alunos, bem como a eliminação, quando possível, de atividades repetitivas.
- A administração das duas instituições deve ser transparente perante os seus principais públicos: corpo docente, corpo discente, funcionários das instituições, instituições governamentais da área educacional, associações de classe direcionadas à tecnologia e ao mercado de trabalho.
- Os alunos devem ter, na prática e com forte sustentação teórica, todos os conhecimentos necessários que proporcionem as suas atuações profissionais em áreas tecnológicas diversas.
- Outras questões que você considere importante para o futuro profissional de uma pessoa que, nesse caso, é você!

Considerando o apresentado nesse caso – e o que você decidiu complementar –, deve ser elaborado um plano de trabalho, detalhado e com cronograma de execução, para que a interação curricular entre a faculdade e a escola técnica seja realizada da melhor maneira possível – lembrando que a principal preocupação é quanto à estruturação organizacional e à atuação dos professores, envolvendo elevado nível de ensino e aplicação de questões tecnológicas.

O resultado de sua proposta deverá ser utilizado como insumo para os três casos alocados nos capítulos subsequentes.

Capítulo 3

Como identificar e trabalhar com as ferramentas administrativas necessárias

"Coisas incríveis no mundo dos negócios nunca são feitas por uma única pessoa, e sim por uma equipe."
Steve Jobs

Neste momento, o foco é a identificação, a análise e a aplicação de ferramentas administrativas que podem auxiliar as empresas a se tornarem organizações exponenciais atuando no contexto da Indústria 4.0.

Como são muitas as ferramentas administrativas disponíveis, preocupou-se, principalmente, com quatro aspectos:

1. Estabelecimento de alguns critérios para a identificação das ferramentas administrativas que podem ser consideradas as ideais.
2. Interligação estruturada entre os critérios utilizados, bem como das ferramentas administrativas identificadas de acordo com o moderno princípio da administração total e integrada.
3. Considerações gerais a respeito da aplicação dessas ferramentas administrativas, respeitando o apresentado no capítulo anterior.
4. Preparação das ferramentas administrativas escolhidas para sua aplicação nas organizações exponenciais (Capítulo 4) no contexto da Indústria 4.0 (Capítulo 5).

Objetivos do capítulo

Ao final da análise deste capítulo você terá consolidado o entendimento do processo de identificação e de trabalho com as ferramentas administrativas básicas para as organizações exponenciais no contexto da Indústria 4.0, respondendo sete questões:

- Qual o impacto que as ferramentas administrativas podem provocar nas empresas?
- Como se deve trabalhar com as ferramentas administrativas?
- Como podem ser efetuados o mapeamento e a análise dessas ferramentas?

- Como estruturar e aplicar as ferramentas administrativas escolhidas?
- Quando aplicar essas ferramentas?
- Quais precauções devem ser consideradas nesses trabalhos?
- Como avaliar e aprimorar esses trabalhos?

No capítulo seguinte será explicada a aplicação dessas ferramentas administrativas nas organizações exponenciais; no último capítulo, a abordagem será ampliada para a análise da influência da Indústria 4.0.

Talvez você concorde que essas sete questões a serem respondidas pelo capítulo possam ser, no fim, resumidas em uma única questão básica para a qual não existe uma resposta única e certeira: "Como fazer as necessárias adaptações nas atuais ferramentas administrativas para que, efetivamente, contribuam para que uma empresa, administrada com criatividade e inovação, possa se transformar em uma organização exponencial atuando no atual mundo da Revolução Industrial 4.0?".

Como não existe uma maneira única de responder a essa questão, decidiu-se apresentar, de modo resumido e geral, como você pode trabalhar com algumas ferramentas administrativas básicas nesse novo contexto da administração das empresas, situação que, seguramente, facilitará a sua aplicação na empresa na qual trabalha ou pretende trabalhar.

E vale lembrar que estudos diversos demonstram que, em média, a vida útil de um conhecimento está entre 5 e 7 anos; portanto, você precisa fazer evoluções e até exclusões nos seus atuais conhecimentos em um curto período de tempo.

Esse aspecto tem o lado bom e o lado ruim. O lado bom é que você sabe que tem, obrigatoriamente, de se atualizar, quer seja desenvolvendo novas metodologias e técnicas administrativas – ou, pelo menos, fazendo ajustes e aprimoramentos nas atuais –, quer seja sabendo, com habilidade, aprender com as outras pessoas, praticando otimizados processos de *benchmarking*. O lado ruim é que você pode ficar "fora do mercado". Embora a escolha normal seja evidente, existem pessoas que "morrem na praia" nessa questão apresentada.

3.1 Impacto das ferramentas administrativas

Pelo que foi apresentado até o momento – e pelo seu conhecimento de administração –, seguramente você deve concordar que, sem o conhecimento básico das ferramentas administrativas e sem a sua adequada aplicação nas empresas, não se pode falar no assunto "administração de empresas".

Não vamos nos preocupar com os pseudoprofissionais que não conhecem e, consequentemente, não aplicam as ferramentas administrativas necessárias a cada situação da empresa – embora sejam essas pessoas que costumam "quebrar" as corporações nas quais atuam –; nossa preocupação deve ser como identificar e aplicar essas ferramentas administrativas na atual Era Digital.

Para que não ocorram dúvidas quanto à importância e ao nível de impacto que as ferramentas administrativas podem provocar, podemos iniciar esse estudo apresentando alguns impactos que podem ser provocados em fatores internos ou controláveis pela empresa, e outros impactos provocados nos fatores externos ou não controláveis por esta; no fim, podemos fazer uma interligação estruturada entre esses dois grupos de fatores – controláveis e não controláveis –, ou seja, consolidar uma abordagem estratégica no estudo, o que é uma premissa básica para a análise da evolução da Era Digital da administração.

a) Impactos nos negócios e nos profissionais das empresas

Nesse contexto, você pode considerar uma grande variedade de impactos, mas pode focar os mais evidentes, que são:

- A efetiva possibilidade de otimização do nível de conhecimento pelos profissionais da empresa, pois eles explicitam a sustentação técnica na escolha e aplicação das ferramentas administrativas ideais para as atividades e os negócios da empresa.
- Consequentemente, esses profissionais se motivam para incrementar seus níveis de conhecimentos com criatividade e inovação na aplicação das ferramentas administrativas, otimizando os seus níveis de produtividade, das áreas nas quais atuam e da empresa como um todo.
- Com base nessa situação, a qualidade decisória é aprimorada, contribuindo diretamente para as melhores rentabilidade, lucratividade e participação de mercado da empresa.

b) Impactos nos segmentos de mercado e outros agentes externos das empresas

Nesse caso, alguns dos possíveis impactos que você pode considerar são:

- Contribuição direta e ampla para o melhor nível de conhecimento dos profissionais da empresa, pois as análises se tornam mais abrangentes, bem como são inseridos fatores não controláveis pela empresa, o que normalmente exige o fortalecimento da interligação entre as ferramentas administrativas aplicadas.
- Consequentemente, é aprimorada a interação estruturada da empresa com as necessidades e as expectativas do mercado.
- Essa disciplina de atuação se extrapola, naturalmente, para a interação da empresa com todos os outros agentes externos que interagem, direta ou indiretamente, com a referida empresa.
- Como consequência, a qualidade decisória da empresa, principalmente em seu contexto estratégico, aprimora-se de maneira sustentada, resultando na otimização dos níveis de motivação e produtividade dos profissionais e nos resultados parciais e globais da referida empresa.

3.2 Metodologia dos trabalhos com as ferramentas administrativas

Nesse momento, é válido apresentar e debater uma metodologia geral que você pode considerar no desenvolvimento dos trabalhos com as ferramentas administrativas das empresas.

Na prática, você pode considerar que esses trabalhos podem envolver cinco fases e suas respectivas etapas, conforme apresentado na Figura 3.1.

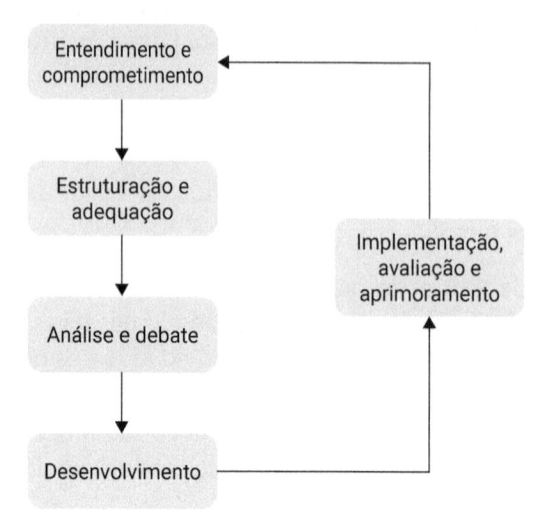

Figura 3.1 Metodologia dos trabalhos com as ferramentas administrativas.

Analisando os aspectos básicos de cada uma das fases, tem-se:

Fase 1: entendimento e comprometimento

A finalidade dessa fase é a apresentação, o debate, o entendimento e o consequente e esperado comprometimento de todos os profissionais da empresa para com as ferramentas administrativas ideais para suas áreas de atuação, respeitando o modelo administrativo geral da empresa, o qual deve ser interativo com o estilo administrativo dela.

Você deve ter um cuidado especial nessa fase, porque o comprometimento é uma das questões mais complexas na administração de empresas, pelo simples fato de que muitas pessoas não se comprometem com os resultados esperados e, consequentemente, não realizam os seus trabalhos com a qualidade esperada, prejudicando os trabalhos de outras pessoas na empresa.

Para o adequado desenvolvimento dos trabalhos nessa fase, você pode considerar cinco etapas básicas

Etapa 1.1: apresentação e debate da realidade e das necessidades da empresa.

A finalidade dessa etapa é o pleno entendimento da realidade da empresa – acredite: muitos funcionários não conhecem! – e das suas necessidades e expectativas essenciais para que se consolide uma homogeneidade no nível de conhecimento da empresa por todos os seus profissionais, pois, se isso não ocorrer, fica difícil começar qualquer conversa a respeito de um assunto geral inerente à referida empresa.

Para tanto, você pode considerar a apresentação e o debate de algumas questões básicas, como:

- Os conceitos básicos, as evoluções, as finalidades e as aplicações das ferramentas administrativas nas empresas, para que todos "falem a mesma língua", evitando entendimentos contraditórios desnecessários – se você considera esse trabalho inútil, é só você fazer um conjunto de perguntas a respeito das ferramentas administrativas na empresa na qual trabalha. É provável que as respostas o deixem bastante preocupado!
- A metodologia básica para a identificação, o desenvolvimento e a implementação das ferramentas administrativas na empresa – ela deve ser amplamente debatida para se consolidar, a partir do bom senso e do consenso, a estrutura metodológica e específica que será utilizada na empresa considerada, tendo em vista suas realidades e expectativas. Nesse contexto, são válidos a apresentação e o debate de outras metodologias para o melhor entendimento do assunto; o tempo despendido nesses debates é de elevada importância para o adequado entendimento por todos os profissionais participantes desse processo.
- A análise e o debate das vantagens que as ferramentas administrativas irão proporcionar para a empresa, principalmente no atual contexto da Revolução Industrial 4.0, consolidando maiores níveis de motivação, participação, comprometimento e produtividade pelos profissionais da empresa.
- A análise e o debate das precauções que devem ser consideradas no processo de desenvolvimento e aplicação das ferramentas administrativas na empresa analisada.

Você já está observando que a maior parte das questões evidenciadas nas fases e etapas dessa metodologia de trabalho é abordada nos capítulos e nas seções deste livro, consolidando um interessante processo evolutivo de entendimento.

Etapa 1.2: reunião de trabalho com ampla participação dos executivos-chave da empresa debatendo algumas questões essenciais – principalmente estratégicas – para melhor desenvolvimento e aplicação das ferramentas administrativas na empresa, em que podem ser alinhados alguns assuntos importantes, como:

- Interação entre as expectativas dos executivos e os objetivos da empresa, lembrando que as ferramentas administrativas devem existir como sustentação e como facilitadoras para que a empresa alcance seus objetivos, operacionalize suas estratégias e consolide suas políticas, os quais foram anteriormente estabelecidos no planejamento estratégico da empresa.
- Estabelecimento dos objetivos do projeto de consolidação de otimizadas ferramentas administrativas na empresa, principalmente para torná-la uma organização exponencial atuando em um ambiente da Era Digital.
- Identificação da equipe ideal do projeto com a especificação dos executivos e demais profissionais que atuarão direta ou indiretamente nos trabalhos, com suas contribuições, capacitações e habilidades específicas, geralmente trabalhando em equipes multidisciplinares. Na prática, tem-se observado que algumas empresas apresentam dificuldades em estabelecer essa equipe ideal, até pelas famigeradas "abordagens políticas", mas lembre-se de que as empresas

estão atuando em um ambiente com forte evolução tecnológica, sendo muito fácil elas serem alijadas do mercado.
- Estabelecimento, com detalhes, do "papel" que cada executivo e profissional vai ter no desenvolvimento dos trabalhos; essa atuação específica de cada um pode mudar – e muito! – quando se considera a influência tecnológica em suas atividades na empresa.
- Explicitação de como se vai conseguir o efetivo comprometimento para com os resultados esperados por parte de cada um dos executivos e demais profissionais da empresa, lembrando que, até agora, o foco básico foi a ampla participação nos trabalhos – de que todos gostam! –, mas, agora, o foco passa a ser o "outro lado da moeda": o comprometimento; daí, a "brincadeira" termina e cada um tem que demonstrar a sua real contribuição para a otimização dos resultados da empresa.
- O delineamento do plano geral de comunicação interna, pois se quer obter o efetivo apoio e confiança dos diversos profissionais da empresa, lembrando que alguns podem ter conhecimentos "extras" de determinadas ferramentas administrativas, bem como de importantes processos de evoluções tecnológicas. Nesse caso, a empresa pode até consolidar um cadastro de capacitação interna (ver item III da Seção 3.3.2, Pelas funções das empresas) – lembre-se de que a otimizada comunicação interna é uma das bases da governança corporativa (ver item II da Seção 3.3.1, Pelas funções da administração).
- O estabelecimento da amplitude das análises externa e interna da empresa – nesse caso, você não precisa pensar muito, pois é só considerar a lista completa dos fatores e subfatores internos ou controláveis e externos ou não controláveis utilizados no processo – completo, espera-se! – de planejamento estratégico da empresa.

Etapa 1.3: estruturação do modelo ideal de administração das ferramentas administrativas, tendo em vista a realidade da empresa e as suas expectativas futuras. Portanto, o que é apresentado a seguir é apenas um projeto orientativo para a sua análise, na qual se deve considerar que "cada caso é um caso" – mas a prática tem demonstrado que ocorrem apenas pequenos ajustes.

Etapa 1.4: treinamento de todos os envolvidos, considerando os aspectos conceituais e operacionais – evidenciando, portanto, que o processo de treinamento deve ser **na tarefa** e em **tempo real**.

Etapa 1.5: elaboração, com os devidos detalhes, do planejamento estruturado de todo o processo de mudanças que as ferramentas administrativas irão provocar na empresa, podendo afetar o seu estilo administrativo, o seu modelo de administração, as suas atividades e até os seus negócios.

Nessa etapa, você deve aplicar, com qualidade, a técnica de desenvolvimento organizacional – ver Etapa 4 da Seção 4.2.1, Alocação das ferramentas administrativas nas diversas etapas –, bem como saber identificar os agentes de mudanças, tanto internos quanto externos à empresa.

Fase 2: estruturação e adequação

A finalidade dessa fase é a identificação de todos os aspectos a serem considerados para os adequados desenvolvimento e implementação das ferramentas administrativas, respeitando a realidade atual e as expectativas futuras da empresa analisada.

Evidencia-se a importância de que, nesse momento, todo o trabalho esteja direcionando os negócios, produtos e serviços da empresa para os diversos segmentos do mercado, com seus clientes atuais e potenciais, ou seja, é necessário que você consolide a abordagem estratégica neste trabalho.

Para tanto, você pode considerar 12 etapas a serem desenvolvidas com qualidade:

Etapa 2.1: identificação das necessidades e das expectativas dos clientes atuais e potenciais.

Uma ideia interessante para você efetivar essa postura de atuação é a aplicação do marketing total a fim de conseguir que todas as atividades básicas da empresa – com as ferramentas administrativas proporcionando a devida sustentação – estejam direcionadas às referidas necessidades e expectativas dos segmentos de mercado.

Etapa 2.2: identificação das ferramentas administrativas, com abordagem estratégica que interagem, principalmente, com as atividades dos clientes e dos fornecedores da empresa.

Essa identificação deve ser feita com base no planejamento estratégico da empresa e, mais especificamente, na análise das principais estratégias da empresa que fazem a interligação com os clientes e fornecedores – daí se estabelecem as ferramentas administrativas que sustentam, operacionalmente, essas estratégias.

Você percebe que é possível estabelecer uma rede escalar de estratégias – considerando as suas decomposições e interações –, desde a mais geral até as mais específicas, e, em seguida, estabelecer as ferramentas administrativas que proporcionam a base essencial para que as referidas estratégias sejam implementadas com qualidade.

Na prática, essa situação possibilita que a empresa tenha ferramentas administrativas de apoio às suas várias estratégias; as ferramentas administrativas que não tiverem essa ligação, de direta ou indiretamente, devem ser questionadas quanto à sua efetiva validade.

Etapa 2.3: estabelecimento e aplicação de indicadores de desempenho para as ferramentas administrativas identificadas para a empresa.

O ideal é que esses indicadores de desempenho sejam resultantes de sistemas que considerem todas as atividades da empresa, como: planejamento estratégico, qualidade total, produtividade total, logística, avaliação de desempenho dos profissionais, entre outras.

Naturalmente, os indicadores de desempenho devem ser específicos para cada assunto considerado, mas também devem permitir – e incentivar – a análise interativa e conjunta dos diversos assuntos da empresa.

Na Seção 5.3.1, Como saber se está sempre evoluindo de maneira sustentada e envolvendo todos os níveis e áreas da empresa, são apresentados alguns indicadores de desempenho que você pode utilizar no processo de avaliação e aprimoramento das ferramentas administrativas.

Etapa 2.4: identificação das ferramentas administrativas estratégicas e das ferramentas administrativas de apoio.

As ferramentas administrativas estratégicas são as que consolidam a interligação da empresa com os diversos fatores externos ou não controláveis, como os clientes, os fornecedores, os concorrentes, os diversos segmentos de mercado, os governos, o sistema financeiro, as comunidades etc.; as ferramentas administrativas de apoio devem ser estruturadas e operacionalizadas para atender às necessidades operacionais das ferramentas estratégicas.

Com referência ao estabelecimento do que é ferramenta administrativa estratégica ou de apoio, você pode se basear nos três tipos ou níveis de planejamento empresarial:

i. Todas as ferramentas administrativas que sustentam as estratégias estabelecidas no processo de planejamento estratégico da empresa são, naturalmente, consideradas ferramentas administrativas estratégicas.

ii. Quanto às ferramentas administrativas que sustentam as táticas da empresa, elas podem se enquadrar em duas situações:

1. As táticas que consolidam interações entre as atividades da empresa e os agentes externos à empresa devem estar sustentadas por ferramentas administrativas estratégicas.
2. As táticas que consolidam assuntos internos da empresa devem estar sustentadas por ferramentas administrativas de apoio.

iii. Todas as ferramentas administrativas que sustentam as ações operacionais da empresa devem ser consideradas ferramentas administrativas de apoio.

Se você quiser saber detalhes a respeito dos três tipos ou níveis de planejamento nas empresas – estratégico, tático e operacional –, pode analisar o livro *Planejamento estratégico: conceitos, metodologia e práticas*, do mesmo autor e editora.

Etapa 2.5: identificação dos possíveis problemas nas ferramentas administrativas e estruturação da maneira ideal de atuação sobre eles.

Uma sugestão é que esses trabalhos sejam realizados por equipes multidisciplinares constituídas de profissionais com elevados conhecimentos e capacitações a respeito dos assuntos a serem analisados e debatidos; outra sugestão é que essas equipes disseminem os resultados de suas análises pelas diversas áreas da empresa, até para facilitar o surgimento de novas contribuições aos trabalhos.

Etapa 2.6: identificação e análise dos sistemas e dos subsistemas dos quais as ferramentas administrativas fazem parte.

Você já sabe que sistema é o conjunto de partes interagentes e interdependentes que, conjuntamente, formam um todo unitário com objetivo preestabelecido e efetuam determinada função na empresa; e as ferramentas administrativas proporcionam a base operacional para o funcionamento dos sistemas; elas podem ser parte integrante do sistema ou estar em seu ambiente, influenciando ou recebendo influência do referido sistema.

O avanço tecnológico, o crescimento dos mercados, o aumento da concorrência, o aumento da complexidade e da efervescência dos aspectos econômicos, políticos e sociais levam os sistemas mais simples a se transformar em complexos, caracterizando-se, em consequência, por um maior nível de desagregações e exigindo técnicas mais avançadas de estruturação e aplicação de ferramentas administrativas para evitar o caos e a falência das empresas, as quais também são sistemas.

Na prática, uma ferramenta administrativa pode ser aplicada em alguns sistemas de uma mesma empresa, o que proporciona uma abordagem eclética a cada ferramenta administrativa, tomando-se o devido cuidado de realizar os ajustes necessários quando de sua aplicação em diferentes assuntos.

Etapa 2.7: identificação das atividades fixas e das atividades variáveis para cada ferramenta administrativa.

Cada ferramenta administrativa tem um conjunto de atividades e trabalhos que são permanentes, devendo ser realizados em qualquer situação e em qualquer empresa; ao mesmo tempo, outras atividades e trabalhos podem sofrer alterações de acordo com a situação ou empresa e, em alguns casos, nem precisam ser realizadas, como também algumas atividades ou trabalhos extras precisam ser alocados na referida ferramenta administrativa.

Portanto, é nesse momento que os profissionais "diferenciados" aparecem.

Etapa 2.8: consolidação das ferramentas administrativas nos sistemas e nos subsistemas identificados na empresa.

Essa etapa poderia fazer parte da Etapa 2.6, mas este autor preferiu evidenciar em etapa específica, pois neste momento, o conhecimento da realidade das ferramentas administrativas necessárias para a empresa é mais forte e sustentado.

Portanto, o resultado desta etapa é o pleno mapeamento das ferramentas administrativas necessárias para a empresa considerada; alguns aspectos desse trabalho são evidenciados na Seção 3.3, Mapeamento e análise das ferramentas administrativas.

Etapa 2.9: identificação das ferramentas administrativas que agregam valor, as quais devem ser o foco básico da empresa, pois elas é que contribuem, diretamente, para alavancar os resultados da referida empresa.

O valor agregado deve ser consolidado tanto para a empresa quanto para os seus clientes e fornecedores, e deve se estabelecer no **valor acionário da empresa**, que resulta do valor agregado de seus produtos e serviços oferecidos aos seus clientes e ao mercado em geral, contribuindo diretamente para o valor da marca da empresa.

Você sempre deve ter em mente que as estratégias e as ferramentas administrativas de inovação – tecnologia, processos, produtos, serviços, administração – são de elevada importância em um contexto de análise das organizações exponenciais e da atual Revolução Industrial 4.0.

Na realidade, todo o trabalho de análise das ferramentas administrativas deve ser efetuado considerando, no mínimo, o seguinte tripé:

i. A realidade da empresa frente ao mercado e a todos os outros fatores ou agentes do ambiente empresarial, que é externo e não controlável.
ii. A situação futura desejada da empresa e o que se vai fazer para chegar lá.
iii. O moral e os níveis de motivação e de capacitação dos profissionais da empresa.

E muitas empresas esquecem que a maior concentração de suas tecnologias – que representam os conhecimentos em seu contexto mais amplo – está nas pessoas e não nas ferramentas administrativas, nos processos, nos sistemas, nas atividades da empresa; em muitos casos, a recuperação dessas tecnologias, quando perdidas ou desatualizadas, é demorada e cara.

Essas premissas podem levar a empresa a consolidar um **valor agregado sinérgico**, que é o aumento no valor final de um negócio, produto ou serviço, resultante de uma mudança provocada pela interação com fatores externos à empresa que contribuem para a alavancagem sustentada do valor global da empresa, sendo necessário que você:

- Crie uma infraestrutura empresarial que promova a geração de valor para os clientes, incluindo várias atividades complementares, como: qualidade do produto ou serviço, do sistema de entrega, da assistência pré-venda etc.
- Consolide forte interação nas relações com os fornecedores e os clientes – uma ferramenta administrativa que muito ajuda nesse processo é a logística.
- Ofereça serviços básicos e diferenciados para os clientes prioritários.
- Consolide a transferência da força de atuação da empresa para as equipes de vendas, para que forneçam valor agregado sinérgico para os clientes, sendo um facilitador nesse processo a abordagem do marketing total.
- Consolide a logística como a ferramenta administrativa de sustentação ao valor agregado sinérgico, lembrando que o ideal é que a logística esteja interligada com o sistema de qualidade total.
- Identifique e consolide a vantagem competitiva da empresa, a qual represente o seu grande diferencial.

Essas seis atividades podem estar sustentadas por duas premissas que você deve respeitar:

i. A interligação das estratégias – decorrentes do processo de planejamento estratégico – com as ferramentas administrativas da empresa.
ii. A interligação das ferramentas administrativas com o processo de participação e comprometimento por parte dos executivos e demais profissionais da empresa.

Etapa 2.10: mapeamento da empresa para aplicar o ***benchmarking*** – lembrando que *benchmarking* corresponde à identificação de um ponto de referência ou padrão externo pelo qual nossas atividades podem ser medidas ou avaliadas dentro de um processo de melhoria contínua.

De modo simples e direto, representa "copiar e fazer melhor"!

Etapa 2.11: previsão dos recursos necessários para desenvolver e consolidar as ferramentas administrativas planejadas.

Esses recursos devem ser em termos de pessoas, máquinas e equipamentos, espaço, tempo, dinheiro e tecnologia.

Portanto, o ideal é que você faça essa administração por projetos, representando os recursos necessários tendo em vista uma posterior análise da relação de custos *versus* benefícios, bem como das negociações necessárias.

Etapa 2.12: priorização das ferramentas administrativas.

Essa prioridade pode ser estabelecida de três maneiras básicas:
i. De modo não estruturado, em que a experiência e a vivência dos executivos estabelecem a ordem de importância das ferramentas administrativas identificadas.
ii. De modo estruturado, a partir da administração de projetos elaborados com detalhes e adequado conjunto de critérios e parâmetros de avaliação.
iii. De modo semiestruturado, em que são debatidos alguns aspectos gerais das ferramentas administrativas e utilizada uma técnica auxiliar que pode ser a técnica GUT (Gravidade/Urgência/Tendência), que aborda, resumidamente, os itens apresentados a seguir:
   - Considera-se gravidade o nível em que a ferramenta administrativa afeta profundamente a essência, o objetivo ou os resultados da empresa ou da área, quando interage com as necessidades e as expectativas dos clientes da empresa, sendo a sua avaliação decorrente do nível de dano ou prejuízo resultante dessa situação. Para tanto, podem ser feitas cinco perguntas – desde o dano ser pouco importante até o dano ser extremamente importante – com a correspondente escala de pontos de 1 a 5.
   - Considera-se urgência o resultado da pressão de tempo que a ferramenta administrativa sofre dos seus usuários na empresa; sua avaliação decorre do tempo que se dispõe para resolver a situação provocada pela referida ferramenta administrativa; para tanto, podem ser feitas cinco perguntas – desde não existir pressa, até você ter que tomar uma ação bastante urgente – com a correspondente escala de pontos de 1 a 5.

- Considera-se tendência o padrão de desenvolvimento da ferramenta administrativa, e sua avaliação está correlacionada ao estado que a referida ferramenta administrativa apresentará, caso a empresa aloque esforços adicionais visando melhorar a situação proporcionada pela referida ferramenta administrativa. Para tanto, podem ser feitas cinco perguntas – se for mantida a mesma forma e intensidade de atuação, a ferramenta administrativa vai melhorar, até a referida ferramenta administrativa piorar muito –, com a correspondente escala de pontos de 1 a 5.

A identificação das prioridades é efetuada pela multiplicação dos pontos obtidos pelas diversas ferramentas administrativas, decorrente da aplicação da técnica GUT, sendo prioritários os que obtiverem maior pontuação.

Fase 3: análise e debate

A finalidade básica dessa fase é a análise, o debate e o delineamento da sistemática de tratamento das ferramentas administrativas da empresa considerada, e você deve abordar algumas questões nesses trabalhos:

- Quais ferramentas administrativas agregam valor ao negócio básico da empresa?
- Como os recursos, as informações e os trabalhos fluem por meio de cada ferramenta administrativa identificada e selecionada na fase anterior?
- Por que são feitas atividades, tarefas e procedimentos da maneira atual? Por que não são alteradas? Quais questionamentos são feitos em relação à validade e à qualidade dos trabalhos atuais?
- Quais ações e estratégias decorrentes da atual Revolução 4.0 melhorariam, significantemente, os negócios atuais? E como poderiam desenvolver novos negócios para a empresa?
- Quais os pontos fortes e os pontos fracos de cada ferramenta administrativa? Quais os indicadores de avaliação que foram utilizados nessa avaliação?
- Quais outras empresas do mesmo setor de atuação trabalham com as mesmas ferramentas administrativas e complexidades afins?
- Que medidas devem ser usadas ao aplicar o *benchmarking* em relação às melhores empresas, considerando o atual setor de atuação? E se os negócios futuros estiverem direcionados a outros setores de atuação que envolvem novas tecnologias que sua empresa não tem?
- O que está ocasionando as diferenças entre o nosso desempenho e o de empresas com resultados melhores? O que é possível aprender com essas empresas, inclusive as organizações exponenciais?
- Quais os objetivos, desafios e metas de aperfeiçoamento para as ferramentas administrativas atuais? E para as que forem delineadas para o futuro?
- Qual é a visão da empresa quanto ao seu futuro e as estratégias necessárias para as mudanças nessa atual revolução industrial? E como podem ser feitas as comunicações para os executivos e demais profissionais da empresa?

- Como saber se os executivos e demais profissionais da empresa estão assimilando, com qualidade, essas comunicações?

No desenvolvimento dessa fase, você pode considerar oito etapas:

Etapa 3.1: estabelecimento da situação futura desejada que alavanque os resultados da empresa a partir da otimização das ferramentas administrativas direcionadas para as organizações exponenciais atuando no contexto da atual Revolução Industrial 4.0. A premissa da boa qualidade dessa etapa é que exista uma perfeita interação entre as estratégias estabelecidas pelo planejamento estratégico da empresa e as ferramentas administrativas utilizadas, pois fica muito difícil estabelecer como e o que fazer – pelas ferramentas administrativas – se não souber aonde se quer chegar e como chegar lá, que são definições estabelecidas pelo planejamento estratégico da empresa.

Etapa 3.2: assimilação de toda a realidade otimizada das ferramentas administrativas e de sua aplicação na empresa.

Nesse momento, você deve ter pleno entendimento da estrutura de cada ferramenta administrativa considerada enfocando, no mínimo, os seguintes aspectos básicos para o seu processo decisório:

- Identificação de todas as tarefas a serem desenvolvidas para consolidar cada ferramenta administrativa.
- Interação das ferramentas administrativas com os sistemas e os subsistemas da empresa, bem como a identificação das tecnologias aplicadas e as necessárias.
- Identificação e análise das políticas explícitas e implícitas aplicáveis às ferramentas administrativas consideradas.
- Interação das ferramentas administrativas com o modelo de administração e o estilo administrativo da empresa.

Portanto, você deve aplicar elevado nível de decomposição e detalhamento dos vários assuntos considerados em cada ferramenta administrativa visando ao otimizado debate e ao entendimento das questões analisadas.

Etapa 3.3: análise dos resultados esperados quando você deve responder a algumas questões, como:

- Qual é, efetivamente, o nível de mudança necessária e suficiente para que a empresa se consolide como uma organização exponencial atuando em um contexto de Revolução Industrial 4.0? Portanto, nesse caso você deve otimizar a utilização de seus recursos, usando-os com inteligência para que os gastos não sejam exagerados, nem insuficientes.
- Qual o nível de dificuldade que a empresa – e seus profissionais – pode esperar para a consolidação desse importante processo de mudança? Aqui a sugestão básica é você responder a essa pergunta com o "pé no chão".

- Qual a efetiva relação de benefícios *versus* custos desse processo de inovação que se visualiza como necessário para a sobrevivência da empresa? Aqui você pode detalhar a análise dessa pergunta considerando os possíveis riscos para a administração da empresa e de seus negócios e resultados.
- Qual a amplitude e a intensidade de apoio, tanto interno quanto externo à empresa, que são necessárias para a efetiva e otimizada consolidação da empresa como uma organização exponencial atuando em um contexto de Revolução Industrial 4.0? No caso do apoio interno, sua avaliação pode ser feita a partir do nível de aplicação tecnológica nas atividades exercidas pela empresa, pelo uso de um adequado cadastro de capacitação interna, pela disciplina de debates e análises gerais por equipes multidisciplinares, pela interligação entre a avaliação de resultados da empresa e a avaliação de desempenho dos seus profissionais, pela análise da evolução sustentada dos resultados da empresa priorizando as questões inerentes à tecnologia aplicada na empresa; a avaliação do apoio externo pode ser feita com base na lista dos fatores e subfatores externos utilizados no desenvolvimento do planejamento estratégico da empresa, priorizando as questões inerentes à evolução tecnológica.

Etapa 3.4: aplicação do *benchmarking* no processo de desenvolvimento das ferramentas administrativas e aprimoramento dos indicadores de desempenho estabelecidos.

Para a aplicação do processo de *benchmarking*, você pode considerar alguns aspectos, como:

- Identificação de aspectos relevantes em empresas que estão se tornando ou já se tornaram organizações exponenciais, sejam ou não do mesmo setor de atuação.
- Estabelecimento de estratégias e ações para consolidar nível de desempenho igual, ou melhor, ao das empresas comparadas.
- Identificação de diferenças básicas – decorrentes, principalmente, de questões tecnológicas – em ferramentas administrativas iguais.
- Avaliação da aplicabilidade das diferenças nas ferramentas administrativas visando consolidar a alavancagem dos resultados da empresa como organização exponencial.
- Detalhamento do plano de trabalho para consolidar, com plena qualidade, o processo de *benchmarking*.

Com referência ao aprimoramento dos indicadores de desempenho a serem utilizados, você pode considerar alguns aspectos principais, como:

- Identificação das fontes de problemas e de erros relevantes no processo de aprimoramento das ferramentas administrativas.
- Estabelecimento dos facilitadores e dos inibidores nos trabalhos inerentes às ferramentas administrativas da empresa.
- Identificação de disfunções e incongruências nesses trabalhos.

- Identificação de disfunções no sistema de informações nos trabalhos com as ferramentas administrativas, principalmente as que envolvem questões tecnológicas.

Nessa etapa, você também pode aprimorar a análise do valor agregado, com a identificação das atividades de controle e a avaliação, tornando possível o efetivo conhecimento das atividades essenciais e das atividades não essenciais pela aplicação de cada uma das ferramentas administrativas da empresa.

Etapa 3.5: estabelecimento das ferramentas administrativas ideais como sustentação para a empresa se tornar uma organização exponencial atuando em um ambiente de Revolução Industrial 4.0.

Esse trabalho deve ser amplamente analisado, questionado e aprimorado pelos executivos e demais profissionais das empresas, quando se deve considerar a interligação otimizada entre as ferramentas administrativas ideais com os assuntos internos e externos da empresa, facilitando a identificação de eventuais dicotomias e conflitos entre essas duas situações – interna e externa à empresa –, sem se esquecer de equalizar as capacitações da empresa para fazer frente a essa nova realidade idealizada, sendo, portanto, uma oportunidade real de otimizar a capacitação do quadro de profissionais da empresa.

Etapa 3.6: decomposição da passagem da situação atual para a situação futura desejada em momentos intermediários perfeitamente interligados.

Esse trabalho deve ser um processo muito bem elaborado, pois as mudanças serão bem fortes pela passagem da situação atual da empresa para se tornar uma organização exponencial atuando, com inciativa e criatividade, no atual mundo digital; uma ferramenta administrativa que muito auxilia nesse momento é o desenvolvimento organizacional, proporcionando o planejamento das mudanças que vão ocorrer na empresa, minimizando as possíveis resistências e otimizando as interações entre os profissionais da empresa, que é fundamental para o sucesso dos trabalhos.

Para cada um dos referidos momentos intermediários, você deve identificar o responsável, o prazo de realização, os recursos envolvidos, bem como os resultados finais e os parâmetros de avaliação, ou seja, você deve administrar como sendo um projeto.

Etapa 3.7: análise das possíveis situações alternativas quanto aos trabalhos inerentes às ferramentas administrativas da empresa, procurando:

- Amenizar os efeitos de possíveis erros de decisão.
- Saber "pular" de uma situação para outra de maneira estruturada e inteligente.
- Otimizar o nível de criatividade dos profissionais alocados nos trabalhos de cada ferramenta administrativa da empresa, inclusive procurando sinergias de criatividade e de conhecimentos entre todos esses profissionais.

Naturalmente, essa análise de opções deve ser interativa com o delineamento das estratégias alternativas do processo de planejamento estratégico da empresa, inclusive para possibilitar a empresa alavancar os negócios atuais e desenvolver novos negócios, o que é uma premissa das organizações exponenciais.

Etapa 3.8: estabelecimento das prioridades, em que você deve considerar, pelo menos, a ocorrência dos seguintes assuntos:

- Delineamento estruturado e lógico das várias alternativas possíveis.
- Simulações, para análise dos resultados, de cada uma das alternativas identificadas.
- Adequada postura para riscos por parte do executivo decisor.
- Lembrança de que a qualidade de uma decisão depende de três itens básicos: qualidade da estruturação do processo decisório, qualidade das informações existentes quanto ao assunto em análise, bem como a qualidade do executivo decisor quanto ao seu nível de conhecimento e de postura decisória.

Entretanto, em suas análises você deve considerar duas situações específicas que podem ser complementares entre si:

i. Situações em que as alterações nas ferramentas administrativas identificadas provocam efetiva melhoria nos resultados da empresa.
ii. Situações em que alterações na coordenação e nos profissionais que trabalham com a ferramenta administrativa identificada proporcionam efetiva alavancagem dos resultados da empresa.

Se uma empresa quer se tornar uma organização exponencial, ela não pode titubear nessas decisões, e a sua ação deve ter uma abordagem estrutural, metodológica, comportamental e tecnológica.

Fase 4: desenvolvimento

Evidencia-se a necessidade de que os profissionais da empresa tenham, nesse momento, o efetivo entendimento de suas responsabilidades e trabalhos, ocorrendo o otimizado consenso sobre a nova realidade administrativa e tecnológica a ser consolidada na empresa; portanto, devem saber responder a algumas questões, como:

- Quais competências e recursos são necessários para otimizar a ferramenta administrativa selecionada como a principal para os negócios da empresa?
- Quais são os profissionais envolvidos de modo direto? E indiretamente? Qual o estilo de atuação desses profissionais? E suas responsabilidades nesses trabalhos?
- Que oportunidades imediatas foram identificadas? E a médio e a longo prazo? Como elas podem ser usufruídas? Por meio de quais estratégias?
- Que ameaças imediatas foram identificadas? E a médio e a longo prazo? Como elas podem ser evitadas? Por meio de quais estratégias?

- Quais objetivos e metas devem ser estabelecidos?
- Como consolidar posturas de atuação criativas e inovadoras nos profissionais da empresa?
- Quais medidas de desempenho devem ser utilizadas? Como devem ser aplicadas e analisadas?
- Quais programas de treinamento serão necessários?
- Que resistências às mudanças podem ocorrer? Como administrar essas resistências?
- Como será a "nova" empresa idealizada e planejada a partir do novo contexto de aplicação das ferramentas administrativas?

Você percebe que essa fase é de elevada importância porque considera alguns aspectos básicos para alavancar os resultados da empresa e torná-la uma organização exponencial, como:

- Estabelecimento das tecnologias, padrões, capacitações, procedimentos, sistemas, avaliações e aprimoramentos a serem aplicados nos trabalhos.
- Plano para a adequação organizacional à nova realidade da empresa, considerando também a otimização do estilo administrativo de seus profissionais.
- Possibilidade de trabalhar com o delineamento otimizado dos negócios identificados, dentro de uma análise estruturada pelo tripé "produtos e serviços *versus* tecnologia *versus* segmentos de mercado".
- Plano de treinamento e desenvolvimento dos executivos e demais profissionais envolvidos, direta ou indiretamente, com as ferramentas administrativas como base de sustentação para transformar a empresa em organização exponencial. Você verifica que esse treinamento, além de ter forte base tecnológica, é também comportamental e deve ser executado em **tempo real** e **na tarefa** envolvendo as atividades da empresa, em geral, e as atividades das ferramentas administrativas, em particular.

A Fase 4 pode ser desenvolvida em seis etapas:

Etapa 4.1: delineamento do sistema de informações gerenciais – lembrando que a atual realidade das empresas pode ser resumida em crescentes níveis de turbulência ambiental, de elevada posição competitiva geral, de forte evolução tecnológica, de pressões sobre a rentabilidade, a lucratividade e a produtividade, bem como da necessidade constante de informações depuradas.

Etapa 4.2: otimização do processo interativo entre as ferramentas administrativas e as informações necessárias às boas decisões, o que proporciona o início da análise de "quem é quem" em termos do que cada profissional faz e qual a sua efetiva capacitação e importância para a empresa, inclusive quanto ao processo decisório.

Etapa 4.3: estruturação das ferramentas administrativas, o que pode ser considerado o foco básico da Fase 4 dos trabalhos – nesse caso, você deve procurar a consolidação da qualidade total nas atividades e nos resultados da empresa.

Etapa 4.4: identificação, obtenção e aplicação de tecnologias em seu contexto mais amplo, ou seja, conhecimentos de atividades, negócios, produtos, serviços, funções da administração, funções das empresas etc.

Uma ferramenta administrativa que pode auxiliar nesse processo é a já citada técnica de *benchmarking*, além de muita pesquisa, análise, estudo e aplicação prática!

Etapa 4.5: análise, debate e adequação do estilo administrativo e do modelo de administração da empresa.

Deve-se lembrar que:

i. **Estilo administrativo** é o contexto geral de atuação de uma empresa, consolidando se o processo decisório é mais centralizado ou descentralizado, com maior ou menor nível de participação, qual a abordagem de comprometimento e de cobrança de resultados, entre outros assuntos administrativos.

ii. **Modelo de administração** é o processo estruturado, interativo e consolidado de desenvolver e operacionalizar atividades – estratégicas, táticas e operacionais – de planejamento, organização, gestão e desenvolvimento de pessoas, bem como de avaliação de resultados, visando ao crescimento e ao desenvolvimento sustentado da empresa.

Essas duas ferramentas administrativas têm elevada influência nas demais ferramentas administrativas da empresa, inclusive da estrutura organizacional com o estabelecimento das responsabilidades, autoridades, comunicações e decisões pelas diversas unidades organizacionais e seus responsáveis; se você quiser saber detalhes a respeito das referidas duas ferramentas administrativas, pode analisar o livro *Estilos e modelos administrativos das empresas*, do mesmo autor e editora.

Etapa 4.6: identificação do profissional catalisador e responsável pela administração de cada ferramenta administrativa da empresa.

Essa responsabilidade deve estar alocada em uma pessoa e não em uma unidade organizacional, porque, normalmente, uma ferramenta administrativa envolve várias atividades multidisciplinares, e fica complicado uma unidade organizacional cuidar dos vários assuntos envolvidos; uma pessoa pode ter uma autoridade matricial em outras diversas unidades organizacionais, quando se considera um assunto específico.

Fase 5: implementação, avaliação e aprimoramento

Essa não deve ser considerada a fase final dos trabalhos, pois a administração das ferramentas administrativas de uma empresa é um processo e, consequentemente, nunca deve terminar, sendo, inclusive, uma postura e filosofia de atuação da referida empresa.

Nessa fase, você deve responder a algumas questões, como:

- Quando começar a monitorar a aplicação das ferramentas administrativas na empresa?
- Como saber se a empresa está no caminho certo?
- Como estabelecer adequados indicadores de desempenho e de evolução dos trabalhos?
- Que mecanismos utilizar para solucionar, com qualidade, os problemas que surgirem ao longo dos trabalhos com as ferramentas administrativas?
- Como atuar para que o processo de mudanças seja otimizado?
- Como saber o nível de aprendizado e de atuação dos profissionais da empresa nesses trabalhos?
- Como otimizar as atividades de treinamento e capacitação dos profissionais envolvidos nos trabalhos?
- Como conseguir maiores níveis de motivação, participação e comprometimento dos profissionais da empresa?
- Como alavancar ainda mais os resultados globais da empresa?
- Como saber se as ferramentas administrativas aplicadas proporcionam sustentação para a empresa se tornar, e se manter, como organização exponencial?
- Como saber se a empresa está se desenvolvendo nos atuais ambientes das revoluções industriais?

A Fase 5 pode ser desenvolvida em três etapas:

Etapa 5.1: planejamento da implementação e das atividades decorrentes.

Na prática, você pode considerar que essa fase começou muito antes – talvez na Fase 1 –, preferencialmente quando a empresa decidiu ter toda a sua realidade atual repensada, planejando evoluir para ser uma organização exponencial.

Portanto, nessa etapa é necessária a aplicação, com plena qualidade, da ferramenta administrativa do desenvolvimento organizacional, procurando consolidar as mudanças planejadas com a otimização das relações interpessoais, com todos os profissionais da empresa se direcionando a um resultado comum e consolidando a força motriz da empresa.

Nesse processo de mudanças planejadas, você deve conseguir um equilíbrio adequado entre o seu nível de percepção e o da ação correspondente, pois é de elevada importância a sua capacidade de perceber, analisar e entender as mudanças e seus efeitos sobre as pessoas, as estratégias e as atividades e resultados da empresa, mas também a sua capacidade de adaptar-se às exigências das novas realidades e, se possível, antecipar-se à chegada das mudanças e dos novos fatos na empresa.

Portanto, você deve atuar como agente de desenvolvimento organizacional, o qual já foi evidenciado que é aquele profissional capaz de desenvolver comportamentos, atitudes, processos e atividades que possibilitam a empresa transacionar, proativa e interativamente, com os diversos fatores e variáveis do ambiente empresarial, que é onde ocorrem os eventos da atual Revolução Industrial 4.0.

O outro "lado da moeda" do agente de desenvolvimento organizacional é a pessoa "do contra" ou que não quer nem saber da opinião dos outros porque é um "mundo fechado".

Nesse contexto, vale a pena se lembrar do assunto **imunização cognitiva**, que corresponde aos muros que algumas pessoas colocam em sua volta para que possam se agarrar a valores, crenças e suposições para os quais fatos objetivos demonstrem que eles não correspondem a verdades. Portanto, as pessoas cognitivamente imunizadas não aceitam argumentos lógicos nem os raciocínios sustentados.

Por outro lado, uma pessoa cognitiva é aquela que exerce, adequadamente, o processo de obtenção do conhecimento e sabe pensar, analisar, refletir, imaginar, raciocinar, memorizar, discursar, perceber, aprender, conscientizar-se, emocionar-se, expressar-se.

A situação desagradável é que, em algumas situações, demora-se para perceber quais são os colegas de trabalho que sofrem de imunização cognitiva, pois ela atinge pessoas com estudo, articuladas e que não estão, pelo menos aparentemente, tirando algum proveito material da situação, mas que, em público, defendem o indefensável. Elas aparecem em instituições de ensino, empresas, clubes sociais, instituições religiosas e não conseguem visualizar nenhum contexto, mesmo com fatos e provas, que contrariem os seus pensamentos.

Existe um sério problema nessa questão, porque algumas pessoas enxergam a imunização cognitiva apenas "nos outros"; portanto, é algo a ser trabalhado com cuidado e paciência.

Existem estudos demonstrando que o processo evolutivo da imunização cognitiva passa por quatro momentos:

i. Primeiro, a pessoa se distancia de quem tem opiniões contrárias – mesmo que sustentadas por fatos inquestionáveis – simplesmente para proteger suas ideias.

ii. Depois, começa a focar apenas as opiniões que estão em sua linha de crença, deixando de ler e ouvir opiniões contrárias. Em uma empresa, as pessoas com esse procedimento geralmente começam a ser identificadas.

iii. A seguir, pessoas com imunização cognitiva começam a se juntar em grupos de debate visando a um processo de empoderamento, o que pode gerar sérios conflitos nas empresas.

iv. Finalmente, o grupo de imunes cognitivos cria o seu lema, a sua bandeira e fortalecem os seus posicionamentos quanto ao debate de outras ideias.

Você percebe que a existência de grupos de pessoas com essa imunização cognitiva pode aniquilar qualquer processo evolutivo em uma empresa, impossibilitando que esta chegue, um dia, a ser uma organização exponencial; e mais, pois ela não tem, em nenhum momento, qualquer possibilidade de sobreviver a um mundo empresarial com elevada tecnologia e fortes processos de mudanças.

Outras questões a serem consideradas nessa etapa de implementação das ferramentas administrativas são:

- Os trabalhos serão realizados por equipe própria da empresa ou serão contratados consultores especialistas?
- Haverá ou não a realização de testes?
- Como serão efetuados o acompanhamento, a avaliação e o possível aprimoramento dos trabalhos?
- Como será otimizada a relação custos *versus* benefícios dos trabalhos?
- Como serão efetuadas as diversas comunicações aos direta e indiretamente envolvidos com as ferramentas administrativas consideradas?
- Como serão trabalhadas as resistências às ferramentas administrativas utilizadas?
- Como serão efetuados os treinamentos?
- Como serão definidos os incentivos para os profissionais da empresa decorrentes dos resultados e da alavancagem proporcionados pelas ferramentas administrativas utilizadas?
- Como serão consolidados as conversões e os períodos de transição para a nova realidade da empresa?
- Como serão estabelecidos os períodos de tempo para a consolidação da nova realidade da empresa, incluindo os futuros trabalhos de aperfeiçoamento?
- Como serão validadas as novas ferramentas administrativas?
- Como serão avaliados os impactos das novas ferramentas administrativas?
- Como serão estabelecidos e aplicados planos de contingência e de retrocesso para os casos de imprevistos na implementação das novas ferramentas administrativas delineadas pela empresa?
- Como saber se as novas ferramentas administrativas efetivamente sustentarão a empresa em sua transformação em organização exponencial?
- Como saber se as novas ferramentas administrativas ajudarão a empresa a atuar em um contexto ambiental de Revolução Industrial 4.0?

Etapa 5.2: acompanhamento e avaliação dos resultados apresentados pelas ferramentas administrativas, correspondendo à função do processo administrativo das empresas em que, mediante a comparação com padrões previamente estabelecidos, procura medir e avaliar o desempenho e o resultado das ações com a finalidade de realimentar os tomadores de decisões, de modo que possam corrigir ou reforçar esse desempenho e assegurar que os resultados satisfaçam às metas, aos desafios e aos objetivos anteriormente estabelecidos.

Nesses trabalhos, você deve estar atento a, pelo menos, quatro assuntos básicos:

i. O nível de motivação dos profissionais da empresa, incluindo os plenos entendimento e capacitação para os trabalhos, além do fato de que o sistema de premiação e de punição esteja baseado no desempenho e resultado apresentados.

ii. O nível de capacitação dos profissionais deve estar adequado para realizar todos os trabalhos sob sua responsabilidade.

iii. As informações, que representam o início e o fim do processo de acompanhamento e avaliação, as quais devem estar corretas e disponíveis a todos os interessados, no local e tempo certos.

iv. A existência do tempo necessário para que todos os profissionais da empresa realizem seus trabalhos de acompanhamento e avaliação das ferramentas administrativas.

Etapa 5.3: aprimoramento contínuo, evolutivo, sustentado e acumulativo das ferramentas administrativas utilizadas pela empresa.

Nesse momento foi lançado um desafio para você estruturar, da melhor maneira possível, uma sistemática para o adequado processo de aprimoramento das ferramentas administrativas nas empresas.

Você vai ter a oportunidade de identificar algumas influências da Era Digital nas ferramentas administrativas em algumas seções deste livro, mas é de suma importância começar a pensar a respeito disso e explicitar, para análise e debate, o seu atual conhecimento do assunto; e acredite: esse seu conhecimento é maior do que você imagina!

Você percebeu que foram apresentadas cinco fases e 34 etapas na metodologia de desenvolvimento e aplicação das ferramentas administrativas nas empresas, ou seja, procurou-se apresentar esse importante assunto com significativo nível de detalhamento, pois as ferramentas administrativas representam os sustentáculos estruturados das organizações exponenciais, principalmente quando se lembra que estas últimas atuam em ambientes com uma efervescente Revolução Industrial 4.0.

3.3 Mapeamento e análise das ferramentas administrativas

É muito importante realizar um otimizado processo de mapeamento e análise das ferramentas administrativas, pois esse momento representa toda a sustentação básica para a qualidade de seus trabalhos.

Você deve concordar que a escolha errada das ferramentas administrativas prejudica todos os trabalhos posteriores, inclusive gerando críticas para os profissionais que realizam esses trabalhos.

A identificação, o mapeamento e a escolha das ferramentas administrativas não são modelos matemáticos de aplicação direta, mas envolvem profunda análise e adequado conhecimento anterior das referidas ferramentas.

Nesse contexto, como critério básico para mapeamento e análise das ferramentas administrativas, a sugestão é utilizar algo clássico e inquestionável na teoria e prática da administração: as funções da administração e as funções das empresas, assuntos com os quais você, queira ou não, está sempre envolvido.

Será possível perceber que é apresentado, para algumas ferramentas administrativas, um resumo para o seu desenvolvimento e implementação, enquanto outras ferramentas administrativas citadas não recebem o mesmo tratamento.

A razão disso é simples: foram contempladas as ferramentas administrativas que apresentam forte interação com outras ferramentas para a sua aplicação, facilitando o seu pleno entendimento, enquanto outras ferramentas administrativas podem ter a sua aplicação de uma maneira mais específica. Naturalmente, essa é uma afirmação genérica, pois todas as ferramentas administrativas de uma empresa estão interligadas, de maneira direta ou indireta, de acordo com a premissa básica da administração total e integrada.

Outro aspecto é que este autor, sempre que possível e necessário, explicita outros livros de sua autoria – que seguem a mesma abordagem administrativa – nos quais são apresentados todos os detalhes das metodologias de desenvolvimento e implementação das referidas ferramentas administrativas.

Outro comentário importante é que, em alguns momentos, é apresentada uma metodologia de trabalho alternativa para o mesmo assunto administrativo, pois você deve considerar que é válido – e necessário – pensar em mais de uma maneira de realizar um trabalho.

Outra questão de suma importância é que nas Seções 3.3.1, Pelas funções da administração, e 3.3.2, Pelas funções das empresas, são apresentados os resumos do desenvolvimento e da aplicação de algumas ferramentas administrativas sofrendo a influência da atual revolução tecnológica, o que pode provocar até algumas alterações em suas metodologias de trabalho; ou seja, nesse momento você tem a oportunidade de identificar e analisar algumas influências tecnológicas que essas ferramentas administrativas estão sofrendo ou poderão sofrer em um futuro breve. Naturalmente, são apresentadas apenas algumas ferramentas administrativas que sejam mais evidentes em suas aplicações nas funções da administração e nas funções das empresas, e você deve extrapolar o raciocínio apresentado neste livro – ou outra abordagem idealizada por você – para outras ferramentas administrativas conforme faça as devidas aplicações práticas em suas atividades profissionais.

Seguindo um processo evolutivo de raciocínio quanto à análise e à aplicação de ferramentas administrativas sofrendo influência das novas tecnologias e dos conhecimentos administrativos, você vai verificar, na Seção 4.2.1, Alocação das ferramentas administrativas nas diversas etapas, quando da alocação das ferramentas administrativas nas etapas do processo de desenvolvimento e consolidação das organizações exponenciais, que você será obrigado a fazer alguns ajustes e aprimoramentos nas ferramentas administrativas para chegar ao resultado final esperado.

E, para tornar o seu "exercício mental" mais interessante e desafiador, algumas ferramentas administrativas citadas nesses dois momentos serão as mesmas, mas em outros casos não o serão, provocando uma situação em que você se sentirá forçado a pensar fortemente a respeito do assunto; e mais: por uma questão lógica não são apresentadas, nos dois momentos, todas as ferramentas administrativas; caso contrário, o livro ficaria com mais de 2 mil páginas.

3.3.1 Pelas funções da administração

Funções da administração são as atividades que devem ser desempenhadas em todo e qualquer processo administrativo nas empresas e por todas as suas unidades organizacionais.

Pode-se considerar que o conhecimento das funções da administração deve ser otimizado e atualizado, tendo-se observado, em significativa parte das vezes, que os profissionais das empresas:

- Sabem o significado de cada função da administração e para que serve.
- Desconhecem como desenvolver e operacionalizar essas funções no desempenho de suas atividades nas unidades organizacionais nas quais trabalham nas empresas.

Você pode considerar as funções clássicas da administração na sua origem estruturada – planejamento (previsão), organização, direção e controle –, mas pode fazer alguns ajustes para melhor contextualizar os assuntos abordados, desde que respeite a essência das referidas funções em seus primórdios.

Nesse contexto, são apresentadas as seguintes funções da administração:

- **Planejamento**: para estabelecer a situação futura desejada e os meios para chegar até lá.
- **Organização**: para estruturar e alocar os recursos da empresa visando alcançar a situação futura desejada.
- **Liderança**: para consolidar uma situação em que todos focam os mesmos resultados a serem alcançados.
- **Direção e decisão**: para otimizar as análises, as decisões e as ações.
- **Avaliação e aprimoramento**: para que as atividades sempre estejam em evolução e qualidade total.

I – Planejamento

Planejamento é a função da administração aplicada por metodologia estruturada que permite diagnosticar e analisar situações atuais, estabelecer resultados – objetivos e metas – a serem alcançados pelas empresas e delinear ações – estratégias – para alcançar esses resultados, bem como leis e normas – políticas – que servem de sustentação a esse procedimento administrativo.

Você percebe que essa conceituação do termo "planejamento" é bem ampla e envolve, pelo menos, três ferramentas administrativas: os objetivos e metas, as estratégias e as políticas. E, para que essas ferramentas sejam desenvolvidas, operacionalizadas e aprimoradas, é necessário que a empresa aplique, com qualidade, várias outras ferramentas administrativas, conforme é evidenciado ao longo do livro.

E, agora, um comentário sutil para você pensar: como a função **planejamento** está no início do processo administrativo, pois é ela que estabelece aonde se quer chegar e o que deve ser feito para se chegar lá, a referida função deverá passar por um processo evolutivo interessante com os tradicionais planejamentos – principalmente o estratégico –, apresentando elevada flexibilidade e chegando a uma dimensão estratégica exponencial.

Mas daí surge uma pergunta evidente: como fazer isso?

Em pontos diversos do livro é evidenciado que as principais ocorrências que devem afetar a ferramenta administrativa **planejamento** podem ser resumidas em:

- Maior amplitude de análise pela maior quantidade de dados e informações disponíveis.
- Maior velocidade nas alterações dos fatores ambientais e não controláveis e, consequentemente, dos fatores internos e controláveis das empresas.
- Exigência de melhor estruturação do processo de planejamento – principalmente no nível estratégico ou global –, bem como efetiva aplicação – e desenvolvimento de novas estruturações – de técnicas de delineamento de cenários e técnicas estratégicas, para facilitar os seus estabelecimentos e aplicações.
- Plena interação entre todos os tipos e níveis de planejamento da empresa – estratégico, tático e operacional –, formando um bloco único direcionado a um resultado comum, mas com elevada flexibilidade em seu processo evolutivo.

Você pode considerar que, na prática, o assunto **planejamento** deverá sofrer alterações específicas, pela evolução tecnológica das questões administrativas; isso porque:

- O assunto **planejamento**, em seus níveis estratégico, tático e operacional, é algo perfeitamente estruturado, embora poucas empresas respeitem essa realidade, pois desenvolvem os seus planejamentos de modo aleatório e com pouca sustentação metodológica e de informações confiáveis.
- Toda e qualquer questão inerente ao assunto **planejamento** – principalmente o estratégico, que é de mais longo prazo – envolve análises futuras com pouca precisão de dados, o que pode ser amenizado pela aplicação de modernas tecnologias de análises, projeções e simulações de fatores externos ou não controláveis pela empresa.

Nesse contexto, algumas questões devem ser consideradas e, aqui seguramente está ocorrendo alteração no período de tempo do planejamento estratégico, quando muitas empresas elaboravam para um horizonte básico de 5 anos e, agora, têm que considerar um período máximo de 2 ou 3 anos como decorrência da velocidade e da intensidade que o atual mundo exponencial apresenta; não esquecendo que algumas empresas só conseguem visualizar o horizonte de 1 ano, que é o menor período possível, pois é necessário efetuar a interligação do planejamento estratégico com o planejamento orçamentário da empresa.

Outra questão a se considerar é a **pivotagem**, que corresponde à mudança no plano estratégico após um período de testes de uma estratégia – normalmente ligada ao principal negócio da empresa – que não gerou os resultados esperados. Por isso que se deve pensar em negócios "filhotes" do negócio básico da empresa, ou desenvolver novos negócios geradores de receitas.

Em termos estratégicos, o importante é a empresa ter um plano de negócios com uma estratégia básica e outras – diversas – estratégias correlacionadas, e saber, muito bem, como a aplicação digital vai impactar isso.

Portanto, as empresas devem buscar o autoconhecimento, o desenvolvimento de competências, a análise estratégica de cenários, a transformação e a inovação, mas também a liderança sobre si mesmas, entre outras importantes questões; consequentemente, o foco básico é a inteligência, pois ela une tecnologias digitais, físicas e biológicas, e seu ritmo de evolução é extremamente rápido.

Quando a conversa envolve questões com elevada amplitude, por exemplo, planejamento estratégico, ocorrem grandes mudanças nas empresas em que devem existir fortes lideranças que conseguem criar um futuro para uma empresa, chegando até a transformar a sua cultura organizacional, tendo-se que trabalhar com pessoas com capacitação e habilidade para identificar e conectar as diversas tecnologias – atuais e em desenvolvimento – com os seus negócios, produtos e serviços, bem como os mercados comprador e fornecedor.

Portanto, essas pessoas gostam de trabalhar em ambientes nos quais inovar é tarefa diária e procuram sempre aprender, reaprender e, principalmente, aprender a aprender, mas não esquecendo de ensinar e de disseminar os seus conhecimentos aos colegas de trabalho, preferencialmente por meio de projetos e atividades desenvolvidas por equipes multidisciplinares, nas quais os diferentes conhecimentos podem ser debatidos e integrados em **tempo real** e **na tarefa**, consolidando o princípio do "ganha-ganha".

Naturalmente, nesses debates existe um "complicômetro" extra, que é a necessidade de alinhar a visão, a missão e os valores da empresa com as atividades do dia a dia caótico proporcionado pelas mutações no ambiente empresarial.

Entretanto, apesar de toda essa complexidade, você pode pensar em uma estrutura lógica básica para desenvolver os trabalhos que considerem as realidades anteriormente apresentadas; nesse contexto, você pode considerar os seguintes momentos apresentados resumidamente, para os quais você deve detalhar de acordo com a sua realidade e a realidade da empresa na qual trabalha.

Portanto, agora são válidos alguns comentários quanto à influência da Era Digital no processo de planejamento das empresas, sendo o ideal focar o planejamento estratégico, em razão de sua elevada amplitude nas empresas, e nos planejamentos táticos e operacionais, os quais você pode aplicar as questões decorrentes do processo de elaboração e aplicação do planejamento estratégico, pois é necessário que a estrutura lógica dos três tipos e níveis de planejamento seja única e totalmente interligada e interativa, com amplas relações de causas *versus* efeitos para que se consolide o chamado **planejamento empresarial**.

Sempre que possível – e na quase totalidade das situações existe essa possibilidade –, você deve priorizar nessa análise a metodologia de desenvolvimento e implementação do assunto administrativo – incluindo a aplicação de algumas técnicas administrativas –, pois o principal a ser estudado é a influência – direta ou indireta, de maior ou menor intensidade – da Revolução 4.0 na formatação de "como" os trabalhos devem ser realizados, pois as outras questões – por quê, por quem, quando, por quanto etc. – são decorrentes de especificidades de cada empresa.

Nesse contexto, pode-se afirmar que as novas tecnologias estão intensificando, cada vez mais, o uso – e o desenvolvimento – das já mencionadas **técnicas estratégicas**, que são formas estruturadas e interativas para o tratamento das informações básicas inerentes ao processo decisório no estabelecimento e no aprimoramento das estratégias das empresas.

Não é parte integrante do conteúdo deste livro a apresentação das 21 técnicas estratégicas consagradas, mas você pode analisá-las no já citado livro *Estratégia empresarial e vantagem competitiva: como estabelecer, implementar e avaliar*, do mesmo autor e editora.

Para o seu conhecimento geral, no referido livro as técnicas estratégicas estão separadas em três grupos básicos:

1. Técnicas estratégicas para análise dos negócios atuais – você pode considerar dez:
    i. Matriz de portfólio de negócios, produtos e serviços do Boston Consulting Group (BCG).
    ii. Ciclo de vida do negócio, produto ou serviço.
    iii. Impacto das estratégias de marketing no lucro (*Profit Impact of Market Strategy* – PIMS).
    iv. Matriz de atratividade de mercado.
    v. Modelo de avaliação das possibilidades de negócios de Mckinsey/GE.
    vi. Modelo de Lorange e Vancil.
    vii. Matriz de desempenho de produtos, serviços ou negócios.
    viii. Modelo de análise do processo dos negócios.
    ix. Modelo da massa crítica.
    x. Matriz do custo e valor.

2. Técnicas estratégicas para análise de novos negócios – você pode considerar cinco:
    i. Modelo do retorno e risco.
    ii. Matriz da política direcional da Shell.
    iii. Matriz de Petrov.
    iv. Matriz de Booz-Allen.
    v. Modelo de Abell.

3. Técnicas estratégicas para o estabelecimento de vantagens competitivas – você pode aplicar cinco:

   i. Matriz do posicionamento competitivo.
   ii. Matriz do perfil do negócio de ADL.
   iii. Matriz de análise da carteira de negócios de Hofer e Schandel.
   iv. Matriz de liderança.
   v. Modelo de Porter.

Na prática, e considerando os efeitos que a Revolução Industrial 4.0 pode causar nas empresas, inclusive nas organizações exponenciais, você pode trabalhar com um conjunto estruturado de aspectos das diversas técnicas estratégicas existentes, o qual pode ser denominado modelo integrado de análise de posição competitiva e se apresenta no seguinte contexto:

1. Inicialmente, você deve considerar a sua análise com seis aspectos:

   i. Nível de rentabilidade do negócio, produto ou serviço, considerando se ele está em uma situação alta, média ou baixa. Você pode utilizar o apoio da técnica de desempenho dos produtos ou negócios – que trabalha com as dimensões de venda da indústria, venda da empresa, participação de mercado e rentabilidade – e a técnica Shell, que trabalha com a perspectiva de rentabilidade para o setor e a capacidade competitiva do setor.

   ii. Situação do mercado, considerando se está embrionária, em crescimento, manutenção ou declínio, bem como se a situação apresentada é alta, média ou baixa. Você pode utilizar, como apoio, as técnicas estratégicas BCG – que analisam a participação relativa de mercado e a taxa de crescimento desse mercado – e a técnica do ciclo de vida do produto, verificando os estágios desse ciclo e as suas respostas e efeitos decorrentes.

   iii. Participação do negócio, produto ou serviço no portfólio da empresa, considerando sua representatividade como alta, média ou baixa, quando você pode considerar, como apoio a sua análise decisória, por exemplo, as já citadas técnicas BCG e de desempenho dos produtos ou negócios.

   iv. Quantidade envolvida, a qual pode estar em uma situação adequada – proporciona economia de escala –, média ou ruim. Você pode considerar a técnica de posicionamento competitivo – que analisa os tipos de negócios frente aos segmentos de mercado –, bem como as já citadas técnicas BCG e de desempenho dos produtos ou negócios.

   v. Diferencial de preço com a concorrência, principalmente quando se consideram produtos intercambiáveis, para os quais esses diferenciais podem estar altos, médios ou baixos. Você pode considerar, para apoio, as técnicas de custo e valor – que analisam o grau de sensibilidade ao preço e o grau de diferenciação do produto – e a técnica de retorno *versus* risco, que analisa o retorno esperado frente ao nível de risco identificado para o negócio, produto ou serviço.

vi. Estrutura competitiva, considerando o risco do negócio e as vantagens atuais e potenciais identificadas, aspectos fortemente correlacionados à tecnologia aplicada na empresa e à evolução tecnológica que ocorre no mercado. Nesse caso, você pode aplicar, como apoio na análise decisória, as técnicas da liderança (grau de dominância *versus* grau de compatibilização), ADL (posição competitiva *versus* estágios do ciclo de vida do setor), atratividade (atratividade do mercado *versus* posição da empresa), mas, principalmente, a técnica de Porter, que analisa a rivalidade entre empresas, os concorrentes potenciais, o poder dos fornecedores, o poder dos compradores e os produtos substitutos.

Esse desafio corresponde a um trabalho que você deve desenvolver a médio prazo, sempre procurando consolidar forte abordagem prática. Ao final, você vai ter o posicionamento e a sustentação para realizar interessantes debates a respeito disso.

Com relação às influências da Era Digital nas etapas de desenvolvimento e implementação do processo de planejamento estratégico nas empresas, você pode considerar, para análise e debate, as seguintes questões, independentemente da ordem de alocação na referida metodologia de trabalho:

- A visão da empresa ganhará cada vez mais importância no delineamento dos planos estratégicos das empresas, pois ela evidencia o que a empresa analisada quer ser em um futuro breve ou mais distante.

  Parece incrível, mas algumas empresas não sabem a utilidade da visão, pensando que é uma "simples frase" para colocar nas paredes da empresa!

  Os tratamentos pela Era Digital tornarão a visão – e outras partes do processo de planejamento estratégico – de melhor entendimento dos profissionais da empresa, direcionando esforços para o que é mais interessante para a empresa, até pela natural maior disseminação das informações.

- As empresas podem utilizar os instrumentos proporcionados pela Era Digital para trabalhar melhor os valores, que representam o conjunto dos princípios, das crenças e das questões éticas fundamentais de uma empresa, bem como fornece sustentação a todas as suas principais decisões.

  Na prática, os valores devem proporcionar sustentação à visão da empresa e, principalmente, ser o "guarda-chuva" orientativo no estabelecimento das políticas da referida empresa.

  Você deve estabelecer um elenco razoável de valores da empresa, sendo essencial que eles sejam perfeitamente conhecidos, entendidos, aceitos e aplicados.

  Você já deve ter percebido a grande importância que os diversos assuntos do processo de planejamento estratégico apresentam para o desenvolvimento das organizações exponenciais em um contexto de Revolução Industrial 4.0.

- Com referência às análises internas e, principalmente, externas das empresas com base em uma lista – a mais completa possível – de fatores e subfatores controláveis e não controláveis, em que você identifica os pontos fortes e fracos, bem como as oportunidades e ameaças, o comentário é um só: essa análise deverá ser cada vez mais ampla e detalhada, proporcionando melhor qualidade nessa "fotografia" da empresa e do ambiente no qual ela atua ou pretende atuar em um futuro breve ou mais distante.

E a moderna realidade da Era Digital tem proporcionado maior facilidade na identificação e na análise dos diferentes segmentos da economia (agronegócio, automotivo etc.).

- Como consequência dos trabalhos anteriores, a identificação e a análise dos concorrentes atuais e potenciais se tornam bem mais precisas, incluindo o estabelecimento das vantagens competitivas envolvidas.

A prática tem demonstrado que o adequado conhecimento das vantagens competitivas – nossas e dos "outros" – proporciona otimizada qualidade decisória e significativa redução dos custos.

- Com base em tudo o que foi anteriormente analisado, fica fácil o estabelecimento da missão da empresa, que representa a sua razão de ser, sendo representada pelo "horizonte" dentro do qual a empresa atua ou poderá atuar no futuro, bem como explicitando a quem a empresa atende com os seus produtos e serviços.

É fundamental a empresa utilizar o máximo de boas informações no delineamento de sua missão, pois importantes oportunidades – atuais e futuras – podem ser identificadas e usufruídas, facilitando à empresa tornar-se uma organização exponencial.

Agora, um comentário: algumas empresas juntam a visão e a missão em uma única frase. Não faça isso, pois suas utilidades são complementares, mas diferentes.

- Portanto, dentro da missão a empresa identifica os seus propósitos atuais e potenciais, com uma **dica**: a empresa deve trabalhar os propósitos atuais e potenciais com o máximo de informações, sempre com elevada qualidade.

Verifica-se que é por meio dos referidos propósitos que a empresa consegue cumprir a sua missão, e a realidade das ferramentas administrativas da Era Digital em muito pode ajudar nesse processo.

- Para cada propósito, oportunidade ou ameaça você deve delinear cenários, que representam situações, critérios e medidas para a preparação do futuro da empresa.

Pelo maior número e qualidade de informações na Era Digital, acredita-se que a abordagem prospectiva dos cenários é a que está se desenvolvendo mais, pois ela proporciona uma visão mais global, trabalhando com variações qualitativas ou não, quantificáveis ou não, subjetivas ou não, conhecidas ou não, analisa a ocorrência de um futuro múltiplo e incerto, o qual atua como determinante da ação presente, bem como utiliza uma análise intencional em que você pode aplicar variáveis de opiniões pessoais e grupais analisadas por métodos estruturados.

Deve-se lembrar que a abordagem projetiva caracteriza-se, basicamente, por restringir-se a fatores e variáveis quantitativos, objetivos e conhecidos, explicando o futuro pelo passado, bem como utilizando modelos deterministas e quantitativos, considerando o futuro único e certo.

Existem técnicas estruturadas para estabelecimento de cenários, e elas, acredita-se, sofrerão forte evolução e utilização pelo maior volume de informações da Era Digital – e são apresentadas no já citado livro *Estratégia empresarial e vantagem competitiva: como estabelecer, implementar e avaliar*, do mesmo autor e editora. Nesse momento, são evidenciados os nomes das principais técnicas:

- Técnicas gerais para o estabelecimento de cenários, quando você pode considerar nove técnicas:
    i. Técnica da dedução.
    ii. Técnica da indução.
    iii. Técnica da lógica intuitiva.
    iv. Técnica da análise de tendências de impacto.
    v. Técnica da análise do impacto cruzado.
    vi. Técnica da simulação.
    vii. Técnica da inserção.
    viii. Técnica do encadeamento.
    ix. Técnica *Customer Success Manager* (CSM).

- Técnicas específicas para o estabelecimento de cenários, sendo 16 situações disponíveis:
    i. Método de Kahn.
    ii. Método de Helmer.
    iii. Método de Godet.
    iv. Método de Durant.
    v. Método de Vanston, Frisbie, Lopreato e Poston.
    vi. Método de Becker.
    vii. Método de Gordon.
    viii. Método de Mitchell, Tydeman e Georgiades.
    ix. Método de Amara e Lipinski.
    x. Método de Duperrin e Godet.
    xi. Método de Gershuny.
    xii. Método Batelle.
    xiii. Método de Rattner.
    xiv. Método de Robbins.
    xv. Método de Schoemaker.
    xvi. Método Delphi.

Para trabalhar de maneira equilibrada considerando os ensinamentos das 25 técnicas de cenários, bem como considerar toda a influência que a Revolução Industrial 4.0 pode ter no processo evolutivo de uma organização exponencial, você pode trabalhar com um modelo de cenário desenvolvido em 11 fases decompostas em 36 etapas, conforme, resumidamente, apresentado a seguir.

Fase 1: conceituação geral e aplicação na empresa, quando podem ser consideradas seis etapas:

i. Especificação do assunto básico dos cenários a serem debatidos, como: localização de uma nova fábrica, revisão dos canais de distribuição, uma aliança global, entre outros exemplos.

ii. Apresentação dos conceitos e dos tipos de cenários, bem como de diferentes metodologias para o seu estabelecimento, visando a um entendimento geral, inclusive de sua aplicação.

iii. Apresentação da estruturação da técnica consolidada de estabelecimento de cenários (ver etapas a partir da Fase 2).

iv. Aplicação de possíveis ajustes na técnica consolidada de estabelecimento de cenários, tendo em vista particularidades e necessidades específicas da empresa e/ou do setor de atuação, mas sem alterar a estruturação geral da técnica consolidada de estabelecimento de cenários.

v. Identificação de todas as interligações que os cenários terão que apresentar às outras questões administrativas (visão, missão, vantagem competitiva etc.).

vi. Identificação de todos os profissionais, externos e internos à empresa, que atuarão no processo de estabelecimento dos cenários.

Fase 2: identificação dos fatores relevantes, quando podem ser consideradas quatro etapas:

i. Identificação de todos os fatores relevantes que serão abordados no estabelecimento dos cenários.

ii. Separação dos fatores mais previsíveis – demografia da população etc. – e fatores com elevada incerteza, como as preferências dos consumidores, as regulamentações governamentais, os acidentes naturais.

iii. Elaboração da "malha estratégica" de interligação entre todos os fatores, incluindo o estabelecimento da versão preliminar da relação de causas *versus* efeitos entre esses fatores – não se deve trabalhar com muitos fatores e variáveis, para não dificultar o processo decisório.

iv. Identificação de acontecimentos relevantes para cada um dos fatores analisados.

Fase 3: identificação dos setores de atuação relevantes, quando podem ser consideradas três etapas:

i. Identificação de todos os setores de atuação relevantes que serão abordados no estabelecimento dos cenários.

ii. Elaboração das interligações entre os setores de atuação relevantes, dentro de uma cadeia de valores.

iii. Alocação desses setores interligados em nível macro, dentro do país, regiões (Mercosul etc.) e economia mundial – esse tratamento deve partir do específico para o geral e, depois, vice-versa.

Fase 4: estabelecimento inicial dos cenários, quando podem ser consideradas seis etapas:
i. Início do estabelecimento dos cenários, do modo mais amplo possível, idealmente trabalhando com dois grupos de profissionais: um para delinear os cenários projetivos com forte abordagem quantitativa e utilizando probabilidades e econometria; e o outro grupo para delinear os cenários prospectivos com forte abordagem qualitativa e trabalhando com "juízo de valor" e opiniões, mas sempre com justificativas detalhadas.
ii. Estabelecimento do sistema de informações estratégicas.
iii. Identificação das incertezas críticas e da forma de tratamento delas.
iv. Estabelecimento dos pontos de ruptura nos cenários e o tratamento dessas questões.
v. Consolidação, com amplo debate, das ideias iniciais apresentadas pelos dois grupos de trabalho.
vi. Consolidação das ideias básicas apresentadas pelos dois grupos de trabalho, correlacionando os seus cenários básicos conclusivos, em uma versão inicial, incluindo a análise das expectativas mais comuns, com suas justificativas.

Fase 5: estabelecimento dos cenários consolidados, quando podem ser consideradas três etapas:
i. Estabelecimento dos cenários mais prováveis, com suas justificativas.
ii. Estabelecimento dos cenários otimistas, com suas justificativas.
iii. Estabelecimento dos cenários pessimistas, com suas justificativas – esses cenários não devem ser "muletas" para os maus resultados da empresa. Portanto, algumas empresas trabalham apenas com os cenários mais prováveis e otimistas.

Fase 6: interligações dos cenários e seus fatores de influência, quando podem ser consideradas três etapas:
i. Interligações de todos os fatores considerados na elaboração dos cenários, analisando as relações de causas *versus* efeitos.
ii. Interligações de todos os cenários, analisando as relações de causas *versus* efeitos.
iii. Debate geral e ajustes após a realização de todas as interligações.

Fase 7: consistência dos cenários, quando podem ser consideradas duas etapas:
i. Estabelecimento das consistências entre todos os aspectos dos cenários.
ii. Estabelecimento das estratégias interagentes com os cenários estabelecidos.

Fase 8: interligação geral, quando podem ser consideradas duas etapas:
i. Interligação de todos os cenários com todos os itens do processo de planejamento estratégico da empresa – visão, missão, valores, análise dos concorrentes, objetivos, estratégias, políticas etc. –, verificando-se os níveis de coerência e plausibilidade.
ii. Realização de possíveis ajustes.

Fase 9: delineamento estratégico, quando podem ser consideradas duas etapas:
i. Formulação de todas as estratégias empresariais de modo interagente com os cenários estabelecidos e incorporados pela empresa.
ii. Debates e ajustes necessários.

Fase 10: análise da capacitação estratégica, quando podem ser consideradas duas etapas:
i. Análise da capacitação estratégica da empresa em face dos cenários estabelecidos.
ii. Complementação e ajustes das estratégias empresariais correlacionadas aos cenários.

Fase 11: implementação do processo, quando podem ser consideradas três etapas:
i. Implementação de todo o processo resultante do estabelecimento de cenários.
ii. Disseminação, em toda a empresa, com maior ou menor nível de detalhamento, do processo estratégico correlacionado aos cenários.
iii. Acompanhamento, avaliação e ajuste do desenvolvimento do processo global inerente aos cenários estratégicos.

Você observa que todo esse processo, e sua operacionalização, envolve determinado nível de risco, ou seja, cenários e riscos são assuntos interagentes e precisam ser bem administrados. Você pode considerar quatro situações básicas:

1. Risco muito alto, em que o grau de incerteza do futuro é alto e a probabilidade de ocorrência dos cenários estabelecidos é baixa. Nesse caso, as estratégias a serem aplicadas são muito cautelosas.
2. Risco alto, em que tanto o grau de incerteza do futuro quanto a probabilidade de ocorrência dos cenários são altos, gerando estratégias cautelosas.
3. Risco médio, em que tanto o grau de incerteza do futuro quanto a probabilidade de ocorrência dos cenários são baixos, necessitando de estratégias conservadoras.
4. Risco baixo, em que o grau de incerteza do futuro é baixo, mas a probabilidade de ocorrência dos cenários é alta, possibilitando o delineamento de estratégias inovadoras.

- Com base nos trabalhos anteriores, você pode estabelecer a postura estratégica da empresa que, na prática, representa um momento mecanicista do processo de planejamento estratégico, evidenciando o caminho que a empresa deve seguir para alcançar a sua visão respeitando a sua missão.

Na prática, representa uma escolha consciente de uma das alternativas possíveis, respeitando a realidade da empresa em determinado período, tendo em vista seus pontos fortes e fracos, bem como as oportunidades e as ameaças identificadas.

Para o cálculo dos pontos e a hierarquização decisória, você pode aplicar a técnica GUT, que foi apresentada na Seção 3.2, Metodologia dos trabalhos com as ferramentas administrativas, para o desenvolvimento da Etapa 2.12 da metodologia dos trabalhos com as ferramentas administrativas das empresas; ou utilizar alguma outra técnica de sua preferência.

- Agora você já pode "abrir a sua mente" e procurar ser o mais criativo – e realista – possível, e, para tanto, a empresa deve estabelecer as suas macroestratégias, que são as grandes estratégias ou caminhos que a empresa vai adotar com a finalidade de atuar nos propósitos atuais e futuros identificados dentro da sua missão, tendo como "motor de arranque" a sua postura estratégica; mas não se esqueça de que todas essas decisões estratégicas devem se direcionar para a visão anteriormente estabelecida.

  Nesse momento, a empresa também deve estabelecer as suas macropolíticas, que representam as grandes orientações que a empresa, em sua totalidade, deve respeitar e que irão facilitar e agilizar seu processo decisório e suas ações estratégicas – não se esqueça de fazer as interações com os valores e as políticas da empresa; estas últimas se preocupam com a operacionalização das decisões.

  Na prática, você pode considerar que a forte evolução tecnológica que o mundo está sofrendo tem enorme influência no delineamento das macroestratégias e das macropolíticas de uma empresa, principalmente quando esta está em um contexto de organização exponencial, pois isso representa as grandes orientações das empresas.

- A partir desse momento você pode se preocupar com os resultados efetivos que a empresa deverá apresentar, ou seja, o foco é o estabelecimento dos objetivos gerais, dos objetivos funcionais, dos desafios e das metas.

  Você também vai verificar que é a partir desse momento que fica evidenciada a interação estruturada do planejamento estratégico com os planejamentos táticos e operacionais das empresas.

  A prática tem demonstrado que essa questão do estabelecimento e da busca de resultados efetivos tem sido o foco prioritário quando as empresas se preparam para enfrentar as novas realidades proporcionadas pela Revolução Industrial 4.0 e, principalmente, no processo de se tornarem organizações exponenciais.

  Se fizer essa pesquisa, é bem provável que identifique essa postura de atuação por significativa parte das empresas, que têm uma "busca frenética" por resultados.

  Mas cuidado: os resultados planejados devem ser decorrentes de todas as informações que temos a respeito do assunto analisado; os resultados evidenciados são decorrentes de tudo que nós fizemos de melhor em relação aos nossos concorrentes para, efetivamente, atender às necessidades e às expectativas dos diversos segmentos de mercado; os fatores de influência direta nessas duas questões são a qualidade dos tomadores das decisões e a qualidade das informações disponíveis para tal – aqui é que entra a realidade do uso das ferramentas administrativas da Era Digital e a postura de atuação para a consolidação da empresa como organização exponencial.

Portanto, os resultados são consequências diretas de tudo que se realizou antes. Essa é uma frase evidente, mas analise, em sua realidade, se ela está sendo respeitada na plenitude!

- A partir desse momento você deve exercitar na plenitude, mas com total sustentação, a sua criatividade para estabelecer estratégias diferenciadas e viáveis para a empresa, sempre com interessante nível de esforço por parte de todos os profissionais da empresa.

  E aqui vale um lembrete: algumas empresas estabelecem estratégias importantes para os bons resultados da empresa, mas – acredite! – não as implementam e, quando o fazem, os trabalhos são efetuados de maneira errada e incompleta.

  Para proporcionar efetivas sustentação e qualidade na implementação das estratégias, as empresas devem realizar duas importantes atividades.

  A primeira é o estabelecimento de políticas, que representam os parâmetros ou orientações para a tomada de decisões, ou seja, procura-se dar uma determinada "ordem na casa" para que o processo decisório seja mais uniforme e direcionado para os resultados comuns anteriormente planejados. Porém, tome cuidado para a empresa não cair no contexto da burocracia e ficar "amarrada" em seu processo decisório. Além disso, sempre lembre que o elenco de políticas deve ser revisto e atualizado para atender à natural evolução do estilo administrativo e do modelo de administração da empresa, principalmente quando se considera a atuação de uma organização exponencial em um ambiente de Revolução Industrial 4.0.

- A segunda atividade que você deve considerar para a adequada implementação das estratégias das empresas corresponde à interligação de toda e qualquer estratégia com, pelo menos, um projeto, pois, na prática, a estratégia é representada por uma simples frase, podendo gerar diferentes interpretações e aplicações.

  Um projeto proporciona completa estruturação para uma estratégia, pois ele explicita, com detalhes, todo o trabalho a ser realizado, com responsabilidade de execução, resultado esperado com quantificação de benefícios e prazo de execução preestabelecidos, considerando os recursos humanos, financeiros, tecnológicos, materiais e de equipamentos, bem como as áreas envolvidas e necessárias ao seu desenvolvimento, operacionalização, avaliação e aprimoramento, ou seja, todos ficam sabendo "quem é quem"!

  Se uma estratégia envolve várias questões e, consequentemente, vários projetos, você pode trabalhar com um programa, que é o conjunto de projetos homogêneos quanto ao seu objetivo maior – essa situação é bastante comum no caso das organizações exponenciais, pois exigem maior interações entre as diversas atividades da empresa.

- A adequada aplicação dos projetos nas empresas proporciona dois importantes benefícios para a qualidade administrativa dessas empresas.

  O primeiro benefício é que todo e qualquer projeto é constituído de partes específicas e perfeitamente administráveis denominadas atividades, as quais permitem que você agrupe todas as atividades homogêneas decorrentes de diferentes projetos, e as aloque nas unidades organizacionais responsáveis pela sua adequada realização, ou seja, possibilita a otimizada interligação entre tudo que foi decidido no processo de planejamento estratégico e coloque essas questões para os responsáveis pela sua execução. Seguramente, esse é um perfeito exemplo da interligação estruturada entre as questões estratégicas e as questões operacionais, passando pelo nível tático.

Esse conjunto estruturado de atividades de diferentes projetos pode ser denominado plano de ação e, na prática, embora não exista restrição quanto à quantidade desses planos em uma empresa, é preferível você ter um número relativamente limitado.

O segundo benefício também é decorrente do fato de todo e qualquer projeto ser dividido em partes ou atividades, lembrando que:

- Os projetos têm prazos preestabelecidos de realização – significativa parte das atividades concretizadas são incorporadas pela realidade de cada empresa.
- Essa sistemática de consolidação das atividades nas empresas proporciona o surgimento dos processos administrativos, que representam conjuntos sequenciais de atividades diversas direcionadas a um resultado específico, ou seja, uma meta ou um objetivo.

Portanto, você verifica que uma empresa com um otimizado conjunto de adequados processos tem uma interessante sustentação para se tornar uma organização exponencial, pois ela "se conhece", o que é fundamental nessa sistemática evolutiva e de elevadas tecnologias.

Se você quiser se aprofundar nos dois assuntos abordados nesse item, pode analisar o livro *Administração de processos*, do mesmo autor e editora.

Apenas como outro exemplo da interligação estruturada entre os três níveis de planejamento nas empresas, pode-se citar o caso dos projetos – e suas partes ou atividades –, que são decorrentes do planejamento estratégico como o insumo básico de informações – receitas, despesas e investimentos – para o sistema orçamentário, que é um planejamento operacional; se você quiser analisar várias das interligações estruturadas entre os três tipos ou níveis de planejamento, pode verificar o já citado livro *A moderna administração integrada*, do mesmo autor e editora.

O mais importante é assimilar e aplicar um princípio básico quanto ao futuro da administração frente à Revolução Industrial 4.0: o quão mais a sua empresa souber trabalhar com os princípios da administração total e integrada, principalmente quando esta é decorrente direta da abordagem estratégica que interliga os fatores externos e não controláveis com os fatores internos e controláveis, mais fácil será atuar no contexto da moderna administração da Era Digital, bem como administrar a transformação da empresa em organização exponencial, pois, nesse caso, você sempre estará analisando o todo e cada uma de suas partes, de modo integrado e detalhado. Atenção: nunca se esqueça disso!

II – Organização

Organização é a função da administração que orienta a capacidade de ordenação, estruturação e apresentação de um sistema, de um projeto, de um trabalho e dos recursos alocados visando alcançar os resultados estabelecidos no planejamento anteriormente elaborado.

Portanto, toda e qualquer empresa que pretende se tornar organização exponencial tem que se preocupar e aplicar, com qualidade, essa função da administração que, na prática, não apresenta maiores dificuldades, bem como pode se apresentar em uma situação de adequada flexibilidade frente aos ajustes necessários decorrentes da Revolução Industrial 4.0.

Para verificar a influência da atual revolução industrial no assunto **organização**, pode-se fazer a análise das fases da metodologia para o desenvolvimento, a implementação e a avaliação da estrutura organizacional das empresas, quando se identificam os componentes, condicionantes, níveis de influência e níveis de abrangência dessa importante função da administração.

Nesse contexto, tem-se:

i. Normalmente, a primeira fase desse processo é a interligação da estrutura organizacional da empresa com o seu plano estratégico, pois a referida estruturação deve proporcionar toda a sustentação básica para que a empresa alcance os resultados estabelecidos em decorrência de suas análises estratégicas.

Como os planos estratégicos na Era Digital, tornam-se cada vez mais ágeis em suas adaptações às mudanças nos fatores externos ou não controláveis pelas empresas, as estruturações organizacionais também, obrigatoriamente, devem ser ágeis nesse processo, mas sem perder produtividade, foco nos resultados e, principalmente, nível de conhecimento – esta última questão, muitas vezes, é a que mais prejudica os resultados das empresas sem que seja detectada a tempo.

Nesse momento é fundamental que todos os profissionais tenham perfeito conhecimento, assimilação e respeito à visão, à missão e aos valores da empresa, pois todos devem contribuir com estratégias criativas e inovadoras para a empresa alcançar o que deseja ser, para que a empresa tenha a adequada análise de seus negócios, produtos e serviços, bem como as regiões de sua atuação diretamente correlacionadas com a realidade de sua estrutura organizacional – atenção: muitas empresas desrespeitam essa premissa! Também é muito importante que os seus princípios e crenças fundamentais proporcionem sustentação a todas as suas principais decisões e ações.

Quando a empresa se disciplina nessa interação da estrutura organizacional com as questões macro do processo estratégico, ela consegue ter uma melhor conexão dos seus produtos e serviços com os diferentes segmentos de mercado, principalmente pelo fato de se acostumarem a trabalhar com informações amplas e ágeis em suas evoluções, situação essa que será, cada vez mais, uma realidade inquestionável.

ii. Na fase seguinte, você pode analisar a evolução tecnológica do mercado e a tecnologia aplicada pela empresa quando o foco é o nível de conhecimento, e, como tal, está em constante evolução – talvez seja possível afirmar que a tecnologia (em seu contexto mais amplo do conhecimento) seja o fator de maior influência no delineamento e na operacionalização das estruturas organizacionais das empresas, como é o caso da tecnologia da informação, incluindo os *softwares* de aplicação. A prática tem demonstrado que esse "exercício mental" da análise interativa entre a evolução tecnológica externa e a tecnologia aplicada em cada empresa é uma abordagem que muito auxilia na análise dos concorrentes e no estabelecimento das vantagens competitivas das empresas, quer seja a nossa, quer seja a das empresas concorrentes.

E a sua estrutura organizacional deve proporcionar sustentação a essa expectativa; por exemplo, se uma empresa quiser consolidar o preço de seus produtos como sua vantagem competitiva, ela é obrigada a ter baixos custos, elevada produtividade e adequada qualidade – e sua estrutura organizacional deve proporcionar a devida sustentação, com agilidade e qualidade, para que esses três assuntos, entre outros, sejam uma realidade na empresa.

iii. Agora você deve cuidar da decomposição e da interação estruturada dos diversos planejamentos da empresa, formando um todo lógico e facilmente administrável, pois essa é a premissa básica para a otimizada estruturação organizacional da empresa. O ideal é você desenvolver, primeiramente, o planejamento estratégico completo, depois os táticos que forem necessários – um deles deve ser o tecnológico – e, em seguida, os diversos planejamentos operacionais.

A sustentação desses planejamentos deve ser a plena e interativa análise interna e externa da empresa com base nos diversos fatores ou focos de análise identificados – a **dica** nesse momento é você "errar pelo excesso", ou seja, considerar todos os assuntos possíveis e necessários de análise, lembrando que deve considerar, também, os cenários possíveis com suas influências nos negócios, produtos e serviços da empresa analisada e, portanto, em sua estrutura organizacional.

iv. Em seguida, você deve estabelecer os objetivos, as estratégias e as políticas da empresa.

A influência dos objetivos sobre a estruturação organizacional está correlacionada ao estabelecimento dos resultados que a empresa quer alcançar e, consequentemente, à identificação das unidades organizacionais – e seus profissionais – que contribuirão para o alcance desses resultados; a melhor maneira de você realizar esse trabalho é aplicando uma **rede escalar de objetivos**, que é a decomposição dos objetivos pela estrutura organizacional – da alta para a média e a baixa administração – de tal modo que o sucesso de uma unidade depende de outra unidade organizacional, quer essa esteja em nível hierárquico superior, quer inferior, quer igual.

Os benefícios dessa situação são significativos para as empresas, principalmente para as que procuram se consolidar em contextos criativos e inovadores em seus atos administrativos.

As estratégias, que correspondem à definição dos caminhos mais adequados para alcançar os objetivos, proporcionam também as orientações básicas para o estabelecimento dos projetos necessários, e estes, uma vez consolidados, podem dar origem aos processos que sistematizam as atividades essenciais da empresa para a consolidação dos resultados planejados; para proporcionar melhor disciplina à atuação dos profissionais da empresa, são estabelecidas as políticas, as quais você deve "dosar" de acordo com o nível de criatividade desejada.

v. Respeitando o anteriormente estabelecido, você pode delinear as partes integrantes da estrutura organizacional fazendo uma atuação criativa, inovadora e direcionada para a evolução tecnológica de suas atividades e de seus negócios, produtos e serviços.

Nesse contexto, você pode considerar os seguintes assuntos:

- Com relação à forma de departamentalização, na prática, as que têm se mostrado mais adequadas para ambientes criativos e inovadores são a governança corporativa, a por unidades estratégicas de negócios e a por processos, com a funcional em algumas áreas da empresa.

- As atividades de apoio, ou atividades-meio, devem ser as mínimas necessárias e sempre auxiliando e complementando as atividades-fim, que fazem as interligações com os diversos segmentos de mercado em que a empresa atua ou pretende atuar em um futuro próximo. Você deve considerar que o principal apoio das atividades-meio, no contexto da Era Digital, deve ser quanto a questões tecnológicas e as suas evoluções.

- Deve existir um equilíbrio otimizado dos níveis de descentralização e centralização do poder decisório, bem como do processo de delegação de autoridade, procurando, em questões mercadológicas, o maior nível de descentralização possível. Com relação à questão tecnológica, o principal fator de influência, normalmente, tem sido o nível de investimento e o retorno esperado.

- Para um adequado processo decisório em questões tecnológicas e de criatividade e inovação, tem-se observado que o ideal é a horizontalização da estrutura organizacional da empresa, com o consequente aumento da amplitude de controle de cada executivo da empresa.

- Uma maneira interessante que algumas empresas têm apresentado é o estabelecimento das fichas de funções das unidades organizacionais com o detalhamento das suas atribuições pelas funções da administração, incluindo uma separação entre as questões rotineiras e as questões – e expectativas – inerentes à criatividade, à inovação e à tecnologia. Você pode considerar esse procedimento até em relação a cargo ou função, para interagir com o sistema de avaliação de desempenho de cada profissional da empresa.

- O tratamento da questão da autoridade tem focado a sua amplitude e a autoridade funcional, mas com forte deslocamento para a questão da efetiva liderança, principalmente a consolidação da liderança pelo conhecimento, que é a principal no processo de transformação das empresas.

- O sistema de comunicação – com dados e informações verdadeiras – tem se consolidado nas empresas criativas e tecnologicamente avançadas, e o modelo organizacional que melhor sustenta esse processo é a governança corporativa, desde que esta realmente exista, pois você deve conhecer empresas que afirmam ter esse modelo organizacional, mas nem sabem o que isso significa!
- As diversas questões anteriormente apresentadas podem contribuir para que a empresa tenha um processo decisório adequado, mas sempre se lembrando de que uma decisão com qualidade depende, no mínimo, de três fatores: da qualidade da informação utilizada, da qualidade do processo em que a informação está alocada e da qualidade do decisor.
- Os relatórios gerenciais representam os documentos que consolidam, de modo estruturado, as informações para os tomadores de decisão. Essa questão pode ser inserida na questão anterior, mas este autor a ressaltou pelo fato de ter observado que todas as empresas criativas e tecnologicamente inovadoras onde atuou como consultor tinham e utilizavam otimizados relatórios gerenciais nos quais, inclusive, evidenciavam assuntos desafiadores e de elevada importância para o processo inovador quanto as suas atividades, negócios, produtos e serviços.
- A análise e a adequação do nível de capacitação profissional são de suma importância para a adequada eficiência da estrutura organizacional, pois esta depende da qualidade intrínseca de seus profissionais, do valor que proporcionam para as atividades e negócios da empresa, bem como da integração dessas pessoas e do direcionamento interativo de seus conhecimentos para a criatividade e a inovação tecnológica da referida empresa.
- Uma particularidade da análise da capacitação profissional é a identificação de agentes de mudanças ou agentes de desenvolvimento organizacional, que são profissionais capazes de desenvolver comportamentos, atitudes e processos que possibilitem à empresa transacionar, proativa e interativamente, com os diversos instrumentos administrativos da empresa, bem como com os fatores externos ou não controláveis pela empresa, principalmente em situações de identificação, análise, absorção e aplicação de modernas tecnologias.
- Consolidação de um otimizado sistema de avaliação de desempenho e de aprimoramento profissional – nessa questão e na anterior, cada profissional tem influência direta a partir da elaboração detalhada de seu plano de carreira, o qual deve estar, preferencialmente, coerente com o plano de negócios da empresa, salientando-se as questões da evolução da Era Digital, em que a empresa deve procurar ser uma das pioneiras e, se não conseguir, ser uma seguidora com qualidade diferenciada.

vi. Com referência aos níveis de influência da estrutura organizacional, você pode considerar os três níveis clássicos da função **planejamento**, por representarem o início das atividades administrativas: nível estratégico, nível tático e nível operacional; na prática, deve-se evoluir os trabalhos nessa ordem, e você pode considerar que essa interligação estruturada ocorre desde o estratégico até o operacional em suas questões iniciais, ou seja, o planejamento empresarial representa um dos grandes "lances" para você conseguir implementar um otimizado processo administrativo.

vii. E, finalmente, os níveis de abrangência da estrutura organizacional, ou da função **organização**, em seu contexto mais amplo, são: a empresa em si, cada um de seus negócios – a abrangência mais utilizada –, bem como o nível de corporação, quando existe a possibilidade de sinergia entre tecnologias utilizadas pelas diversas empresas do grupo empresarial.

Você verificou que a sequência proposta para o desenvolvimento da abordagem tecnológica aplicada na função **organização** envolve várias questões, e você pode começar a análise de modo abrangente pelo plano estratégico com amplo detalhamento do que está acontecendo – ou poderá acontecer – na evolução tecnológica nos ambientes empresariais e como a empresa está usufruindo dessas realidades; em seguida, deve-se focar detalhes desse processo interligando os três níveis de planejamento, chegando ao nível operacional das atividades da empresa, o que facilita o estabelecimento dos objetivos, das estratégias e das políticas da referida empresa.

Com base em todas essas informações, você pode trabalhar os diversos componentes ou partes integrantes da estrutura organizacional da empresa, a qual deverá ser importante sustentação para esta alcançar os resultados desejados; para facilitar esse processo, você deve, a seguir, consolidar a interação estruturada entre todos os fatores de influência estratégicos, táticos e operacionais, possibilitando um aprimoramento dessa interligação obrigatória para o seu processo decisório – isso tudo lhe proporciona sustentação para o seu foco ser a empresa como um todo, um ou mais de seus negócios ou, se existir, a corporação de empresas. Portanto, esse processo é fundamental em um trabalho de transformação da empresa em organização exponencial em um contexto de Revolução Industrial 4.0.

Você deve considerar que a adoção de qualquer uma das novas tecnologias pode forçar mudanças fundamentais na maneira como as empresas são estruturadas, pois essas tecnologias podem acelerar o ritmo de interação com os vários segmentos de mercado dessa empresa; é nesse momento que as empresas devem considerar se devem se tornar organizações exponenciais e se sabem lidar com a ameaça apresentada pelos novos concorrentes exponenciais – essa decisão deve ser rápida e acertada.

O futuro da administração nos evidencia que a melhor forma de uma empresa consolidar a função **organização** é pela junção da abordagem da organização exponencial sustentada pela estruturação da governança corporativa, que é a melhor maneira de uma empresa ter a sua estrutura organizacional, bem como facilitar o processo de a empresa identificar, absorver, desenvolver e aprimorar todas as questões tecnológicas que estão ocorrendo no mundo digital.

Deve-se lembrar que **governança corporativa** é o modelo de administração que, a partir da otimização das interações entre acionistas ou quotistas, conselhos – de administração, fiscal, deliberativo, consultivo –, auditorias (externa e interna) e diretoria executiva, proporciona a adequada sustentação para o aumento da atratividade da empresa no mercado – financeiro e comercial – e, consequentemente, incremento no valor da empresa, redução do nível de risco e maior efetividade da empresa ao longo do tempo.

Um modelo organizacional de governança corporativa apresenta algumas premissas, que podem facilitar o direcionamento e a atuação da empresa no contexto tecnológico:

- Efetiva e sustentada transparência de informações verdadeiras aos diversos públicos da empresa, consolidando um clima de real confiança com fortes parcerias.
- Equidade no tratamento dos acionistas ou quotistas, quer sejam majoritários, quer sejam minoritários.
- Prestação de contas com qualidade e veracidade, anexando todos os esclarecimentos necessários.
- Efetivo respeito às leis.
- Consolidação de plena e irrestrita responsabilidade corporativa.

Portanto, alguns dos benefícios que o modelo da governança corporativa pode proporcionar para as empresas são:

- Maior facilidade na identificação, no tratamento e na operacionalização de questões estratégicas.
- Consolidação de amplo e otimizado modelo de administração na empresa.
- Melhor interação com a comunidade, o mercado – comprador e fornecedor – e os governos, bem como outros públicos da empresa.
- Equidade de tratamento entre os diversos públicos.
- Maior nível de atratividade no mercado, decorrente, principalmente, da qualidade e da veracidade das informações disponibilizadas.
- Maior segurança na transparência de informações.
- Consolidação de novas abordagens de atuação, incluindo as questões éticas e de responsabilidade social.
- Estruturação de novos conhecimentos e reestruturação de antigas funções.
- Efetiva extrapolação de benefícios do modelo da governança corporativa para as empresas em geral, basicamente pela observação real de que as empresas com esse modelo administrativo tiveram maior valorização de suas ações no mercado, e essa valorização ocorre nos contextos mercadológico, financeiro e tecnológico.

Você deve considerar, também, que um otimizado modelo de ***compliance*** pode proporcionar maior sustentação e veracidade a todos esses trabalhos.

Mais uma vez que, ao considerar uma ferramenta administrativa, somos obrigados a analisar as outras ferramentas administrativas correlacionadas em um contexto de causas *versus* efeitos, respeitando a abordagem da administração total e integrada, a qual, quando se considera o futuro da administração no mundo digital e da Revolução Industrial 4.0, torna-se, inquestionavelmente, mais necessária para o exercício da otimizada administração de empresas.

III – Liderança

Liderança é a função da administração exercida por uma pessoa que é capaz, por suas características individuais, de entender as necessidades dos profissionais da empresa, bem como exprimi-las de modo válido e eficiente, obtendo o engajamento e a participação de todos no desenvolvimento e na implementação dos trabalhos necessários ao alcance das metas e dos objetivos da empresa.

Existem determinadas abordagens e contextos de liderança, mas, quando se aborda a utilização otimizada das ferramentas administrativas, com a empresa se consolidando como organização exponencial em um ambiente de Revolução Industrial 4.0, com fortes e rápidas evoluções tecnológicas, você não precisa pensar duas vezes: o que importa é a liderança pelo conhecimento.

Nesse caso está se considerando aquela pessoa que, em suas atividades profissionais ou pessoais, é identificada como a referência em conhecer o assunto em análise, e você se dirige a ela com a seguinte abordagem: "Vou perguntar para ela, pois essa pessoa tem pleno e sustentado conhecimento do assunto que eu preciso conhecer".

Nesse momento, você está consolidando aquela pessoa como um líder pelo conhecimento e vai querer tê-la como *coach* ou mentor que o oriente em suas dúvidas; quanto mais o referido assunto do qual você tem dúvidas envolve questões tecnológicas, mais importante se torna o efetivo conhecimento do assunto, pois, se quiser trocar ideias com um "conversa-mole" e sem sustentação, a sua situação poderá piorar, e muito!

No processo de desenvolvimento e consolidação da administração do conhecimento em uma empresa, você pode considerar três partes que atuam de forma sequencial e interativa:

i. Fatores de sustentação, que proporcionam toda a base para que a empresa possa "começar a pensar" em ter uma administração do conhecimento auxiliando uma organização exponencial a atuar em um contexto de Indústria 4.0, sendo eles:

- Tecnologia, que corresponde ao conjunto de conhecimentos que uma empresa precisa ter para aplicar nos seus processos, atividades, negócios, produtos e serviços. Essa tecnologia deve interagir com a evolução tecnológica que estiver ocorrendo ou que poderá ocorrer no ambiente empresarial.
- Estruturação organizacional, que facilita a alocação dos conhecimentos pelas áreas e pelas pessoas que trabalham na empresa.
- Cultura organizacional, para que o conhecimento faça parte dos valores e das crenças da empresa e das pessoas que trabalham nela.

- Clima organizacional, para que as pessoas estejam no contexto do "ganha-ganha", no qual todos são beneficiados pelos conhecimentos debatidos, adquiridos e aplicados.

ii. Atividades do processo, que otimizam cada uma das atividades sequenciais e interativas da administração do conhecimento nas organizações exponenciais atuando em um contexto da Indústria 4.0:
- Análise e identificação dos conhecimentos necessários para a evolução, natural e sustentada, das pessoas e da empresa. É evidente que você tem que tomar muito cuidado para não prejudicar todas as etapas subsequentes do processo.
- Aquisição dos conhecimentos necessários, que pode ser feita por especialistas, instrutores, consultores, "pacotes" ou qualquer outro meio factível.
- Adaptação do conhecimento adquirido à realidade atual e à situação futura desejada da empresa, momento em que o plano estratégico é fundamental.
- Validação do conhecimento adquirido e adaptado à realidade e às expectativas da empresa.
- Armazenamento e estrutura de acesso aos conhecimentos existentes na empresa, com ampla disseminação incrementando o nível motivacional de todos os profissionais da empresa.
- Aplicação prática do conhecimento adquirido e adaptado à situação da empresa utilizando, preferencialmente, trabalhos em equipes multidisciplinares.
- Aprimoramento, em **tempo real** e **na tarefa**, do conhecimento aplicado na empresa, ou seja, essa atividade pode ser considerada com a atividade anterior.
- Avaliação dos resultados alcançados de modo sustentado, gradual e efetivo, analisando, inclusive, a atuação da empresa como uma organização exponencial.
- Proteção dos conhecimentos, principalmente os inerentes às atividades essenciais da empresa e que proporcionam sustentação à sua vantagem competitiva atuando em um contexto industrial 4.0.
- Venda do conhecimento, que é um negócio "extra" que nenhuma empresa inteligente pode desprezar.

iii. Técnicas de orientação profissional, quando ocorre uma interessante evolução dos conhecimentos pelo maior nível motivacional dos profissionais da empresa em se "sentirem bem" em uma empresa atuando no contexto das organizações exponenciais. Nesse caso, tem-se:
- Evolução pessoal, que é fundamental na administração do conhecimento e possibilita elevados níveis motivacionais de todos que trabalham na empresa.
- Disseminação, em que "um aprende com o outro", representando a melhor situação – e a de menor custo – para o desenvolvimento sustentado de uma empresa rumo a se consolidar como organização exponencial.

- Criação própria do conhecimento, por iniciativa de cada profissional – nesse contexto, a estruturada elaboração de um plano de carreira pode ajudar, e muito!

Essas questões são evidenciadas na Figura 3.2.

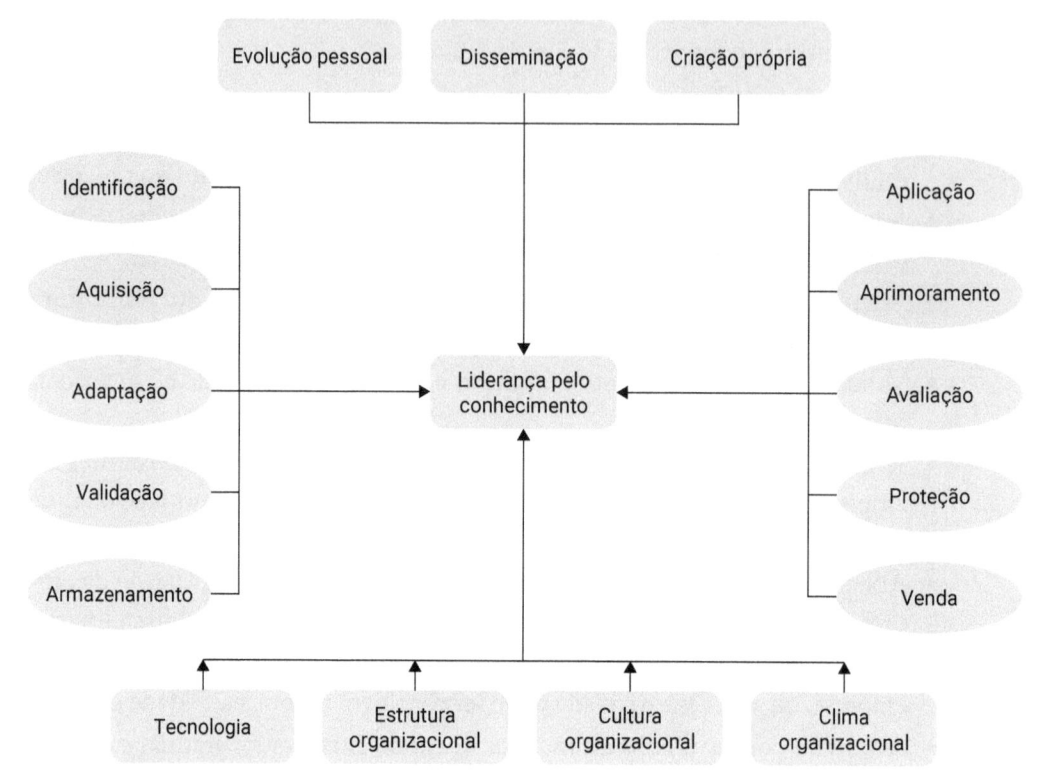

Figura 3.2 Liderança pelo conhecimento.

IV – Direção e decisão

Inicialmente, são definidos cada um dos termos:

- **Direção** é a capacidade e habilidade administrativa de supervisionar e orientar os recursos – humanos, financeiros, tecnológicos, materiais, equipamentos – alocados nas atividades das empresas, visando otimizar o processo decisório direcionado ao alcance dos resultados estabelecidos nos planejamentos anteriormente elaborados.
- **Decisão** é a escolha entre vários caminhos alternativos que levam a determinado resultado.

A seguir, você deve considerar alguns aspectos básicos inerentes à estruturação do processo decisório.

Como as organizações exponenciais trabalham com todas as atividades integradas e interativas, com forte ligação com os diversos fatores externos ou não controláveis, elas contribuem para a efetiva estruturação do processo decisório de todos os profissionais que atuam nessas organizações, mas também nas instituições que tenham suas atividades ligadas com as referidas organizações exponenciais, consolidando, desse modo, o desenvolvimento sustentado das empresas e de seus profissionais, em que todos são forçados a tomar decisões mais velozes, inovadoras e com maior nível de precisão e acerto.

Não se pode esquecer que o otimizado acesso às informações – corretas! – e a utilização de modernas tecnologias apoiam os executivos no rápido redirecionamento das estratégias e, assim, eles podem reinventar seus modelos de negócios, diversificar seus portfólios de produtos e serviços, bem como introduzir soluções inovadoras em um mercado em constantes mudanças – e, naturalmente, todo esse trabalho disciplina e aprimora o processo decisório nas empresas.

Para você verificar o nível de influência da atual revolução industrial com suas questões digitais nos assuntos **direção** e **decisão**, pode-se considerar, como base de análise, um modelo ideal de atuação dos executivos de empresas composto de três partes, cada uma com assuntos controláveis – e, portanto, faz-se ou não se faz – e assuntos não controláveis, em que o importante é identificar e saber como usufruir, positivamente, o assunto:

- A primeira parte do modelo corresponde à qualidade da preparação que cada pessoa faz de sua vida profissional e tem como assuntos de seu controle o desenvolvimento de seu plano de carreira, a utilização do *benchmarking* para aprender com os outros e fazer melhor, bem como a estruturação e a aplicação de sinergias de atividades e de conhecimentos, mas tendo como assunto não controlável a realidade do mercado – o "lance" aqui é saber identificar e usufruir as oportunidades que ocorrem.
- A segunda parte do modelo corresponde a sua efetiva capacitação profissional com a qualidade de seus conhecimentos, habilidades e atitudes que são assuntos controláveis por você, de um lado, e, do outro, o ambiente de trabalho onde você exercita suas atividades, que não é controlável, mas no qual você precisa saber como atuar, positivamente e sem maiores conflitos, procurando, com sustentação, o seu aprimoramento.
- A terceira parte do modelo corresponde à realidade da empresa onde trabalha com a sua cultura organizacional, a sua vocação para a criatividade e a inovação, os seus trabalhos em equipes, principalmente as multidisciplinares, o processo de transferência de conhecimentos, bem como os resultados apresentados, sendo todos esses assuntos controláveis pela empresa, além da identificação do ciclo de vida do conhecimento, um assunto não controlável pela empresa, mas que ela pode saber usufruir.

Com base nesses comentários iniciais, pode-se estabelecer alguns fatores críticos para o sucesso dos executivos das empresas no exercício da função da administração **direção** e **decisão** – você deve analisar, comentar e debater cada um deles de acordo com o seu perfil profissional de atuação. São eles:

- Ter **pensamento estratégico**, o que corresponde à postura do executivo direcionada para a otimização interativa da empresa com o ambiente – externo e não controlável pela empresa – em **tempo real**, o que o capacita a saber trabalhar, com agilidade e qualidade, com os vários imprevistos que ocorrem. Entretanto, essa é uma característica intrínseca a determinados indivíduos, não sendo algo a respeito do qual se possa ser simplesmente treinado, a não ser que o próprio profissional exercite na plenitude esse processo, criando uma disciplina analítica e decisória.
- Saber proporcionar valor para a empresa na qual trabalha, bem como para seus clientes e fornecedores, lembrando que **valor agregado** corresponde ao aumento do valor final de um negócio, produto ou serviço resultante de uma mudança evolutiva da tecnologia aplicada no processo, na atividade ou no conhecimento, o qual contribui para a alavancagem do valor global da empresa – essa situação deve ser extrapolada para os seus clientes e fornecedores, consolidando uma matriz evolutiva no contexto do "ganha-ganha".
- Ter liderança, o que poderia ser colocado como uma premissa para um profissional exercer, com qualidade, as suas responsabilidades na empresa – ver item III –, mas também está alocada nesse momento porque, para um executivo consolidar valor ao que faz, é necessário, antes de tudo, que ele seja líder de sua equipe. Essa situação pode ser algo simples, pelo fato de que toda equipe, qualquer que seja o seu contexto e realidade, tem um líder, caso contrário ela não existiria; pode ser algo complicado, pois um líder tem que saber tratar a sua equipe atendendo às suas necessidades e até suas expectativas, como se as pessoas de sua equipe fossem suas clientes, o que pode representar um "complicômetro", pois isso exige o conhecimento de si próprio e de cada um dos membros da equipe, além do fato de como o líder pode afetar, positiva ou negativamente, cada um dos referidos membros. Portanto, não pode haver prejulgamento das pessoas, mas deve-se focar a diversidade, a criatividade, a inovação, o aperfeiçoamento pessoal e profissional, a resolução dos problemas, e não a criação de problemas, a "fazeção" e a "conversa mole".
- Saber incentivar e facilitar a criatividade e o desenvolvimento tecnológico, lembrando que a criatividade é mais "sutil" em sua identificação e avaliação, mas a empresa pode estabelecer alguns mecanismos incentivadores para o maior nível de criatividade por parte de seus profissionais e estabelecer algum critério estruturado para acompanhar a atuação criativa desses profissionais analisando os resultados, planejados e efetivos, de suas propostas e realizações. Quanto ao desenvolvimento tecnológico, a análise é mais efetiva e direta, pois os resultados aparecem **na tarefa** e em **tempo real**, lembrando que existe uma relação de causa *versus* efeito com a criatividade, pois quanto maior é o nível de criatividade dos profissionais, maior será o desenvolvimento tecnológico da empresa.
- Saber consolidar otimizado ambiente de trabalho, aprimorando os insumos ou as causas desse ambiente, a qualidade dos profissionais atuantes nesse ambiente, bem como as saídas ou resultados desse ambiente, representados pela qualidade

das atividades, produtos e serviços decorrentes dos trabalhos do referido ambiente – você observa a importância da criatividade e da inovação nesses ambientes.
- Saber trabalhar em empresas com crescimento exponencial, cujos detalhes você pode analisar no Capítulo 4.
- Saber – e até gostar! – trabalhar com a competitividade, tanto no contexto da empresa quanto no contexto pessoal, em que você concorre com outros profissionais no seu cargo ou função na empresa. Embora algumas situações de competitividade provoquem conflitos desnecessários, ela tem um lado positivo interessante quando gera curiosidade, conhecimento e produtividade.
- Saber a diferença entre decisão individual e decisão coletiva; nesse último contexto, você deve conseguir extrair o máximo das pessoas estabelecendo desafios, metas e objetivos, criando e disponibilizando situações motivadoras, sem nunca perder o foco na simplicidade, na agilidade, na flexibilidade e no autodesenvolvimento – essa situação proporciona maior sustentabilidade para a empresa com base em quatro pilares: identidade, relações, processos e recursos.
- Conhecer e saber aplicar as diversas ferramentas administrativas, o que representa uma premissa básica para todo e qualquer executivo e demais profissionais das empresas, pois, se não tiver esse conhecimento, como é que pode saber como as atividades das empresas podem e devem ser desenvolvidas e operacionalizadas? Podem ser evidenciadas várias ferramentas administrativas, mas, apenas como exemplos, citam-se os casos da governança corporativa e, principalmente, do *compliance*, que foram abordados, resumidamente, no item II desta seção.
- Saber administrar o que o mercado pensa a respeito da empresa, o que é algo incontrolável, mas as empresas têm controle do que pode ser feito para terem uma boa imagem, principalmente se estiverem sustentadas por boas atitudes e bons resultados.
- Ter humildade, e mais: transformar a sua humildade em força, inovação e resultados, ensinando e aprendendo com os outros – sendo essa a maneira mais rápida, lógica e de baixo custo para evoluir, pessoal e profissionalmente.
- Trabalhar com a meritocracia, que representa o conceito mais importante para a função **direção** e **decisão**, pois, nesse caso, as avaliações dos profissionais são baseadas no efetivo mérito, apresentado com base em seus conhecimentos, habilidades e atitudes, bem como nos resultados apresentados na realização de suas atividades. Portanto, a meritocracia contribui para a consolidação de um ambiente de trabalho disciplinado, inteligente, criativo e inovador, em que todos ganham.

V – Avaliação e aprimoramento
Conceituando cada termo, tem-se:

- **Avaliação**: é a metodologia administrativa que, mediante a comparação com padrões previamente estabelecidos, procura medir e controlar o desempenho e os resultados das ações e das estratégias com a finalidade de realimentar, com

informações, os tomadores de decisões, de modo que possam corrigir ou reforçar esse desempenho para assegurar que os resultados estabelecidos pelos planejamentos sejam alcançados.
- **Aprimoramento**: é o processo evolutivo, desenvolvido de maneira gradativa, acumulativa e sustentada, para a melhoria contínua de todas as atividades e resultados da empresa.

Para você verificar o nível de influência da atual revolução industrial na função da administração **avaliação**, é necessário considerar algumas premissas para o adequado estabelecimento dos resultados a serem alcançados, pois muitas empresas, por incrível que possa parecer, apresentam sérias dificuldades nesse processo. Essas premissas são:

- Os profissionais das empresas começam a aceitar – ainda que, algumas vezes, de maneira lenta – serem avaliados, pois é a única maneira de saber de seu processo evolutivo, principalmente em um contexto de rápidas modificações, como ocorre na atual Era Digital.
- Para que todos entendam a situação dos processos de avaliação no contexto da atual revolução industrial, em que surgem, rapidamente, novas tecnologias de aplicação nas empresas, é necessário que exista amplo nível de participação, debate e comprometimento por parte de todos os profissionais da empresa.
- Como na atual Era Digital, as informações nas empresas são bem disseminadas, é importante que todos os seus profissionais sejam avaliadores e avaliados, para que todos saibam o que os outros pensam de cada um e, dessa forma, possam se direcionar a um conjunto de objetivos comuns e prioritários.
- Todos devem saber que os resultados das avaliações serão fundamentais para a evolução da empresa e dos seus profissionais, inclusive com aprendizados interativos e rápidos das evoluções tecnológicas e suas aplicações.
- Conforme amplamente explicado neste livro, deve existir uma interação estruturada e entendida por todos da avaliação dos resultados da empresa com a avaliação de desempenho de seus profissionais, sendo as questões tecnológicas causas e efeitos desse processo.

Entretanto, para que o processo de avaliação e de aprimoramento dos resultados globais e setoriais da empresa seja realizado de maneira otimizada, é necessário que você fique atento a algumas questões:

- Saber identificar todos os conhecimentos e habilidades que as atividades sob sua responsabilidade exigem, principalmente no contexto de rápidas evoluções tecnológicas.
- Ter capacidade de consolidar pleno conhecimento – e cercando-se de profissionais que complementem, com qualidade, esses conhecimentos – de todos os assuntos de administração inerentes às atividades sob sua responsabilidade.
- Ter plena habilidade de trabalhar, de modo eficiente, eficaz e efetivo, com esses assuntos de administração perante e/ou junto de outros profissionais da empresa, de modo isolado ou conjunto, consolidando o modelo da administração total e integrada na empresa.

- Saber estruturar o processo operacional das atividades sob sua responsabilidade, ou seja, consolidar todas as interligações entre as atividades influenciadas pelos conhecimentos e pelas habilidades dos diversos profissionais da empresa, bem como os processos detalhados de interligação desses três itens – atividades, conhecimentos e habilidades – com cada resultado ou grupo de resultados a serem alcançados.

Você percebe que algumas sugestões apresentadas neste livro, para o adequado processo de avaliação e posterior aprimoramento das atividades e dos resultados nas empresas, são:

- Ter interação com o sistema de informações da empresa e que este seja realizado de maneira otimizada.
- Consolidar o momento ideal de aplicação das ações inerentes aos resultados globais e setoriais da empresa.
- Ter interligação entre os níveis de avaliação: estratégico, tático e operacional.
- Ter consistência no processo de avaliação dos resultados anteriormente planejados pela empresa.
- Efetivar ações de aprimoramento decorrentes das avaliações realizadas, sempre com criteriosas avaliações dos resultados desses processos de aprimoramento.
- Saber administrar as resistências – com as respectivas causas e consequências – que ocorrerem ao processo de avaliação.
- Adequar o sistema de avaliação de resultados à realidade da empresa, tendo em vista, entre outros aspectos, criar uma situação de credibilidade e propiciar condições para facilitar sua continuidade e aperfeiçoamento na empresa.
- Analisar a relação custos *versus* benefícios, sendo uma hipótese interessante consolidar a situação de autoavaliação, desde que existam critérios e parâmetros bem-definidos, entendidos e aceitos pelos profissionais da empresa.
- Ter otimizados níveis de participação e de comprometimento – tome cuidado com as possíveis enganações nessa questão – para com os resultados esperados e apresentados.
- Ter adequado nível de conhecimento dos assuntos de administração pelos profissionais da empresa.
- Existir agilidade e qualidade no processo de avaliação com seus critérios, parâmetros e indicadores, para se adequar à rápida evolução tecnológica e de aplicações na Era Digital da administração.

3.3.2 Pelas funções das empresas

Funções das empresas são as atividades homogêneas ou multidisciplinares inerentes a uma área de conhecimento da empresa, para as quais existem ferramentas administrativas consagradas pela teoria e prática.

Você pode trabalhar com as seguintes funções das empresas:

- Marketing, para otimizar a disponibilização dos produtos e serviços da empresa nos diversos segmentos de mercado.
- Finanças, para cuidar dos recursos econômicos e financeiros da empresa, maximizando o seu valor no mercado.
- Desenvolvimento de pessoas, para que os profissionais da empresa apresentem melhores resultados.
- Produção, para melhor realizar a transformação de insumos diversos em produtos e serviços solicitados pelos diferentes segmentos de mercado.
- Processos e tecnologia, para a empresa ter todas as suas atividades desenvolvidas com conhecimentos atuais e inovadores.

Portanto, todos os profissionais das empresas devem ter conhecimento dessas funções das empresas nas seguintes situações:

- Pleno e atualizado conhecimento, teórico e prático, da(s) função(ões) empresarial(is) inerente(s) às atividades da unidade organizacional na qual trabalha.
- Adequado e atualizado nível de conhecimento das funções empresariais desempenhadas pelas outras unidades organizacionais da empresa, pois existe uma interligação, direta ou indireta, entre todas as funções empresariais.

A seguir, são apresentados comentários gerais a respeito de cada uma das funções das empresas anteriormente evidenciadas.

I – Marketing

Marketing é a função das empresas responsável pela análise, planejamento, implementação e avaliação de estratégias e projetos estruturados, com a finalidade de atender – e até suplantar – as necessidades e expectativas de segmentos do mercado, bem como contribuir para o desenvolvimento sustentado da empresa.

A seguir, são apresentadas, sem a preocupação em hierarquizá-las, algumas questões mercadológicas que têm recebido, com maior ou menor intensidade, influência das evoluções tecnológicas, criando uma nova interação dos negócios, produtos e serviços das empresas e os diversos segmentos de mercado.

Um primeiro assunto mercadológico que toda e qualquer empresa está envolvida é a divulgação e venda de seus produtos e serviços, lembrando que, com a evolução tecnológica, o produto ou serviço da empresa pode ser "colocado no ar" sem precisar de servidores físicos, tornando o processo mais simples e de amplo alcance, atingindo diretamente o seu cliente, com um custo menor.

Essa é uma questão lógica e evidente, entretanto muitas empresas não chegam a essa situação, mesmo tendo condições financeiras para tal; e daí vem a pergunta: qual a principal causa disso?

A resposta a essa questão necessita de algumas análises básicas, apresentadas a seguir.

A tecnologia tem sido uma importante aliada das empresas na comunicação com os seus clientes – inclusive os potenciais –, permitindo atendimento mais assertivo e liberando seus profissionais para realizar atividades que demandam ações mais complexas e menos mecânicas.

Portanto, deve-se considerar que a integração entre pessoas e máquinas contribui para o atendimento mais eficaz e, consequentemente, para a maior satisfação do cliente, tendo em vista que, sem intervenção humana nos processos estabelecidos, é possível evitar mal-entendidos entre as partes, pois a tecnologia está ajudando as empresas a serem melhores e a buscarem, cada vez mais, maneiras de tornar esse contato com o consumidor mais interessante e eficaz.

Em um exemplo extremo, pode-se considerar que a inteligência artificial, quando bem aplicada, joga no sistema a dúvida do cliente e procura, dentro das opções, a melhor solução; e cada vez que alguém pergunta algo diferente, o próprio sistema cria novas soluções. Portanto, é um processo evolutivo normal de aprendizado pessoa *versus* máquina.

Uma abordagem que muito tem contribuído para o desenvolvimento comercial de empresas nesse atual mundo digital é o marketing de recomendação, que não é algo novo na prática da administração de empresas, mas que tem ganhado muita força, principalmente pela ajuda de grandes *startups*, pois, nesse caso, o foco é o cliente de uma empresa indicar novos consumidores e, como consequência, ganhar prêmios e comissões por essas vendas, ou seja, amplia-se digitalmente a equipe de vendas da empresa, e mais, com forte credibilidade, pois quem faz propaganda do produto ou serviço não é um vendedor "oficial" da empresa.

Na prática, a indicação de alguém que usou um produto ou serviço de uma empresa vale muito mais do que qualquer "boa conversa" de um vendedor; a tecnologia digital proporciona todas as facilidades para a efetivação desse processo mercadológico.

Mas a empresa não pode esquecer que o atual cliente não vai trabalhar para a marca em si, pois ele só vai indicar amigos para uma possível compra se o produto ou serviço é realmente confiável, bem como se sentir que a recompensa será efetiva, ou seja, a pessoa que indica precisa ser informada quando o amigo entra na promoção, quando faz a compra e quando vai receber seu prêmio – esse processo transparente pode ser sustentado, com facilidade, pela atual tecnologia digital.

Em termos de propaganda e divulgação de marcas, produtos e serviços, cada vez mais as empresas de tecnologia se tornam relevantes nas vidas das pessoas; portanto, quem consegue estabelecer um diálogo provocador com essa audiência, tira proveito dela.

Entretanto, as empresas normalmente estão mais interessadas em propagar um discurso pronto, e não em ter um diálogo constante e que, muitas vezes, transcende seu público-alvo.

Como resultado, o marketing atual precisa de profissionais generalistas capazes de estabelecer diálogos com diferentes áreas de conhecimento, o que exige sensibilidade, empatia e conexão a aspectos da cultura organizacional, da psicologia e da sociologia, além de saber trabalhar com grandes quantidades de dados e transformá-los em informações para interagir com diferentes perfis e audiências.

Um exemplo genérico do auxílio da tecnologia digital na função **marketing** é quanto à extensão da marca, isto é, o lançamento de novos produtos em categorias diferentes do território original da marca, o que representa uma maneira mais segura de ampliar os negócios da empresa, especialmente em momentos nos quais não se pode errar ou não se tem muita reserva financeira para investir em situações de maior risco.

Essa situação evidencia algo inquestionável: no mundo atual não se aceita o envelhecimento inercial e, portanto, tanto a marca quanto a empresa têm que se renovar; a tecnologia digital pode auxiliar nesse processo, facilitando a divulgação de novos produtos sob o "guarda-chuva" da marca tradicional e, consequentemente, o mercado não estranha ou fica em dúvida a respeito do novo produto. Entretanto, deve-se tomar cuidado para não ficar lançando produtos sem sustentação de qualidade e de validade de mercado.

Na prática, você verifica que o essencial é planejar a estratégia mercadológica na internet, pois no Brasil existem, aproximadamente, 12% a mais de aparelhos celulares do que o total de habitantes no país; um percentual significativo de pessoas é "viciado" em informações pelos celulares.

É lógico que o modelo tradicional de marketing exercido, por exemplo, por meio de inserções televisivas, vai continuar existindo, mas as empresas precisam saber como se posicionar, de modo competitivo, no universo digital perante cada um dos seus públicos-alvo.

Nesse contexto, os profissionais de marketing estão se tornando especialistas em temas como *inbound marketing* – marketing de atração –, *branding* (utilização da gestão da marca para divulgar a empresa e seus produtos para os diversos segmentos de mercado), *big data* (análise de dados) e *e-commerce* – escolha da melhor plataforma de loja virtual ou de pagamento –, entre outras inovações que estão em desenvolvimento.

Toda e qualquer empresa, com maior ou menor intensidade, relaciona-se com os diversos segmentos de marcado sustentando os seus negócios, produtos e serviços por processos e atividades estruturados e que utilizam modernas tecnologias.

Portanto, você sempre deve estar pensando, analisando e aprimorando, pelo menos, três questões básicas:

1. Assistência pós-venda, com efetivos e rápidos serviços aos clientes atuais.
2. Conectividade e digitalização, estando atento a tudo que está acontecendo no mercado, bem como consolidando forte plataforma tecnológica para captar, otimizar e lucrar com os diversos dados digitais fornecidos pelos clientes – atuais e potenciais – a cada compra, transação financeira, reclamação ou pós-venda.
3. Inovação, para sempre estar atualizado – e, preferencialmente, "na frente" – sobre a disponibilização de produtos e serviços, sempre com qualidade total.

Você percebe que esse assunto é tão mais importante quanto o negócio considerado estiver fortemente baseado na administração de processos, como é o caso dos sistemas de logística e de qualidade total. Portanto, você nunca pode se esquecer de aplicar, com qualidade, a abordagem da administração total e integrada, até porque, sem ela, torna-se difícil – e, talvez, impossível – uma empresa ter sustentação para acompanhar – e, muito menos, iniciar – um processo de evolução tecnológica.

Portanto, sempre se deve lembrar que a atual revolução industrial está provocando algumas alterações nas atividades mercadológicas das empresas, como o incremento das vendas diretas dos fabricantes para os consumidores finais – sistema B2C –, que corresponde a uma ampliação das atividades mercadológicas entre empresas – sistema B2B – atualmente, e você visualiza até comunicações amplas e diretas entre candidatos a cargos políticos e entre a população em geral; e aqui a questão é: até que ponto chegarão essas interações diretas, pois a função dos intermediários – empresas e pessoas –, gradativamente, está sendo eliminada.

Embora alguns cargos e funções estejam sendo eliminados, essa nova situação proporciona um contexto interessante, que é a gradativa redução dos custos operacionais dos produtos e, consequentemente, a diminuição dos seus preços aos consumidores finais.

Outra questão é que as empresas começam a conhecer, com mais detalhes e veracidade, as necessidades e até as expectativas de cada um dos diversos segmentos de mercado, o que, em termos tecnológicos, pode significar redução nos custos dos processos inovativos, pois existe, nesse caso, melhor conhecimento do que o público consumidor deseja comprar.

Naturalmente, as inovações tecnológicas contribuem diretamente – e, em certas situações, até intenso – para as empresas "inventarem" produtos e serviços a respeito dos quais o mercado consumidor nem pensava, como é o caso de alguns aplicativos que têm sido disponibilizados para o público em geral.

Você pode considerar, também, que essa maior proximidade das empresas com o mercado consumidor tem facilitado o desenvolvimento de campanhas promocionais e de propaganda e publicidade, inclusive pela melhor segmentação no processo de aplicativo dos instrumentos da mídia escrita, falada e televisiva.

Uma nova tecnologia que muito pode auxiliar as empresas nas previsões continuadas dos níveis de demanda para grandes empresas de bens de consumo é a ciência de dados, que corresponde a uma sistematização do conhecimento pela coleta de dados e pela posterior construção de algoritmos. Estes, por sua vez, são fórmulas matemáticas que transformam os seus dados em soluções estruturadas para os problemas pessoais e questões empresariais.

Em termos mercadológicos, a ciência de dados propicia à empresa ganhar eficiência operacional pela melhor projeção da demanda de seus produtos e serviços, pela otimizada política de estoques, pela escala de trabalhos dos funcionários, pelos melhores horários e a melhor postura de atendimento. Como consequência, a empresa começa a ter mais sustentação para o aprimoramento de suas questões estratégicas.

De qualquer modo, você percebe que a ciência de dados, como várias ferramentas administrativas, só consegue se consolidar e apresentar resultados efetivos para as empresas, se existir uma disciplina e constância em suas aplicações.

A Revolução Industrial 4.0 afeta positivamente os produtos, os serviços e as atividades das empresas e, consequentemente, o conjunto dos negócios que elas disponibilizam para os diversos segmentos de mercado, como é o caso da economia criativa, em que toda a população está envolvida, pois abrange os ciclos de criação, produção e distribuição de produtos e serviços, gerando valor econômico com base nos capitais intelectual e cultural impulsionados pela criatividade, englobando as áreas de cultura (música, dança, artesanato, folclore, museologia etc.), consumo (*design* gráfico e de móveis, modelagem de roupas e calçados etc.), mídia (filmes, livros, jornais, revistas, sites etc.) e tecnologia (programação, robótica, pesquisas em biologia etc.) e provocando alterações, com maior ou menor intensidade, nas metodologias e técnicas administrativas utilizadas pelas empresas para consolidar esses produtos e serviços no mercado.

Essa é uma realidade que afeta todo e qualquer segmento da economia e seus negócios – você precisa ficar atento a esse processo evolutivo.

O mais importante, nesse momento, é saber como esse processo evolutivo afeta as metodologias e técnicas administrativas que se deve aplicar para obter os resultados esperados – este livro apresenta, em momentos específicos, alguns detalhes a respeito disso.

O conceito de economia criativa surgiu em meados de 1990, com a atual revolução industrial, e a sua principal causa foi que tanto os produtos quanto os serviços ficaram parecidos e, portanto, os seus ciclos de vida se tornaram cada vez mais reduzidos, pois todas as informações começaram a circular com extrema facilidade e, na ponta do processo, os consumidores já não percebiam diferenças em comprar um produto da empresa A ou B, ou solicitar um serviço da empresa C ou D.

Como resultado, aquilo que se mostrou como um diferencial competitivo inerente a uma inovação para consolidar uma "marca" do produto ou serviço passou a ser o nível de criatividade alocada no referido produto ou serviço, ou seja, onde tudo está tão parecido, o que se destaca é uma pessoa ou empresa fazer algo diferente e que proporcione valor agregado para quem compra o referido produto ou serviço.

Outra questão é que você também deve exercitar a economia colaborativa na plenitude, ou seja, você deve fazer as coisas com outras pessoas – trocando experiências e conhecimentos –, mas também é necessário fazer as coisas para as outras pessoas, focando as necessidades atuais e futuras.

Naturalmente, deve ocorrer determinada uniformidade nos projetos e nos planos de negócios envolvidos no processo de colaboração entre as partes, caso contrário não existirá sinergia entre as atividades das pessoas ou das empresas.

Um apêndice da economia colaborativa – alguns as consideram idênticas – é a economia compartilhada, que corresponde a um movimento capaz de aproximar pessoas e empresas, além de contribuir para o aprendizado interativo, em **tempo real** e **na tarefa**, e de melhorar a qualidade e reduzir inúmeras despesas, tornando os produtos e serviços disponibilizados para o mercado mais competitivos.

Esses serviços compartilhados ocorrem nos mais variados segmentos da economia, como locomoção, hospedagem, brinquedos, vestuário, máquinas industriais, cozinhas industriais; a base de sustentação desses compartilhamentos está correlacionada a duas ideias: o uso adequado de recursos, produtos ou serviços, e o impulsionamento pela tecnologia digital, pois é por meio dela que pessoas em diferentes locais podem se conectar e realizar negócios de interesse comum.

Um novo negócio que se desenvolveu nesse contexto foi o de **marketplaces**, os quais criam inúmeras possibilidades para vendedores e compradores, impulsionando a economia e seus negócios, estimulando a concorrência e conectando, com adequadas informações, novas empresas e potenciais clientes, em que todos ganham com isso.

Você verifica que, para as empresas, esse procedimento representa maior visibilidade de sua marca e seus produtos e serviços, a redução nas despesas com propaganda e publicidade, bem como o aumento nas vendas.

Um exemplo mundial da busca de novos conhecimentos na Era Digital refere-se à compra, por grandes corporações, de empresas *startups* para conseguir adentrar nessa moderna abordagem mercadológica com elevado índice de aplicação tecnológica evolutiva.

Para melhor sustentar esse processo evolutivo, tem se consolidado o *crowdfunding* – financiamento coletivo –, que coleta fundos para projetos e iniciativas criativas em troca de recompensas, evidenciando-se que esse é um processo de confiança e, normalmente, só começa a crescer quando a prática inerente à nova tecnologia ou modelo de economia se torna mais conhecida e acreditada.

Você verifica que esse processo de compartilhamento também propicia dividir os erros e os acertos com outras pessoas e empresas, fazendo com que os negócios recém-criados aprendam diretamente com práticas já testadas, diminuindo, assim, o risco de investirem em ideias e projetos inadequados.

II – Finanças

Finanças é a função das empresas que cuida da administração dos recursos econômicos – patrimoniais – e financeiros das empresas com a finalidade de maximizar o seu valor no mercado e a remuneração de seus acionistas.

Você tem observado que a função **finanças** tem sido um dos principais assuntos afetados pela transformação que vem ocorrendo no mundo dos negócios.

As inovações tecnológicas como o *blockchain* – convergência inteligente entre várias áreas, a exemplo do banco de dados, da criptografia e da segurança digital, garantindo processos mais transparentes e confiáveis em todos os setores das empresas – e a inteligência artificial, que praticamente já está em todos os contextos da análise decisória empresarial, têm proporcionado elevadas influências nas instituições em geral, sem nos esquecermos das *fintechs* – empresas de base tecnológica –, que estão se posicionando como opções viáveis aos grandes conglomerados financeiros, mas com estruturas enxutas e leves, bem como focando soluções específicas tanto para as próprias empresas quanto para os seus diversos segmentos de mercado; muitas dessas novas instituições operam com canais de divulgação e distribuição totalmente digitais, tendo, portanto, um alcance virtualmente ilimitado ao mercado (o atual ou o potencial futuro).

Na prática, você pode considerar que a principal influência da Era Digital na função **finanças** é pela consolidação da abordagem das finanças totais nas empresas, pois as informações gerais, e particularmente as informações financeiras, estão cada vez mais disseminadas pelas diversas áreas da empresa, incentivando os seus profissionais a contribuírem, direta ou indiretamente, para os resultados econômicos e financeiros das empresas.

Você tem observado que as influências da evolução tecnológica na função **finanças** ocorrem, com maior intensidade, na questão do tratamento de dados e informações, bem como nas metodologias e técnicas administrativas utilizadas, principalmente no agrupamento de fases ou etapas do trabalho.

De qualquer modo, é importante uma **dica** simples: sempre tenha conhecimento de todas as fases e etapas das metodologias e técnicas administrativas – mesmo que, em questões operacionais, elas possam ser reduzidas e agrupadas –, pois você nunca deve perder o entendimento de todo o processo lógico e decisório. Lembre-se: muitas vezes apertar um botão e ter o resultado pode ser algo rápido, mas pode ser irracional, se você não entender toda a lógica que sustenta a qualidade do processo decisório!

Você está percebendo que o nível de detalhamento das contribuições e das situações futuras de cada função – da administração ou das empresas – é apresentado de modo variado, com diversas complementações ao longo do texto do livro, principalmente na Seção 5.3, Consolidação de uma nova atuação inovadora da empresa, pois o ideal é que você desenvolva o seu raciocínio de modo gradativo, evolutivo e sustentado para o seu otimizado aprimoramento pessoal e profissional.

III – Desenvolvimento de pessoas

Desenvolvimento de pessoas é a função das empresas direcionada à evolução profissional das pessoas em ambientes otimizados de trabalho, na busca de resultados compartilhados, desafiadores e negociados anteriormente.

Embora as empresas sejam responsáveis por estabelecer os valores e as políticas orientativas para o desenvolvimento das pessoas que trabalham nelas, são essas pessoas as responsáveis pela efetivação de seus desenvolvimentos como profissionais das referidas empresas. Essa é mais uma questão para pensar!

Nesse contexto do mundo exponencial, as novas competências dos profissionais das empresas devem ser reais e flexíveis, mas sempre fundamentadas em princípios e valores exponencialmente importantes para que possam existir e evoluir com efetivos resultados nas novas realidades e cenários de mercado.

Certamente os profissionais inteligentes e criativos, bem como focados no desenvolvimento dos negócios da empresa na qual trabalham, terão forte diferencial competitivo perante outros profissionais "comuns".

Talvez o grande "lance" da influência da Era Digital na função **desenvolvimento de pessoas** seja a maior facilidade na interação estruturada entre o plano de carreira de cada profissional e a estrutura de administração de carreiras utilizada pela empresa, desde que, logicamente, exista conhecimento efetivo dessa estrutura de administração de carreira pelos profissionais da empresa, e, mais ainda: que cada profissional tenha o plano de carreira adequadamente elaborado e atualizado, que seja útil para ele e para a empresa na qual trabalha!

A interação entre a forte evolução tecnológica e o correspondente nível de aprendizado pelas pessoas deve ser analisada com certo cuidado, pois não são todos que conseguem evoluir profissionalmente nesse processo. Lembrando que, muitas vezes, essas pessoas querem absorver todos esses conhecimentos, mas os analisam de maneira superficial e, pior ainda, não os absorvem plenamente e não os colocam em prática, ou seja, pensam que sabem, mas a realidade é outra!

Na prática, pode-se considerar que a agilidade, a qualidade e a realidade no processo de aprendizado nos disciplinam quanto à necessidade de estar sempre aprendendo; para tanto, deve-se respeitar algumas premissas básicas:

- Primeiramente, ser um questionador inteligente e sustentado, lembrando-se das clássicas perguntas: "Por quê?", "Como?", "Para quê?", "Quando?", "Quem?", "Quanto?"; e saber trabalhar com as respostas dessas perguntas, entre outras.
- Entender que o aprendizado é um processo que nunca termina e que só em casos específicos, ou, principalmente, no início de determinado aprendizado, deve ser tratado como um projeto com início, meio e fim, mas que depois entra automaticamente no processo contínuo do aprendizado.
- Trabalhar de modo interativo, em **tempo real** e **na tarefa**, as questões teóricas – que sustentam o aprendizado – e as questões práticas, as quais explicitam a qualidade do aprendizado.
- Gostar de aprender, principalmente em situações desafiadoras, bem como se sentir bem em trabalhos realizados por equipes, principalmente as multidisciplinares, nas quais todos ensinam e aprendem com os outros.

Outra questão a ser abordada é a inerente ao cadastro de capacitação interna, que é uma importante ferramenta administrativa para consolidar uma otimizada adequação do quadro funcional de profissionais de uma empresa, incrementando os níveis motivacionais e de produtividade – a sua aplicação, por razões diversas, não tem ocorrido nos patamares desejáveis.

Cadastro de capacitações interna é o esquema de trabalho com aplicação de uma metodologia especial, tendo em vista o levantamento e a análise de dados relativos aos níveis de conhecimentos, habilidades e atitudes dos profissionais de uma empresa, identificando as possibilidades de trabalho, inclusive em outras atividades e funções, no momento atual ou em futuro breve.

No caso do assunto **cadastro de capacitação interna**, a questão básica decorrente da atual revolução industrial é a identificação de profissionais que se "encaixam" em duas situações:

1. Atuação empreendedora para o novo, correspondendo à situação que transforma o *modus operandis* da empresa.
2. Alocação desses profissionais inovativos e transformadores em cargos e funções que iniciem e sustentem as incorporações de novas tecnologias na empresa.

Na realidade, essas duas situações são fundamentais em toda e qualquer empresa que considera o processo evolutivo tecnológico; mas a questão é: como fazer isso?

Talvez se possa afirmar que o otimizado desenvolvimento e aplicação do cadastro de capacitação interna seja uma importante premissa para o desenvolvimento de organizações exponenciais em um contexto de Indústria 4.0, pois cada profissional deve "mostrar a sua cara" frente às necessidades das empresas nesse ritmo evolutivo vertiginoso.

E, quando os profissionais sabem de suas reais competências, bem como o que as empresas esperam deles, tornam-se, naturalmente, mais colaborativos e ágeis em suas atuações perante os problemas, o que pode representar uma nova maneira de trabalhar e de fazer negócios na empresa considerada, a qual pode estar atuando em um ambiente fortemente competitivo e de elevadas incertezas – portanto, as suas equipes de trabalho, em geral "enxutas", dependem fortemente do potencial criativo de cada um de seus profissionais.

Essa situação nos leva a uma realidade que é debatida em vários pontos deste livro: a essência da qualidade da relação causa *versus* efeito em cada assunto administrativo corresponde à realidade de cada profissional da empresa analisada; essa realidade pode ser uma solução ou um "complicômetro" no processo de desenvolvimento e consolidação de uma organização exponencial, pois "cada pessoa é um caso".

A aplicação do cadastro de capacitação interna está sofrendo interessantes evoluções como decorrência de algumas modernas tecnologias, em que, por meio de questionários estruturados e de algoritmos, procura-se filtrar o profissional mais indicado para determinado cargo ou função. Naturalmente, esse procedimento também serve para processos seletivos de novos profissionais para as empresas, mas sempre lembrando que essas técnicas são inquestionavelmente válidas desde que aplicadas com outras, como a "antiquada" entrevista (e o entrevistador deve ter competência para tal!).

Independentemente de seu posicionamento, é válido se lembrar de que a aplicação do cadastro de capacitação interna, os processos seletivos de candidatos a emprego, bem como praticamente todo e qualquer assunto de gestão e desenvolvimento de pessoas envolve muita psicologia, cuja essência é o contato entre as pessoas; como a psicologia é uma ciência humana, ela não pode ser aplicada por meio da inteligência artificial.

Talvez você chegue à conclusão de que o grande "lance" seja os profissionais de ciências humanas saberem utilizar, com sabedoria e discernimento, a importante ferramenta da inteligência artificial, nunca de modo único e mecanicista. Essa é para você pensar!

Outra questão para você analisar no processo de desenvolvimento de pessoas é a universidade corporativa, que representa uma das principais ferramentas administrativas que as empresas podem utilizar para proporcionar maior sustentação em seus processos de transformação em organizações exponenciais atuando no contexto da Indústria 4.0.

Deve-se lembrar que **universidade corporativa** é a empresa ou área da empresa com responsabilidade e autoridade formais de elaborar e operacionalizar programas de desenvolvimento e disseminação de seu capital humano, sustentado pelos conhecimentos, habilidades e atitudes – atuais e potenciais – de seus profissionais, com a finalidade de otimizar as diversas questões estratégicas – principalmente –, táticas e operacionais da empresa.

Você percebe que a conceituação apresentada evidencia que a universidade corporativa aborda duas importantes questões básicas para o desenvolvimento e a consolidação dos dois assuntos abordados neste livro:

1. Capital humano e intelectual, que representa o principal valor – algumas vezes, em relação à marca da empresa e/ou de seus produtos e serviços – para a referida empresa ter sustentação para enfrentar e usufruir essa forte evolução tecnológica que está ocorrendo nos vários setores da economia mundial.
2. Enfoca as questões estratégicas, pois a universidade corporativa considera o desenvolvimento da empresa, possivelmente para ser uma organização exponencial, de forma interativa com a realidade dos fatores externos ou não controláveis que estão nos cenários da Industrial 4.0.

E você deve ter muito cuidado para não confundir universidade corporativa com os "famosos" Centros de Treinamento e Desenvolvimento, que muito se desenvolveram na década de 1970, pois eles deixaram de atender às necessidades evolutivas das empresas, principalmente porque não correlacionavam os treinamentos ao que a empresa queria ser em um futuro breve ou mais distante, ou seja, os treinamentos eram realizados "por realizar", sem a cobrança de resultados; outro aspecto é que não se preocupavam com a obsolescência dos conhecimentos nem com a rápida absorção dos novos conhecimentos, que é algo essencial para as organizações exponenciais atuarem no contexto da Indústria 4.0; os conhecimentos essenciais, quando existiam, estavam apenas na "cabeça" de algumas poucas pessoas, bem como o fato de a busca de novos conhecimentos não representar, na época, um diferencial efetivo das pessoas.

No "finalmente", você pode considerar que a universidade corporativa tem forte interação com a **educação corporativa**, que é o processo planejado, estruturado e avaliado de identificar, desenvolver, estimular, disseminar, compartilhar, manter e proteger o capital intelectual – conhecimentos, inovações tecnológicas – de uma empresa ou grupo empresarial.

Portanto, a universidade corporativa se preocupa, basicamente, com a estruturação organizacional e o funcionamento do processo catalisador dos conhecimentos de uma empresa; e a educação corporativa enfoca, principalmente, o processo de ampliação, preservação e utilização desses conhecimentos.

Na prática, as universidades corporativas focam a preservação e o aprimoramento das atividades que de fato agregam valor aos negócios, produtos e serviços, do lado da empresa, e os clientes, atuais e potenciais, do lado do mercado; e, se essa situação sustentar uma forte evolução dos resultados da empresa, pode-se afirmar que a universidade corporativa proporcionou efetiva sustentação para a referida empresa se transformar em uma organização exponencial.

É importante que a universidade corporativa tenha a abordagem do "aprender a aprender", segundo a qual o processo de aprendizado é contínuo, permanente, gradativo, evolutivo, sustentado, e também estimulante e prazeroso.

Mas como uma universidade corporativa pode ser consolidada para uma organização exponencial atuando em um contexto de Indústria 4.0?

Resumidamente, você pode considerar quatro fases, que são divididas em 10 etapas:

Fase 1: interação estruturada com o processo de planejamento estratégico da empresa. Você já identificou, em alguns pontos deste livro, que o planejamento estratégico é a ferramenta administrativa básica que proporciona sustentação para uma empresa ser uma organização exponencial atuando no complexo contexto da Indústria 4.0. Nessa fase, você pode considerar três etapas principais:

i. Interação com as questões macroestratégicas em um ambiente industrial 4.0, quando você deve focar a visão – o que a empresa quer ser –, a missão – a quem a empresa vai atender – e os valores, correspondentes às premissas básicas que serão respeitadas em todas as decisões e ações da empresa, tornando-se uma organização exponencial.

ii. Interações com as questões do contexto estratégico, ou seja, entre as questões controláveis e as questões não controláveis pela empresa ou grupo empresarial. Além dos pontos fortes e fracos internos e das oportunidades e ameaças externas, você deve analisar os possíveis cenários que podem afetar a atuação da universidade corporativa como sustentáculo de uma organização exponencial.

iii. Interação com as questões microestratégicas em que você deve focar os objetivos – resultados a serem alcançados – com as correspondentes metas, as estratégias – como alcançar os objetivos –, bem como as políticas, que correspondem às "leis" ou premissas a serem respeitadas por todos os profissionais da empresa, principalmente nesse processo de identificação, busca, desenvolvimento e aplicação de novas tecnologias para otimizar os resultados e os negócios da empresa.

Fase 2: análise do capital intelectual identificando os conhecimentos que de fato estão proporcionando, de modo direto – preferencialmente – ou indireto, a devida sustentação para que a empresa alcance os seus objetivos e se consolide como organização exponencial.

Esse trabalho pode ser desenvolvido em duas etapas:

i. Estabelecimento dos projetos, com a indicação dos responsáveis pela sua elaboração e aplicação, dos prazos e datas de realização, dos recursos alocados, bem como dos resultados a serem alcançados – nunca se esquecendo de que esses projetos são decorrentes diretos das estratégias anteriormente estabelecidas.

ii. Estabelecimento dos processos, que pode ser uma etapa dessa fase ou uma etapa da fase seguinte, dependendo do momento que você considere o ideal para estabelecer as atividades que devem ser constantemente realizadas pela empresa.

Fase 3: estruturações e operacionalização da universidade corporativa, pois nesse momento a sua utilidade e aplicação são de conhecimento geral na empresa – você pode considerar cinco etapas para a realização dos trabalhos:
i. Estruturação organizacional da universidade corporativa com a elaboração de seu organograma e com o estabelecimento das responsabilidades das unidades organizacionais e das pessoas, de suas autoridades e poder de decisão, bem como das interligações e das comunicações que devem ocorrer entre as unidades organizacionais e entre as pessoas, para que os resultados planejados sejam alcançados.
ii. Estruturação dos processos, que pode ser realizada aqui ou na fase anterior, lembrando-se de uma alternativa interessante: estruturar os processos na fase anterior e aprimorá-los nessa fase.
iii. Consolidação das capacitações existentes e das faltantes, momento em que você deve tomar o máximo cuidado, pois qualquer erro pode "respingar" nas fases e etapas subsequentes.
iv. Identificação do perfil ideal e contratação dos profissionais adequados para coordenar a universidade corporativa; algumas empresas consideram – erroneamente! – essa etapa como fácil, provocando danos irreparáveis aos trabalhos, com forte descrédito à validade de uma universidade corporativa.
v. Identificação das necessidades de parcerias, pois muitas vezes pessoas com elevados conhecimentos e reputação podem preferir trabalhar como parceiras, colaboradoras, assessoras, consultoras ou associadas para ter a liberdade de continuar a se desenvolver a respeito de um assunto específico, sem a pressão do dia a dia em um ambiente empresarial, deixando os profissionais da empresa atuando no que mais conhecem, realizando treinamento **na tarefa** e **em tempo real** inerentes a conhecimentos técnicos específicos quanto aos negócios, produtos e serviços da empresa considerada.

Fase 4: avaliação do processo evolutivo da universidade corporativa, em que você deve aplicar estruturados indicadores de desempenho, sendo uma proposta o apresentado na Seção 5.3.1, Como saber se está sempre evoluindo de maneira sustentada e envolvendo todos os níveis e áreas da empresa, que é uma adaptação do tradicional sistema *Balanced Scorecard* (BSC).

Além da já citada educação corporativa, no processo de desenvolvimento e consolidação de uma universidade corporativa, você deve considerar outras duas importantes ferramentas administrativas:
i. **Administração por competências**: é o processo estruturado de identificar e operacionalizar as competências – essenciais e auxiliares – nas atividades básicas da empresa. E competências essenciais são as que possibilitam a consolidação, de maneira otimizada, das estratégias básicas para o alcance dos objetivos anteriormente estabelecidos.
ii. **Administração do conhecimento**: é, conforme já evidenciado, o processo estruturado e sistematizado de obter, coordenar e compartilhar as experiências,

os conhecimentos e as especialidades dos profissionais da empresa visando ao acesso a melhor informação no tempo certo, com a finalidade de otimizar o desempenho global das pessoas, das atividades e da empresa.

Você acabou de verificar a conceituação do termo "administração por competências", mas é importante evidenciar uma diferença:

- Capacitação está correlacionada aos níveis de conhecimento e de experiência que um profissional tem a respeito de um assunto ou atividade de uma empresa, sendo, portanto, algo necessário, mas não suficiente, para que o referido profissional contribua, direta ou indiretamente, na melhoria dos resultados da empresa analisada.
- Competência está correlacionada ao que, de maneira efetiva, um profissional contribui para o processo de agregação de valor na empresa na qual trabalha, ou seja, aqui não existe "conversa fiada", sendo identificado, de modo simples e direto, "quem é quem" na referida empresa.

Você também verificou o conceito do termo "administração do conhecimento", que evidenciou três questões principais:

i. Conhecimento é algo que se pode obter de modo planejado, sustentado, evolutivo, gradativo e diferenciado.

ii. Deve haver compartilhamento de conhecimentos em um processo interativo de trocas, em que "cada um aprende com o outro".

iii. O foco básico é saber trabalhar com as informações, consolidando um otimizado processo decisório na empresa.

Na prática, você deve tomar cuidado com o chamado "conhecimento instantâneo", que tem aplicação específica em determinado momento, pois, no caso da administração do conhecimento, o contexto é tanto para curto prazo quanto, principalmente, para médio e longo prazos, pois esse conhecimento deve ser evolutivo, sustentado – por outros conhecimentos atuais e anteriores – e aplicado de maneira otimizada, proporcionando, com facilidade, a avaliação dos seus resultados apresentados ao longo do tempo.

Por isso que se deve considerar, no caso das organizações exponenciais e da Indústria 4.0, a administração do conhecimento sendo "alimentada" por um processo de educação continuada focada no "estado da arte" do conhecimento, ou seja, no que é mais avançado, atualizado e otimizado a respeito do assunto considerado.

Um aspecto que você nunca deve esquecer é que a grande sustentação do poder das pessoas, e das empresas, é o conhecimento; nesse contexto, o poder é algo bom, criativo, sustentado, evolutivo e gratificante.

Lembre-se: o grande "lance" de um líder é ter a sua liderança baseada no conhecimento!

IV – Produção

Produção é a função das empresas que cuida da transformação de insumos – matérias-primas, energias, informações – em produtos e serviços, utilizando, de modo organizado, os recursos e os conhecimentos das empresas.

Na prática, você pode considerar que a influência da atual revolução industrial no assunto **produção** é a mais fácil de ser identificada entre todas as funções analisadas, quer sejam da administração, quer sejam das empresas. Entretanto, na maioria das vezes ela demora a ser resolvida nas empresas, e a causa demonstrada tem sido o elevado custo envolvido, pois, nesse caso, o investimento para atualizar e automatizar todas as principais atividades produtivas atualmente realizadas torna o projeto inviável para muitas empresas.

Deve-se considerar que a atualização dos processos e suas atividades industriais é uma obrigação de toda e qualquer corporação; o problema, para muitas, é saber "fazer a leitura" de seu atraso tecnológico. E daí surge uma pergunta óbvia: "Por que acontece isso?".

A resposta pode estar correlacionada a uma ou mais das seguintes questões:

- Poucas empresas se preocupam com o incentivo à criatividade e à inovação pelos seus profissionais.
- Raras são as empresas que têm um grupo consolidado de identificação, análise, debate, teste e aplicação de novas tecnologias nos seus processos produtivos; algumas chegam a acreditar que essas mudanças são lentas e caras, e até desnecessárias no momento considerado – e aí pode ser tarde!
- Muitas empresas procuram o lucro a curto prazo, não acreditando no desenvolvimento criativo, inovador e sustentado da empresa a médio e, principalmente, a longo prazo.

Evidencia-se que, em administração, o termo "produção" tanto se refere ao processo produtivo de produtos quanto ao processo operacional de realização de serviços aos diversos segmentos de mercado. Portanto, na função das empresas **produção**, as ferramentas administrativas clássicas, como qualidade total e logística, entre outras, servem tanto para a administração de produtos quanto para serviços, com pequenos ajustes específicos.

A influência da evolução tecnológica é mais fácil de ser analisada na produção de produtos, mas geralmente apresenta amplitude maior na operacionalização de serviços.

Na prática, você pode considerar que a principal questão para consolidar a função **produção** no contexto da organização exponencial atuando no ambiente da Revolução Industrial 4.0 é colocar a referida função das empresas no ponto central de uma análise interativa frente às outras quatro funções das empresas e às cinco funções da administração, cujos aspectos básicos são evidenciados nos capítulos e seções deste livro; isso se a empresa tiver um otimizado modelo de administração total e integrada, correspondendo à premissa básica da adequada administração da produção.

V – Processos e tecnologias
Conceituando cada termo, tem-se:

- **Processo**: conjunto estruturado de atividades sequenciais que apresentam relação lógica entre si com a finalidade de atender e, preferencialmente, suplantar as necessidades e as expectativas dos clientes externos e internos das empresas.
- **Tecnologia**: conjunto de conhecimentos que são utilizados para operacionalizar, com qualidade, as atividades da empresa, a fim de que seus objetivos sejam alcançados.

A função **processos e tecnologia** seria, em princípio, a de mais fácil análise quanto às influências da Era Digital, mas não é isso que ocorre. E daí surge a pergunta natural: "Por quê?".

Primeiramente, é necessário lembrar-se de que a referida função das empresas cuida da estruturação e do desenvolvimento dos processos administrativos, que é onde estão alocadas as diversas atividades das empresas, explicitando "como" os trabalhos devem ser realizados; e, depois, porque ela também procura identificar, analisar e aplicar as diversas tecnologias que representam conhecimentos diversos nas empresas, os quais são aplicados em suas atividades, produtos e serviços.

Respeitando essa realidade, você pode considerar duas questões básicas:

1. Embora os processos e suas atividades evidenciem os locais – e os momentos – em que as tecnologias devem ser aplicadas, não é isso que se visualiza na prática, principalmente, porque:
    - O processo decisório é lento e, muitas vezes, sem sustentação nas empresas.
    - Os principais executivos podem decidir pelo "mais fácil e com menor risco imediato".
    - As tecnologias que são evidenciadas pelo ambiente empresarial podem ser "complicadas" para o pleno entendimento pelos principais executivos das empresas.

Pesquisas têm demonstrado que a automação digital com sensores para controle de processos – que pode ou não estar associada à internet das coisas (IoT) – é a ferramenta mais utilizada pelas empresas com foco na produção, no desenvolvimento de produtos e em novos modelos de negócios, ou seja, na criatividade e na inovação.

O uso de tecnologias digitais é decisivo para a competitividade das empresas, com redução de custos e ganhos de eficiência, além de maior acesso ao mercado externo e da integração do nosso país às cadeias globais de valor.

Entretanto, não se pode esquecer que a implementação da internet das coisas na indústria necessita de uma mudança não só nos processos estabelecidos, mas também na cultura organizacional das empresas, a qual envolve valores e crenças das pessoas – e aí a situação pode se complicar!

Agora, um "exercício mental" interessante: considere a influência da Era Digital de forma conjunta nas dez funções consolidadas – cinco da administração e cinco das empresas –; depois, estabeleça uma hierarquia no nível de influência proporcionado nas pessoas, nas atividades, nos produtos e serviços e nos resultados da empresa.

Você pode considerar, para análise, o desenvolvimento dos trabalhos na ordem apresentada a seguir, cujos conteúdos dos itens são evidenciados resumidamente, pois são abordados em outras partes deste livro.

A sequência proposta é:

- Primeiro – de modo inquestionável – você deve cuidar para que a empresa tenha desenvolvido e aplicado um otimizado processo de planejamento estratégico, para que fique explicitado aonde ela quer chegar e o que vai fazer a respeito disso.
- Em seguida, deve ser interessante você se preocupar com a função **marketing**, para que tenha melhor conhecimento das interações dos produtos e serviços da empresa com os diversos segmentos de mercado, o que você pode fazer por um adequado plano tático de marketing, o qual é uma parte integrante de todo e qualquer plano estratégico.
- Depois, você pode realizar os trabalhos inerentes à função **produção**, para identificar a realidade operacional dos produtos e serviços da empresa, o que pode ser feito pelo plano tático de produção, que é outra parte decomposta do plano estratégico da empresa.
- Agora você pode atuar na maior parte da função **organização**, visando proporcionar maior sustentação ao alcance dos objetivos estabelecidos no plano estratégico – os necessários ajustes e complementações devem ser realizados como resultado das atividades posteriores, sendo esse aspecto válido para todas as 10 funções analisadas.
- Em seguida, você pode analisar a função **processos e tecnologia**, pois, nesse momento, a empresa já tem delineadas as diversas unidades organizacionais e as principais atividades a serem realizadas para que os objetivos estabelecidos no planejamento estratégico sejam alcançados.
- Agora você pode trabalhar a função **finanças**, principalmente na abordagem das finanças totais, pois pode valorar e analisar todas as atividades da empresa no contexto das contribuições aos seus resultados econômicos e financeiros.
- Depois, você pode objetivar o desenvolvimento da função **direção e decisão**, para consolidar o adequado processo orientativo das atividades programadas com otimizada sustentação decisória, de forma isolada ou em trabalhos realizados por equipes multidisciplinares, principalmente quando envolver questões mais complexas.
- O próximo passo é trabalhar a função **liderança**, pois, nesse momento, a empresa já sabe o que esperar de seus profissionais e qual é a situação geral de conhecimentos e de produtividade deles.
- A seguir, como complemento direto da função anterior, a empresa pode cuidar da função **desenvolvimento de pessoas**, pois os profissionais já devem ter elaborado

os seus planos de carreira e começado a interligar com a estrutura de administração de carreiras elaborada pela empresa.
- Finalmente, a empresa deve cuidar da função **avaliação**, principalmente no contexto da autoavaliação, embora esse processo, inclusive quanto ao estabelecimento dos critérios, parâmetros e indicadores de desempenho, deva ter sido iniciado desde o primeiro momento, quando do planejamento dos resultados esperados.

Outro trabalho que você pode realizar é o estabelecimento do nível de influência de cada função analisada para a consolidação do processo evolutivo na questão tecnológica na atual Era Digital.

Para tanto, você pode resgatar o sistema GUT – apresentado na Seção 3.2, Metodologia dos trabalhos com as ferramentas administrativas, correspondendo à Etapa 2.12 da metodologia dos trabalhos com as ferramentas administrativas das empresas.

Essa análise pode ser realizada em relação às 10 funções identificadas, mas também, se quiser uma análise mais detalhada e precisa, é possível considerar cada ferramenta administrativa inerente a cada uma das funções, da administração e das empresas.

Nesse último caso, você pode aplicar o sistema GUT para cada ferramenta administrativa, somando o número de pontos por função analisada e, depois, hierarquizar as referidas funções.

No Quadro 3.1, é apresentada a maneira para análise pelas 10 funções estabelecidas, com identificação da ferramenta administrativa mais importante para a evolução sustentada do processo tecnológico na empresa.

Quadro 3.1 Aplicação das ferramentas administrativas no processo tecnológico

Processo tecnológico Aplicação das ferramentas administrativas					Data		Nº
Função	Nº de pontos				Ferramenta administrativa		
	G	U	T	Total	Básica	Recebe influência	Influência
Planejamento							
Organização							
Liderança							
Direção e decisão							
Avaliação e aprimoramento							
Marketing							

(Continua)

(Continuação)

Finanças					
Desenvolvimento de pessoas					
Produção					
Processos e tecnologia					

Você pode aplicar o formulário do Quadro 3.1 para identificar, por função da administração e das empresas, qual a ferramenta administrativa mais importante para melhor interagir com o processo da evolução tecnológica.

Inicialmente, você deve estabelecer o nível de importância de cada uma das 10 funções identificadas para a otimização do processo tecnológico, no âmbito da corporação, da empresa, do negócio, do produto ou serviço; e, na dúvida, a **dica** é realizar esse processo para todos os níveis, pois o processo decisório deverá ser da melhor qualidade possível.

Esse é um trabalho em que você deve aproveitar para revisar o nível de importância que a sua empresa está proporcionando a cada função da administração ou das empresas; e mais: como a sua empresa está identificando e trabalhando com cada uma dessas funções, possibilitando analisar, inclusive, o nível de equilíbrio entre elas, o que é muito importante para analisar e definir o estilo administrativo e o modelo de administração da empresa.

Realizados esses trabalhos, com o máximo de detalhamento, você conseguirá estabelecer, com sustentação, qual é a ferramenta administrativa que se deve considerar como básica em cada uma das 10 funções analisadas, salientando-se que, em caso de repetições da mesma ferramenta administrativa para diferentes funções, será necessário identificar essa repetição em cada uma das funções e trabalhar também como ferramenta administrativa básica a que recebeu o número sequencialmente inferior de pontos GUT. Com isso, você terá a matriz completa das ferramentas administrativas mais importantes para consolidar, com otimizado equilíbrio, as 10 funções identificadas.

A seguir, você deve identificar, via estrutura de processos e suas atividades, quais outras ferramentas administrativas a ferramenta administrativa analisada recebe influência direta; se quiser uma análise mais completa, é possível identificar, também, as ocorrências de influências indiretas.

Você deve consolidar o mesmo raciocínio identificando as ferramentas administrativas que a ferramenta administrativa básica está influenciando de maneira direta e, se for o caso, também de maneira indireta.

Quando esse trabalho é realizado, preferencialmente envolvendo a maior parte dos profissionais da empresa, oito benefícios diretos ocorrem, pois você:

1. Tem o mapeamento de todos os processos, atividades e ferramentas administrativas da empresa.

2. Fica sabendo o nível de qualidade na utilização das diversas ferramentas administrativas implementadas na empresa.
3. Fica conhecendo as possíveis carências de ferramentas administrativas, as quais você deverá implementar em um futuro breve.
4. Passa a ter o efetivo conhecimento do nível de capacitação de cada profissional da empresa para trabalhar com cada uma das ferramentas administrativas atuais, bem como as futuras, utilizando o cadastro de capacitação interna (ver item III da Seção 3.3.2, Pelas funções das empresas.
5. Aprimora o processo de trabalhar com equipes, principalmente as multidisciplinares.
6. Facilita a interligação entre a análise dos resultados da empresa e a avaliação de desempenho dos seus profissionais.
7. Aperfeiçoa o ambiente de trabalho e a produtividade das pessoas e da empresa.
8. Faz a sua empresa ficar mais atualizada em questões tecnológicas e da Era Digital.

Você deve estar, constantemente, interligando as ferramentas administrativas, as suas metodologias de desenvolvimento e aplicação, bem como as suas atividades inerentes às diversas funções, tanto da administração quanto das empresas, conforme anteriormente apresentado.

Nesse contexto, você pode, por exemplo, interligar as questões que analisou, direta ou indiretamente, na função da administração **liderança** e na função das empresas **desenvolvimento de pessoas**, conforme evidenciado a seguir, lembrando que esse "exercício mental" deve ser realizado com os vários assuntos apresentados neste livro – assim como outras questões de seu estabelecimento –; mais uma vez, deve-se lembrar que, nesses casos, você deve "errar pelo excesso", pois é importante não deixar vazios nessa análise total e integrada (não se esqueça de que um dos maiores erros administrativos é não "fechar" o sistema empresarial).

Com referência ao exemplo citado, você pode identificar alguns assuntos gerais ligados às duas funções estabelecidas, mas sem qualquer preocupação de hierarquia, pois "cada caso é um caso" e deve ser analisado com nível de detalhamento necessário à sua realidade específica, tanto quanto ao seu nível de conhecimento e experiência, quanto ao estilo e ao modelo de administração da empresa; lembre-se sempre de que essas questões podem, e devem, ser aprimoradas, até como uma premissa básica para a adequada qualidade dos trabalhos subsequentes.

Portanto, no exemplo apresentado, você pode trabalhar – entre outros – com os seguintes assuntos administrativos:

i. Para aprimorar a sua base de sustentação para realizar os trabalhos com qualidade, você pode considerar, de modo geral, os seguintes assuntos administrativos:
   - Criatividade para consolidar uma capacidade intrínseca ao indivíduo diferenciado, dando origem, com maior ou menor sustentação metodológica e tecnológica, a uma nova situação de realizar algo já existente ou, preferencialmente, algo novo.

- Curiosidade para cada um saber se reinventar, adquirindo um repertório novo e necessário para realizar nossa transformação neste novo mundo da Revolução Industrial 4.0.
- Sabedoria para conseguir identificar o que deve ser transformado, saindo do mundo das ideias e partindo para a solução de grandes problemas.
- Coragem para ser diferente, conseguindo quebrar paradigmas na busca de novas perspectivas com a desconstrução de crenças limitantes.
- Foco no conhecimento, que é a base de todo o processo evolutivo de um indivíduo em suas atividades pessoais e profissionais.
- Exercício pleno do processo de liderança, sabendo liderar, mas também ser liderado, para saber identificar e usar o melhor de cada um, bem como de si próprio.
- Humildade para saber aprender e a executar com qualidade e interação todas as suas atividades em situação de otimizado relacionamento pessoal.
- Empatia para entender o que o colega sente a respeito do trabalho, procurando se colocar no lugar dele, com mente aberta e disposição para inovar em diversas dimensões.
- Interação e interatividade para exercitar, na plenitude, as atividades pessoais e profissionais com outras pessoas, principalmente em equipes multidisciplinares.
- Cooperação para consolidar a busca do conhecimento pela equipe de trabalho em que todos crescem juntos, firmando um ambiente de honestidade profissional, no qual todos reconhecem as suas competências e incompetências, sabem ouvir e acolher informações dos outros, bem como analisar e transmitir ideias.
- Inspiração para desenvolver e/ou consolidar novos conhecimentos, metodologias e técnicas inerentes, principalmente, aos trabalhos e aos relacionamentos.
- Felicidade para se sentir bem em trabalhar com outras pessoas, produzindo resultados comuns.
- Afetividade para saber trabalhar com a inteligência emocional, focada em si e nos outros.
- Preocupação básica com o "ser" em detrimento do "ter".
- Capacidade de pensar. Kahneman (2019) explica duas formas de pensar: uma rápida, intuitiva e emocional; a outra, mais lenta, deliberativa e lógica – você deve entender como esses dois modos de pensar podem moldar os seus julgamentos e os fatores de influência, como a aversão à perda, o excesso de confiança no momento de escolhas estratégicas, a dificuldade de prever o que vai fazê-lo feliz no futuro, e o desafio de identificar, corretamente, os riscos que vai enfrentar em suas atividades na empresa.

ii. Para conseguir apresentar resultados interessantes para si, para a equipe e para a empresa, você pode considerar, de modo geral, os seguintes assuntos administrativos:
- Eficiência, para saber otimizar os recursos – humanos, financeiros, tecnológicos, materiais, equipamentos – e obter os resultados planejados.

- Produtividade, para que ocorra a otimização dos recursos disponíveis em prol da obtenção dos melhores resultados para a empresa.
- Responsabilidade, em que ocorre a atuação profissional de qualidade nos trabalhos e na busca de resultados, com ou sem cobrança por parte de terceiros.
- Eficácia, para que os resultados obtidos proporcionem efetiva contribuição à consolidação dos resultados globais estabelecidos pela empresa.
- Comprometimento, para que ocorra o processo interativo, consolidando a responsabilidade isolada ou solidária pelos resultados que a empresa, os proprietários, os executivos e os demais profissionais esperam.
- Foco nos resultados, em que não ocorrem dispersões de análises, decisões e ações que fujam dos objetivos e metas anteriormente estabelecidos, negociados e aceitos.
- Propósito de vida, para visualizar quando se deve insistir e quando é o momento de se reinventar e aprender algo novo.
- Capacidade de estar "ligado" nas transformações do mercado, evitando que a sua empresa faça sempre a mesma coisa, ainda que com elevada qualidade, durante tempo demasiado, ou seja, ela vai "morrer na praia".
- Habilidade de trabalhar com a cultura organizacional, sendo um agente de desenvolvimento organizacional para ajudar a empresa a se adaptar com a nova realidade da evolução da economia mundial.
- Conhecimento sobre "administrar" riscos, pois trabalhar com projetos novos, explorar novos mercados e manter uma cultura de inovação são decisões e ações essenciais para conseguir sucesso nos negócios, mas requerem algum nível de ousadia.

iii. Para você evoluir como pessoa e como profissional, pode considerar, de modo geral, os seguintes assuntos administrativos:
- Efetividade, para que ocorra uma relação equilibrada e otimizada entre os resultados alcançados e os objetivos propostos ao longo do tempo pela empresa, tendo foco no presente – custos, produtividade e resultados a curto prazo –, mas também no futuro, para inovar os seus produtos e serviços.
- Criação da própria "ilha", identificando o seu espaço em que tem pleno conhecimento e capacitação para a realização das atividades, além de saber como interagir, com qualidade, em outras "ilhas".
- Autoavaliação, para se conhecer de modo realista, utilizando critérios e parâmetros consagrados de análise, inclusive com interações com outros profissionais cujas atividades se interligam com os seus trabalhos.
- Resiliência, para conseguir se adaptar, com sucesso, às experiências de vida difíceis ou desafiadoras, especialmente por meio da flexibilidade mental, emocional e comportamental, assim como do ajustamento a demandas internas e externas da empresa.
- Trabalho em equipes multidisciplinares, consolidando conhecimentos e habilidades complementares para um resultado comum.

- Habilidade de ensinar e aprender com os outros, o que pode representar um dos principais "lances" no processo de evolução pessoal e profissional.
- Presença no cadastro de capacitação interna, para efetivar, por análise estruturada, o seu nível de conhecimento e experiência no cargo ou função atual, mas também sua possibilidade de transferência, com sucesso, para outros cargos ou funções na empresa.
- Existência de um tutor ou mentor para auxiliar, principalmente, no processo de aprendizado e aprimoramento do uso de metodologias e técnicas de realização dos trabalhos, individualmente ou em equipes multidisciplinares.

Para você aplicar os vários assuntos administrativos anteriormente elencados – e outros de seu interesse –, pode utilizar o formulário básico apresentado no Quadro 3.2.

Quadro 3.2 Autoavaliação e aprimoramento

Autoavaliação e aprimoramento Assuntos gerais e de apoio						Data	Nº
Bloco 1 – Aprimoramento da base de sustentação							
Assunto	Importância	Autoavaliação		Avaliação dos colegas		Ações para melhoria	
		Nota	Justificativas	Nota	Justificativas		
Bloco 2 – Apresentação de resultados							
Assunto	Importância	Autoavaliação		Avaliação dos colegas		Ações para melhoria	
		Nota	Justificativas	Nota	Justificativas		
Bloco 3 – Evolução como pessoa e profissional							
Assunto	Importância	Autoavaliação		Avaliação dos colegas		Ações para melhoria	
		Nota	Justificativas	Nota	Justificativas		

Considerando os diversos campos do formulário do Quadro 3.2, você tem:

- No exemplo apresentado, três blocos, mas pode trabalhar com qualquer número, sendo a sugestão que não passe de cinco, pois a tabulação e análise final podem se complicar.
- Cada bloco pode se dividir nos seguintes campos:
    - **Assunto**: identificação do assunto administrativo a ser analisado. Para evitar possíveis divergências de interpretação – são comuns!, é possível anexar um glossário com a conceituação dos termos técnicos.
    - **Importância**: indicação do nível de importância do assunto para a análise – pode ser de 1 a 3 –, sendo válido realizar amplo debate desse assunto, pois facilita o adequado entendimento do conteúdo do assunto em análise.
    - **Autoavaliação**: indicação da nota que você dá para o seu nível de interação com o assunto analisado – pode ser de 1 a 5 –, mas principalmente das justificativas – sempre no plural – de cada nota.
    - **Avaliação dos colegas**: avaliação idêntica realizada por alguns colegas – ideal de 3 – que "falem na cara" o que pensam a respeito de você.
    - **Ações para melhoria**: lista das principais ações que vão ser estruturadas e operacionalizadas para que se tenha uma evolução sustentada como pessoa e como profissional de empresas.
    - Ao final do preenchimento do formulário do Quadro 3.2, é possível multiplicar os níveis de importância de cada assunto pelas notas recebidas – por você e pelos colegas – e estabelecer uma hierarquização geral dos assuntos analisados e das correspondentes ações para melhoria.

Se você resumir tudo que foi apresentado para facilitar os debates quanto às questões gerais inerentes à função da administração **liderança** e da função das empresas **desenvolvimento de pessoas**, você pode consolidar em quatro aspectos básicos para que existam otimizados estilo e modelo administrativo nas empresas, considerando o natural processo evolutivo para o futuro da administração. São eles:

i. O aspecto da crença, o de acreditar que o(s) assunto(s) administrativo(s) é(são) realmente importante(s) para a empresa e seus negócios, produtos e serviços, bem como para todos que têm interação, direta ou indireta, com ela – e que também esteja(m) no contexto da visão, da missão, dos valores e dos propósitos da referida empresa.

ii. O aspecto da efetiva aplicação do(s) assunto(s) administrativo(s) na empresa, sempre com qualidade total e consolidando efetivo processo de mudança envolvendo, pelo menos, o seu estilo administrativo, o seu modelo de administração e o seu plano de negócios.

iii. O aspecto da apresentação de real incremento – preferencialmente em escala exponencial – nos resultados globais e parciais da empresa, mas também dos níveis de participação, comprometimento, liderança, aprendizado, iniciativa, criatividade e produtividade de cada um de seus profissionais, consolidando um ambiente de trabalho sustentado pela confiança e pelo princípio do "ganha-ganha".

iv. O aspecto da transparência e disseminação das informações, consolidando a empresa como um "bloco único" direcionado, com sustentação, qualidade e velocidade, para os resultados anteriormente planejados e, de preferência, alavancando exponencialmente esses resultados, sempre com amplo desenvolvimento dos seus profissionais.

Você percebe que esses quatro aspectos – e outros que se possa estabelecer – são gerais e orientativos, mas possibilitam a estruturação e a operacionalização de projetos com atividades específicas e de fácil entendimento.

Portanto, a **dica** é, mais uma vez, elencar todos os assuntos que correlacionam, direta ou indiretamente, com uma ferramenta administrativa – ou um conjunto delas – e daí realizar uma ampla análise e debate a respeito disso. Esse procedimento pode gerar, naturalmente, um conjunto de interessantes e viáveis ideias para a empresa, para os seus negócios e para você, em seu processo de desenvolvimento pessoal e profissional!

3.4 Estruturação e aplicação das ferramentas administrativas

Você verificou o forte impacto – positivo ou negativo – que as ferramentas administrativas podem provocar nos resultados das empresas, e, para resolver esse problema, foi apresentada uma metodologia para trabalhar com essas ferramentas administrativas. Você também pode realizar o mapeamento e a análise delas pelas funções da administração e pelas funções das empresas.

Nesse momento, são válidos alguns comentários complementares, ainda que gerais, a respeito da estruturação e da aplicação das ferramentas administrativas pelas empresas, considerando três hipóteses: uma mais intuitiva e outras duas com abordagem mais formatada e respeitando duas questões básicas da administração de empresas.

É lógico que você pode trabalhar, conjuntamente, com as três situações, mas alguns comentários específicos são válidos.

3.4.1 Abordagem criativa

A abordagem que pode ser chamada de "criativa" tem um lado positivo, que é a abertura para o amplo debate pelos profissionais da empresa – a qual algumas correntes da administração incentivam –, e um lado negativo, correspondente a cair no "achismo".

De qualquer modo, é válida a abordagem criativa, principalmente porque, na maior parte das vezes, o nível de participação dos profissionais da empresa é elevado, mas:

- Será que existe sustentação técnica para o que está sendo debatido?
- Será que existe foco em resultados efetivos, ou a conversa está se desviando para outras questões?

- Qual o real nível de comprometimento das pessoas para com os resultados planejados?
- Será que os resultados planejados são de fato os melhores para a empresa?

A prática tem demonstrado que a abordagem criativa deve existir, mas sempre realizada conjuntamente com abordagens estruturadas, as quais possibilitam análises verdadeiras e detalhadas, facilitando deixar o "achismo" de lado.

3.4.2 Abordagem estrutural

A abordagem estrutural tem como foco básico de análise decisória a estrutura organizacional da empresa, respeitando o princípio – questionável – de que "quem sabe é quem trabalha na área realizadora do serviço considerado".

Atualmente, alguns modelos de estruturação organizacional têm acabado com esse pensamento, que foi muito influenciado pela departamentalização funcional – entre esses modelos, podem-se citar a departamentalização matricial, a por projetos, a por processos e, principalmente, a governança corporativa.

De qualquer modo, é fundamental o questionamento das análises e decisões das pessoas, pois, se isso não ocorrer, a chance de errar é muito grande.

Você pode considerar que a abordagem estrutural deve servir como "pano de fundo" de sua visualização geral da empresa, para que se possa entender quais são suas áreas ou unidades organizacionais e as suas principais atividades, e para que se tenha uma "ideia geral" de seu funcionamento, e mais: dar uma "ordem na casa".

3.4.3 Abordagem processual

Na prática, pode-se considerar que essa é a abordagem ideal para a estruturação e aplicação das ferramentas administrativas, pois:

- Estabelece toda a sequência de atividades que as diferentes áreas da empresa realizam.
- Estabelece o nível de importância das atividades.
- Indica as interações entre as atividades, mostrando as influências recebidas ou proporcionadas.
- Identifica a duplicidade e a carência de atividades.
- Direciona as atividades para as necessidades dos diversos segmentos de mercado.

O ideal é você trabalhar com a interação estruturada entre as funções – da administração e das empresas –, os processos, as atividades e as áreas nas quais essas atividades são realizadas, tudo isso focando os resultados e os negócios, produtos e serviços da empresa que atende às necessidades dos diversos segmentos de mercado.

Na prática, pode-se considerar que você sempre tem que trabalhar com a abordagem processual, pois é ela que identifica, com precisão, como os trabalhos essenciais de uma empresa devem ser realizados. Para detalhes, analisar o livro *Administração de processos*, do mesmo autor e editora.

3.5 Momento ideal de aplicação das ferramentas administrativas

Aqui a resposta óbvia é: agora!

Porém, é preciso trabalhar melhor essa questão e, portanto, é válido identificar o que deve ser realizado antes desse momento, para que as ferramentas administrativas escolhidas proporcionem resultados otimizados para a empresa considerada.

Naturalmente, várias empresas já têm consolidadas todas – ou quase todas – as atividades a seguir apresentadas, mas nunca é demais lembrar as atividades que podem ser consideradas como essenciais – não se esquecendo do nível real de qualidade delas!

Nesse contexto, você pode considerar, pelo menos, três premissas:

1. A primeira – e evidente! – é que não se pode esquecer que toda e qualquer ferramenta administrativa tem uma ou mais finalidades; portanto, você não deve gastar tempo em tentar consertar ou aprimorar essa ferramenta administrativa, se não tiver pleno conhecimento da necessidade e da validade dela.

   A maneira mais simples e correta de ter a resposta adequada a essa questão é desenvolver todo o processo administrativo, desde o planejamento estratégico e, resumidamente – pois os aspectos básicos já foram apresentados neste livro –, realizar, com qualidade, os seguintes trabalhos:

   - Decomposição dos objetivos gerais em objetivos funcionais – por uma rede escalar de objetivos –, interagindo com as atividades das unidades organizacionais da empresa, incluindo as decorrentes estratégias e políticas que sustentam todos esses objetivos.
   - Identificação dos projetos e, principalmente, dos processos decorrentes dessas estratégias para o estabelecimento de todas as atividades a serem realizadas.
   - Estabelecimento das ferramentas administrativas necessárias para otimizar os trabalhos nesses projetos e processos e, consequentemente, os resultados da empresa.

2. A segunda premissa é fazer, com detalhes, o adequado mapeamento das ferramentas administrativas identificadas, estabelecendo as interligações e as interdependências das diversas atividades a serem realizadas, facilitando a consolidação da administração total e integrada na empresa, tornando o processo decisório mais ágil, de melhor qualidade e de menor custo.

3. A terceira premissa é, pelo menos na teoria, a mais simples de todas, pois é apenas manter sempre atualizada essa situação, respeitando a realidade dos negócios da empresa e procurando aprimorar, periodicamente, o seu estilo administrativo e seu modelo de administração.

3.6 Precauções gerais no desenvolvimento dos trabalhos

O otimizado trabalho com as ferramentas administrativas exige determinados cuidados, caso contrário todas as atividades subsequentes ficam prejudicadas.

Sem a preocupação de hierarquizar essas preocupações, pois existe dependência das características dos profissionais e das empresas identificadas, podem ser consideradas, para análise e debate, as seguintes precauções gerais:

1. Preparar a empresa para o crescimento e o desenvolvimento visualizando, como um desafio viável, a sua transformação em organização exponencial.

   Quando se elabora um plano de otimização das ferramentas administrativas na empresa, não se deve focar, simplesmente, a sua sobrevivência – embora essa seja uma realidade da situação de muitas empresas! –, mas também, e principalmente, o seu crescimento e sustentado desenvolvimento, objetivando se tornar uma organização exponencial.

   Nesse processo evolutivo – que deveria ser uma premissa para toda e qualquer empresa –, você deve considerar, no mínimo, duas questões:

   i. A primeira é que o período de tempo para desenvolver esse processo evolutivo varia, de maneira forte, entre cada empresa como decorrência, principalmente, de cinco fatores: estilo administrativo, modelo de administração, capacitação profissional, plano de negócios e tecnologia aplicada na empresa.

   ii. A segunda é que a abordagem da organização exponencial pode ter alguns ajustes e detalhamentos considerando a realidade da empresa analisada e o apresentado na Seção 4.2.1, Alocação das ferramentas administrativas nas diversas etapas, quando, inclusive, são apresentadas propostas de alocação das ferramentas administrativas nas diversas etapas do processo de desenvolvimento e consolidação das organizações exponenciais.

   Você vai constatar que a adequada aplicação das ferramentas administrativas vai tornar a empresa melhor e, preferencialmente, diferente e inovadora, com base na reinvenção de seu estilo administrativo, de seu modelo de administração e de suas atividades, da criatividade das suas estratégias e ações, bem como da revitalização de seus negócios.

2. Focar a totalidade dos negócios, produtos e serviços, e não apenas as atividades internas da empresa.

   Respeitando o princípio da administração total e integrada, você deve considerar todas as ferramentas administrativas que auxiliam, direta ou indiretamente, os negócios, produtos e serviços da empresa, tanto os atuais quanto os potenciais, perante todos os segmentos de mercado, tanto atuais quanto potenciais, elaborando uma matriz de interligação entre todas essas análises.

   Se quiser hierarquizar as 13 precauções apresentadas nesta seção do livro – e outras determinadas por você –, essa precaução pode ser considerada a mais importante, sendo, inclusive, uma premissa para os diversos trabalhos a serem realizados, pois a abordagem da administração total e integrada é a sustentação estruturada da qualidade total nas empresas.

3. Ter visão de conjunto do processo evolutivo das mudanças.

   Algumas empresas apresentam uma situação interessante – e problemática! – dessa questão, pois:

- Determinados profissionais estão sempre na procura do novo, da evolução tecnológica, da abordagem criativa, dos debates interdisciplinares como fontes de conhecimentos para sua evolução como profissional e para o desenvolvimento sustentado da empresa na qual trabalham.
- Alguns profissionais – até com elevadas capacitações! – ficam "em cima do muro" ou são contra os necessários processos evolutivos de mudança.

A pergunta básica é: como fazer esse segundo grupo mudar o seu estilo de atuação e se aproximar do primeiro grupo?

A resposta só pode ser dada pela aplicação de alguma ferramenta administrativa de abordagem global na empresa, que evidencie, para todos, a efetiva necessidade de mudança na empresa, incluindo os resultados a serem alcançados e as ações que deverão ser operacionalizadas na referida empresa – portanto, todos ganharão com isso!

Você pode pensar em outra ferramenta administrativa de abordagem geral na empresa, mas a recomendação básica é utilizar o planejamento estratégico, pois nesse caso determina-se, de maneira sustentada, para onde a empresa deve ir e como poderá chegar a essa situação futura desejada.

A **dica** para que todos os profissionais da empresa participem e entendam a necessidade dessa mudança, bem como o conteúdo dos trabalhos, é efetuar a otimizada interligação entre as questões estratégicas, táticas e operacionais, ou seja, envolver todas as áreas e níveis da empresa; evidenciando-se que esse é um trabalho de fácil realização e de elevada motivação para todos os profissionais da empresa.

Um benefício complementar do uso da ferramenta administrativa **planejamento estratégico** para otimizar esse processo de mudanças globais nas empresas é que a referida ferramenta possibilita, e facilita, o processo de conhecimento e de interação com os diversos grupos de interesse – isso pressupõe atuação sustentada e direcionada para resultados e por metodologias de trabalho, bem como postura política de debate e de acompanhamento dos comportamentos e das atitudes de todos os envolvidos, direta ou indiretamente, com as atividades da empresa; portanto, ocorrem duas importantes situações interativas:

i. A primeira é a realização de reuniões com equipes multidisciplinares de conhecimentos diversos, inclusive com o uso de técnicas auxiliares, como o painel integrado e o TVL. Ver Etapa 11 da Seção 4.2.1, Alocação das ferramentas administrativas nas diversas etapas.

ii. A segunda é a consolidação da abordagem estratégica em que se interliga e se analisa a influência, ativa ou passiva, entre os fatores externos ou não controláveis e os fatores internos ou controláveis pela empresa; depois, essa análise deve ser decomposta nas abordagens tática e operacional, efetivando a otimizada análise global da empresa perante tudo que ocorre ou poderá ocorrer em seu ambiente externo e não controlável.

4. Ter expectativas realistas das ferramentas administrativas.

   Muitas vezes, a aplicação de algumas ferramentas administrativas – mesmo que bem aplicadas – gera expectativas de resultado fora da realidade por razões diversas, como: ego de seus idealizadores, não interação com outras ferramentas administrativas, inadequado estilo administrativo dos profissionais da empresa, modelo administrativo "oscilante", resultados esperados em níveis exagerados, conflitos entre posturas dos profissionais da empresa etc.

5. Ter foco em prioridades negociadas, lógicas, estabelecidas, disseminadas e incorporadas.

   A falta de ordenação de prioridades ou achar que tudo é prioritário quando se aborda a questão das ferramentas administrativas das empresas é um grave erro.

   Você deve estabelecer um critério para o estabelecimento de prioridade, sendo a proposta básica o já citado sistema GUT (ver Etapa 2.12 da Seção 3.2, Metodologia dos trabalhos com as ferramentas administrativas) – para auxiliar. É possível aplicar a lista de fatores e subfatores externos e internos do processo de planejamento estratégico, ou seja, nesse caso você está considerando, de maneira estruturada, todos os assuntos importantes da empresa.

6. Ter foco nas ferramentas administrativas respeitando as funções da administração e as funções das empresas.

   Nas Seções 3.3.1, Pelas funções da administração, e 3.3.2, Pelas funções das empresas, você verificou a importância do adequado processo de mapeamento das ferramentas administrativas nas empresas.

7. Contemplar ferramentas administrativas que proporcionem valor agregado para os resultados da empresa.

   Aqui, a "coisa pode pegar"!

   Nesse caso, você precisa focar o aumento do valor final do negócio, produto ou serviço resultante de uma mudança evolutiva na tecnologia aplicada, no processo, na atividade ou no conhecimento que a empresa apresenta.

   Esse valor agregado deve estar no contexto sinérgico – interagindo com os fatores externos à empresa – e no contexto acionário, contribuindo, diretamente, para o valor da marca da empresa.

   Outra questão – evidente! – é que o foco de atuação deve ser o processo de geração de valores agregados, e não as unidades organizacionais, pois as ferramentas administrativas envolvem todas as áreas da empresa.

   Nesse contexto, as empresas devem redobrar o desenvolvimento, o envolvimento e a participação dos seus funcionários, efetivando-os como corresponsáveis pelos trabalhos e seus resultados.

   Naturalmente, todo esse procedimento deve ser feito com redução de custos e não eliminação de capacidades, e com foco nos clientes externos e internos, sendo estes representados pelas diversas unidades organizacionais da empresa, mas não esquecendo que os mais importantes são os clientes externos, os quais representam a razão básica da existência da empresa.

8. Ter interação estruturada e plena entre as ferramentas administrativas e as estratégias da empresa.

   Nesse momento, você pode, e deve, seguir a seguinte lógica:
   - As empresas devem, primeiramente, desenvolver uma estratégica básica e, depois, aplicar as ferramentas administrativas.
   - A estratégia básica deve ser estabelecida considerando o planejamento estratégico elaborado.
   - A estratégia básica, bem como outras estratégias da empresa, deve ser consolidada em projetos e planos de ação.
   - O conjunto estruturado de projetos e planos de ação, homogêneos quanto ao seu objetivo maior, representa a essência da lógica do programa de ferramentas administrativas a serem desenvolvidas e implementadas na empresa.

9. Ter políticas criativas e incorporadas por todos os profissionais da empresa.

   Essas políticas devem ser criativas, lógicas e adequadas, tendo em vista que muitas vezes elas representam "frases bonitas", mas não conseguem ser aceitas e operacionalizadas na empresa, o que pode gerar sérios problemas para a referida empresa e seus profissionais, pois existem leis que pegam e leis que não pegam!

   E, como essas políticas também devem proporcionar sustentação para a empresa se tornar, em futuro breve, uma organização exponencial, é interessante que os executivos das empresas "pensem grande" quando estiverem estabelecendo essas políticas, pois elas também auxiliam na força das estratégias das empresas.

   Essas políticas também devem direcionar os esforços da empresa para a inovação e a criatividade, evitando-se gastar muito tempo e energia em eternos levantamentos e análises das atividades vigentes na empresa, pois essas regras ou políticas devem incentivar a solução criativa de problemas e não ficar simplesmente identificando novos problemas.

   As políticas, associadas às estratégias da empresa e consolidadas pelo aprimoramento criativo das ferramentas administrativas, devem acabar com o fracasso intelectual e o pensamento viciado dos executivos e demais profissionais das empresas.

   O fracasso intelectual ocorre quando os profissionais da empresa simplesmente não sabem o que estão fazendo, gerando desmotivação, baixa produtividade e criatividade nula; e o pensamento viciado está correlacionado à aquela famosa e famigerada frase: "Eu já tentei isso e não funcionou". É evidente que pessoas que gostam dessa frase não têm nada a ver com os assuntos abordados neste livro.

10. Fazer uma reengenharia do poder.

    Nesse contexto, os executivos passam a trabalhar em condições de igualdade nas reuniões programadas com equipes multidisciplinares quanto aos tipos e níveis de conhecimento dos participantes, procurando consolidar uma base para o posterior processo de inovação das atividades e dos negócios da empresa.

    Aqui devem ser tomados cuidados quanto a duas questões:

i. Que esse processo de adequação e interação de conhecimentos não seja demorado, não podendo ocorrer aquelas reuniões improdutivas e com "conversas fiadas".
ii. Que se nivele o conhecimento "por cima", ou seja, todos devem ter os seus níveis de conhecimento efetivamente melhorados.

Naturalmente, não se deve esperar que o desenvolvimento e a implementação de novas ferramentas administrativas simplesmente proporcionem, por si só, transformações revolucionárias, de curto prazo e de alto impacto nos negócios das empresas; se a situação estiver no outro extremo, com certeza algo está errado.

As já citadas equipes multidisciplinares de trabalho podem ajudar, e muito, no processo de identificação, obtenção, desenvolvimento e aplicação de tecnologias nos negócios, produtos, serviços e atividades das empresas, sendo, portanto, uma importante ferramenta administrativa para a evolução tecnológica dessa empresa.

Uma questão que pode auxiliar, indireta mas fortemente, a reengenharia do poder na empresa é ter profissionais com dedicação adequada às ferramentas administrativas, quando se pode ter profissionais atuando em período integral nas ferramentas administrativas ou ter profissionais com atuação em período parcial nos referidos trabalhos.

Você pode considerar a última situação como a ideal, pelo simples fato de que os profissionais não podem ser afastados de suas atividades do dia a dia para atuar em um sistema global, como é o caso das ferramentas administrativas, pois estariam perdendo a realidade das suas tarefas na empresa; mas esses profissionais também não devem ficar defendendo os seus trabalhos diários e não aceitar mudanças de novas ferramentas administrativas estabelecidas pela empresa.

11. Ter padrinhos das ferramentas administrativas.

Essa pode ser considerada uma sugestão esquisita, mas na prática é uma das mais eficazes, pois a nomeação de um padrinho ou patrono responsável pelo seu desenvolvimento, operacionalização e aprimoramento consolida a "responsabilidade identificada" quanto a cada uma das ferramentas administrativas. Porém, lembre-se: quando todos são responsáveis, ninguém assume a culpa de situações inadequadas!

E um ganho extra para as empresas é o correspondente incentivo ao desenvolvimento de lideranças, dos trabalhos em equipes multidisciplinares, das questões decisórias e de responsabilidades, do aprimoramento do estilo administrativo da empresa, entre outras importantes questões.

Com referência às equipes de trabalho, as empresas podem estabelecer reuniões programadas dos padrinhos das ferramentas administrativas para, inclusive, eles aprimorarem o modelo organizacional de administração total e integrada, o qual é de elevada importância para os resultados das empresas.

A atuação como padrinho ou patrono de ferramenta administrativa deve ser uma função, e não um cargo de uma pessoa, pois:

- Cargo é o posicionamento formal de um conjunto de responsabilidades e autoridades na estrutura organizacional de uma empresa, possibilitando a sua avaliação, bem como o delineamento da evolução profissional dos funcionários alocados em sua estrutura hierárquica.
- Função é o conjunto estabelecido de atividades a serem desempenhadas por um profissional, as quais extrapolam ou não o formalizado em seu cargo na empresa.

12. Ter um adequado clima organizacional.

Algumas empresas não proporcionam a devida atenção a isso, mas um otimizado nível de clima organizacional é um importante fator de estímulo à boa inovação, a qual desenvolve os seus negócios rumo aos melhores resultados; isso porque o clima organizacional é, simultaneamente, a percepção que os profissionais têm da empresa e a sua reação a essa percepção.

Você deve se lembrar de que **clima organizacional** corresponde à percepção coletiva que os profissionais têm da empresa por meio da experimentação prática e prolongada de suas políticas, estruturas, sistemas, processos e valores; portanto, ela tem impacto direto nos resultados da empresa, é construída ao longo de um período significativo de tempo, bem como é resultado da percepção coletiva dos profissionais que trabalham na empresa, mas não se pode esquecer da existência de percepções individuais que podem influenciar a percepção coletiva.

Como a empresa pode desenvolver um clima organizacional interessante que a auxilie a evoluir para um forte posicionamento inovativo e competitivo no atual contexto da Revolução Industrial 4.0?

A resposta a essa pergunta não é difícil, pois as ações a serem consolidadas são evidentes para toda e qualquer empresa que queira ter adequado ambiente de trabalho, como:

- Clareza nos objetivos, com linhas explícitas de ações detalhadas dos resultados a serem alcançados pela empresa, pelas unidades organizacionais e pelos seus profissionais.
- Adequação do modelo de administração e da estrutura organizacional, representada pelo grau em que esta facilita e estimula a consecução dos objetivos da empresa em seus processos de inovação.
- Qualidade do processo decisório, representada pela formulação, implementação e revisão sistemática de decisões baseadas em informações adequadas direcionadas para as inovações, mas sem se esquecer da necessária qualidade dos decisores.
- Integração e comunicação, representadas pelo grau em que se asseguram comunicações efetivas em toda a empresa e se promovem interações cooperadas, com qualidade total, com os profissionais da empresa visando à inovação e à diferenciação.

- Estilo administrativo, representado pelo grau de abertura e de encorajamento à iniciativa individual e de equipe direcionadas à maior eficácia dos resultados parciais e globais da empresa.
- Orientação para o desempenho profissional, representada pelo grau de ênfase dado à responsabilidade individual e de equipe para resultados claramente definidos e com altos níveis de desempenho direcionado às questões inovadoras e de diferenciação da empresa.
- Vitalidade organizacional, representada pelo grau de dinamismo da empresa refletida em sua capacidade de mudar, estabelecer programas e objetivos arrojados, bem como manter ritmo interno desafiante e inovador.
- Remuneração, representada pelo grau em que a empresa é vista como equitativa, competitiva, criativa, inovadora e relacionada ao desempenho individual.
- Desenvolvimento dos recursos humanos, representado pelo grau em que a empresa fornece oportunidades de progresso profissional e as experiências necessárias à preparação dos profissionais para cargos e funções com maiores exigências criativas e inovadoras.
- Imagem da empresa, representada pela classificação global da empresa em termos de imagem transmitida aos executivos e demais profissionais da empresa, além dos públicos externos, como clientes, fornecedores, concorrentes, governos e comunidades.

Você verifica que o clima organizacional contribui diretamente para consolidar a confiança nas empresas; a confiança é uma palavra-chave na questão das ferramentas administrativas nas empresas, principalmente quando estas atuam em ambientes inovadores e com alto nível concorrencial.

13. Ter postura para a inovação.

Essa última precaução a ser considerada é para lembrar que de nada adianta considerar as 12 precauções anteriormente apresentadas se a empresa, e seus executivos e demais profissionais, não tiverem uma efetiva postura de atuação direcionada ao novo, à criatividade, à inovação, ao debate.

Para que essa última precaução ocorra com qualidade, é necessário que todas as precauções anteriormente mencionadas apresentem otimizadas qualidades, e mais: que elas estejam de fato incorporadas pela empresa, fazendo parte dos valores e das macropolíticas da referida empresa.

Você pode considerar uma maneira de analisar, constantemente, a real situação de cada uma das 13 precauções apresentadas – e outras de seu estabelecimento –, por meio da aplicação do formulário apresentado no Quadro 3.3.

Quadro 3.3 Análise das precauções

Análise de preocupações Ferramentas administrativas					Data	Nº
Preocupação	Grau de importância	Avaliação		Peso	Ações para melhoria	
		Nota	Justificativas			

O formulário do Quadro 3.3 pode ser preenchido da seguinte maneira:

- **Precaução**: indicação da precaução a ser considerada nos trabalhos com as ferramentas administrativas.
- **Grau de importância**: indicação do grau de importância que a ferramenta administrativa apresenta para os resultados parciais e globais da empresa. Para o seu estabelecimento, pode-se utilizar a já citada técnica GUT – os resultados podem ser alocados em notas de 1 a 10.
- **Avaliação**: análise e avaliação da qualidade e efetividade da ferramenta administrativa para os resultados da empresa, evidenciando:
  - **Nota**: pode ser de 1 a 5.
  - **Justificativas**: apresentar as justificativas que sustentam a nota evidenciada. É válido colocar todas as justificativas, pois elas auxiliam no estabelecimento das ações para melhoria.
- **Peso**: resultado da multiplicação do grau de importância pela nota atribuída à qualidade da precaução elencada.
- **Ações para melhoria**: elenco de todas as ações que devem ser desenvolvidas e operacionalizadas para que a ferramenta administrativa seja utilizada com qualidade total pela empresa. Salienta-se que é normal, e adequado, que as ações se repitam para diferentes ferramentas administrativas propiciando que você "dê um tiro e acerte vários alvos".

3.7 Como avaliar e aprimorar todos os trabalhos realizados

Você deve estabelecer, antecipadamente, alguns critérios e parâmetros para poder avaliar e aprimorar, com qualidade, todos os trabalhos realizados.

Evidenciam-se cinco situações para o melhor desenvolvimento dos trabalhos:

1. O ideal é que o processo de avaliação respeite o princípio da autoavaliação, ou seja, que os próprios profissionais executantes das tarefas tenham a honestidade profissional, a motivação e a capacitação para avaliar os seus trabalhos.
2. Essa mesma situação deve ocorrer no processo de aprimoramento da qualidade dos trabalhos – nesse caso, normalmente, é interessante o uso de equipes multidisciplinares para melhor exercitar os debates e as soluções.
3. Todas essas atividades devem ser realizadas **na tarefa** – pelos próprios executantes dos trabalhos – e em **tempo real**, ou seja, no exato momento de realização dos trabalhos.
4. Todos os participantes devem ter a plena consciência de que esse é um processo que proporciona forte evolução profissional e de conhecimentos, um processo no qual todos ganham, isto é, a empresa e cada um de seus profissionais.
5. Embora este autor tenha apresentado essa questão do processo de avaliação e aprimoramento focando as ferramentas administrativas, ela é perfeitamente aplicável para a análise das organizações exponenciais e da Indústria 4.0.

Com referência aos critérios e aos parâmetros para analisar os trabalhos realizados, você pode considerar a utilização de técnicas consagradas e de domínio público, as quais são utilizadas por várias empresas, o que possibilita uma avaliação relativa de nossa empresa frente a outras empresas.

Nesse contexto, você pode considerar o adaptado da técnica BSC, que é apresentado na Seção 5.3.1, Como saber se está sempre evoluindo de maneira sustentada e envolvendo todos os níveis e áreas da empresa.

Questões para debate e consolidação de conceitos

1. Identifique duas ou três ferramentas administrativas que deverão representar o seu diferencial como profissional de empresas.
2. Explique como você vai interligar, direta ou indiretamente, as metodologias de trabalho com as ferramentas administrativas escolhidas por você, para que ocorra uma interessante sinergia entre elas e, portanto, o resultado final seja maior do que o trabalho individual com cada uma delas.
3. Interligue as ferramentas administrativas que você escolheu na Questão 1 com as funções da administração e as funções das empresas.
4. Explique, com exemplos e justificativas, como você conseguiria trabalhar, conjuntamente e com qualidade, com as três abordagens de estruturação e aplicação das ferramentas administrativas (Seção 3.4, Estruturação e aplicação das ferramentas administrativas).
5. Como você pretende avaliar e aprimorar, sistematicamente, os seus trabalhos com as ferramentas administrativas, principalmente as escolhidas por você na Questão 1?

Exercício para reflexão

O Jaqueira Esporte Clube quer saber como identificar e aplicar as ferramentas administrativas mais adequadas para que os sócios sejam efetivos parceiros do conselho, da diretoria e dos funcionários do clube em um processo evolutivo e sustentado de aplicação de modernas tecnologias em que todos sejam beneficiados.

Para o desenvolvimento desse exercício, você pode considerar todas as questões debatidas e consolidadas nos dois exercícios anteriores, ou você deve apresentar a realidade do clube que você frequenta.

Nesse momento, o que interessa é saber identificar e aplicar as ferramentas administrativas mais adequadas para que todas as pessoas do Jaqueira sejam beneficiadas com a aplicação das modernas tecnologias disponibilizadas pelo mercado.

A única premissa é que você deve:

- Trabalhar com todas as ferramentas administrativas elencadas neste capítulo, tanto pelas funções da administração quanto das empresas.
- Em seguida, estabelecer, se necessário, outras ferramentas administrativas que julgar válidas para o melhor desenvolvimento dos trabalhos.
- Depois, deve hierarquizar as diversas ferramentas administrativas – por um critério estabelecido por você – quanto à sua contribuição, direta ou indireta, para que os sócios sejam efetivos parceiros dos conselheiros, dos diretores e, principalmente, dos funcionários do clube nesse processo evolutivo de aplicação de modernas tecnologias nas diversas atividades do Jaqueira Esporte Clube.

Dependendo da sua contribuição, você pode ganhar um título benemérito do Jaqueira Esporte Clube.

Caso para análise, proposta de solução e debate

A Faculdade XYZ quer identificar as melhores ferramentas administrativas que ela deve operacionalizar na própria estrutura organizacional, bem como as que devem ser reforçadas na grade curricular, para que os alunos sejam diferenciados no mercado profissional, o qual exige elevado conhecimento de modernas tecnologias.

Você teve a oportunidade, no estudo de caso do capítulo anterior, de estabelecer a melhor estruturação organizacional para a Faculdade XYZ em sua provável parceria com a Escola Técnica ABC.

Agora, você deve identificar, com justificativas detalhadas, as ferramentas administrativas que devem ser alocadas na Faculdade XYZ – como parceira da Escola Técnica ABC – para melhor interagir com as fortes evoluções tecnológicas que estão ocorrendo nos mercados de ensino e profissional.

Se você quiser se divertir mais um pouco, pode estabelecer, com justificativas detalhadas, as melhores ferramentas administrativas a serem aplicadas na Faculdade XYZ no caso de a parceria com a Escola Técnica ABC não ocorrer; e, depois, fazer uma análise comparativa entre as suas duas propostas.

É possível que você tenha algumas surpresas!

Capítulo 4

Como desenvolver e consolidar uma organização exponencial

"É impossível progredir sem mudança, e aqueles que não mudam suas mentes não podem mudar nada."
George Bernard Shaw

Você já verificou, na Seção 1.2, Organização exponencial, que as organizações exponenciais apresentam evoluções, impactos e resultados extremamente fortes quando comparados frente às suas empresas concorrentes, principalmente em razão do uso de novas tecnologias que alavancam as tecnologias que já estão em níveis acelerados de evolução, ou seja, é um processo contínuo, sendo a principal questão a velocidade dessa evolução e, no caso de cada empresa, da qualidade de absorção das novas tecnologias.

Neste capítulo, além de analisarmos as organizações exponenciais em si, também serão abordadas duas importantes questões:

1. Como alocar as diversas ferramentas administrativas nas organizações exponenciais para que os seus resultados permaneçam otimizados?
2. Qual a melhor atuação das organizações exponenciais no contexto da Indústria 4.0?

Para o tratamento da primeira questão, são apresentadas algumas ferramentas administrativas clássicas – as quais você deve complementar de acordo com o seu interesse – que devem ter ajustes em suas estruturas metodológicas para contribuir no desenvolvimento de organizações exponenciais; e, para o tratamento da segunda questão, a preocupação básica foi a adequação das referidas ferramentas administrativas para melhor atuarem no atual contexto da Indústria 4.0, pois toda e qualquer organização exponencial tem que saber aplicar as ferramentas administrativas de maneira otimizada.

Você verifica que o foco é a reinvenção das ferramentas administrativas clássicas, e não a simples substituição delas por outras, pois as razões básicas de suas existências são os problemas e questões comuns de toda e qualquer empresa – a única forte alteração é o contexto em que as empresas atuam, o que exige adaptações evolutivas nas ferramentas administrativas; esse processo nunca terminará, independentemente da criação de novas ferramentas administrativas pelos estudiosos da administração. Essa é mais uma para você pensar!

Evidencia-se, também, que, na Seção 3.3, Mapeamento e análise das ferramentas administrativas, quando do mapeamento e da análise das ferramentas administrativas, estas foram alocadas, por exemplos diversos, nas funções da administração e nas funções das empresas; na Seção 4.2.1, Alocação das ferramentas administrativas nas diversas etapas, serão apresentados exemplos da alocação de ferramentas administrativas nas etapas do processo de desenvolvimento e consolidação de uma organização exponencial.

Esse procedimento é fundamental na prática da administração, pois você tem a oportunidade de visualizar diferentes maneiras de analisar a alocação das ferramentas administrativas, facilitando o seu processo decisório quando do exercício de suas responsabilidades em empresas diversas.

> ### Objetivos do capítulo
> A finalidade deste capítulo é explicar como você pode trabalhar de forma otimizada com as organizações exponenciais, evidenciando alguns aspectos básicos:
> - Quais são os impactos que as organizações exponenciais podem provocar nos resultados e nas pessoas que trabalham nelas?
> - E nos agentes externos dessas organizações exponenciais?
> - Quais são as etapas do processo de desenvolvimento e consolidação das organizações exponenciais?
> - Como alocar as ferramentas administrativas nessas etapas do processo?
> - Como você pode efetivar a qualidade total nessas organizações?

No próximo capítulo, fechamos o processo de análise verificando o impacto provocado pela Indústria 4.0, tanto nas organizações exponenciais quanto nas ferramentas administrativas.

4.1 Impactos da organização exponencial

É indiscutível que as organizações exponenciais provocam impactos de diversas naturezas nos vários agentes que têm uma interação, direta ou indireta, com as referidas organizações.

A questão é identificar esses agentes – que é uma tarefa relativamente simples –, estabelecer o tipo e a intensidade do impacto provocado – que pode ser uma tarefa com alguma dificuldade – e detalhar como esses impactos serão evitados ou usufruídos como decorrência de ser algo ruim ou algo bom para a organização exponencial analisada, o que parece não ser uma atividade complicada.

Esses impactos podem ser nos fatores internos ou controláveis pela empresa, mas também – e com elevada intensidade – nos fatores externos ou não controláveis pela empresa, o que consolida uma forte abordagem estratégica nessas interligações.

4.1.1 Nos negócios e nos profissionais das empresas

Os negócios, produtos, serviços e atividades, bem como os profissionais das empresas, são as causas e os efeitos das transformações das empresas em organizações exponenciais.

Com relação aos negócios, produtos e serviços, a questão tecnológica é como eles são idealizados, estruturados, testados, aprimorados e consolidados perante os diversos segmentos de mercado de acordo com as suas necessidades e expectativas, sejam essas explicitadas ou não. Portanto, a questão aqui é "enxergar nos outros", que estão fora das empresas, mas podem usar os seus produtos e serviços de modo inovador e diferenciado. Essa abordagem envolve, pelo menos, duas questões essenciais:

1. A descoberta do diferencial que pode agregar valor aos atuais produtos e serviços disponibilizados pela empresa analisada e seus concorrentes atuais, mas também os possíveis concorrentes futuros, ou seja, essa questão envolve forte análise estratégica de mercado, obrigando a empresa a estar "antenada" a tudo que está acontecendo ou que pode acontecer em cada um dos segmentos de mercado quanto às suas necessidades e expectativas.
2. A identificação no mercado, ou o desenvolvimento – o que pode ser muito custoso e demorado e, talvez, complicado para a empresa – da(s) tecnologia(s) necessária(s) para consolidar o novo produto ou serviço ou o diferencial competitivo no atual produto ou serviço, o que também envolve dois aspectos básicos:
    i. Conhecimento de um processo estruturado de análise estratégica das tecnologias disponíveis e em desenvolvimento, de acordo com as necessidades e as expectativas dos diversos segmentos de mercado.
    ii. Conhecimento e disciplina de atuação com diferentes e modernas tecnologias de administração, de processos e atividades, de negócios, produtos e serviços, sempre focando as necessidades e as expectativas do mercado, tanto as atuais quanto as potenciais futuras.

Quanto à otimizada alocação da tecnologia nas atividades da empresa, a questão é mais fácil de ser resolvida, tendo como base de sustentação uma adequada administração de processos; você pode considerar, como fator orientativo, um modelo para análise global dos processos e correspondentes atividades na empresa analisada.

Para análise e debate, um conjunto de quatro grupos, cada um com suas ferramentas administrativas básicas, é apresentado na Figura 4.1.

```
┌─────────────────────────┐
│    Grupo estratégico    │
├─────────────────────────┤
│ • Planejamento estratégico │
│ • Qualidade total       │
│ • Marketing total       │
│ • Logística             │
└───────────┬─────────────┘
            │
            ▼
┌──────────────────┐   ┌─────────────────────┐   ┌──────────────────────────┐
│ Grupo tecnológico│   │   Administração     │   │    Grupo estrutural      │
├──────────────────┤──▶│  dos processos e    │◀──├──────────────────────────┤
│ • Produto e serviço │   │  das atividades da │   │ • Estrutura organizacional │
│ • Conhecimento   │   │      empresa        │   │ • Informações gerenciais │
└──────────────────┘   └──────────▲──────────┘   │ • Custos por atividades  │
                                  │              └──────────────────────────┘
            ┌─────────────────────┴───┐
            │  Grupo comportamental   │
            ├─────────────────────────┤
            │ • Capacitação           │
            │ • Desempenho            │
            │ • Potencial             │
            │ • Comportamento         │
            │ • Comprometimento       │
            └─────────────────────────┘
```

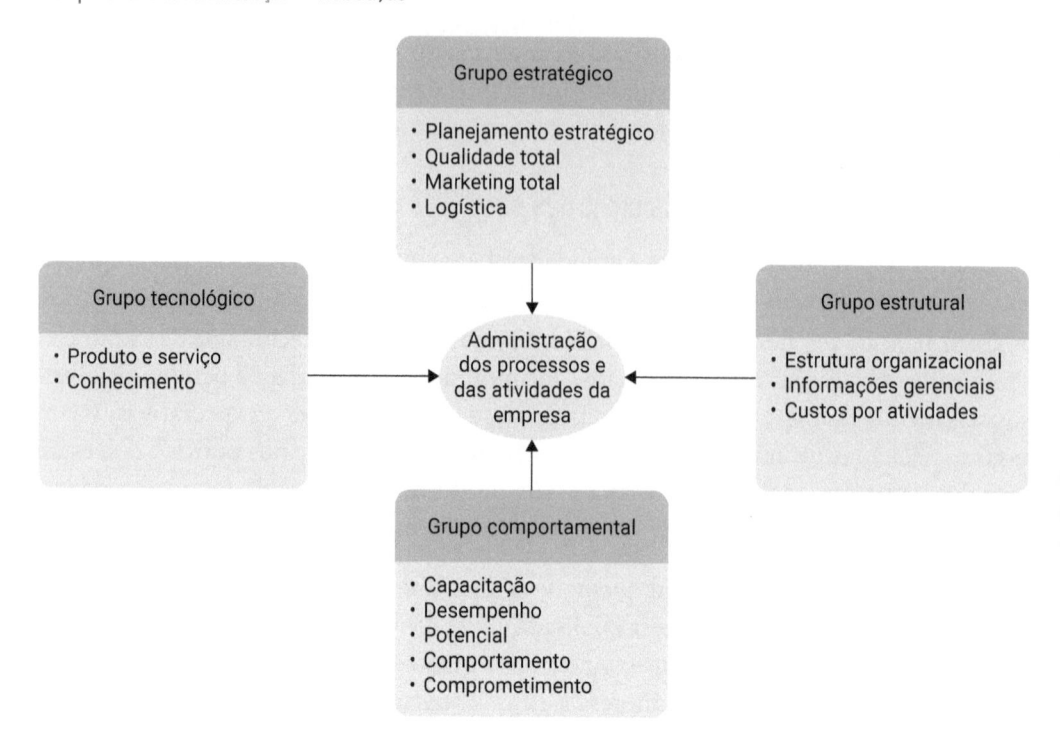

Figura 4.1 Administração dos processos e das atividades.

A Figura 4.1 evidencia o ambiente básico da administração dos processos e correspondentes atividades de uma empresa, apresentando um conjunto de ferramentas administrativas que podem influir ou receber influência, de maneira direta ou indireta, do desenvolvimento e da operacionalização dos referidos processos – e suas atividades – na empresa analisada.

Lembre-se de que os processos estratégicos ou de negócios devem ser desenvolvidos antes dos processos administrativos e operacionais. Além disso, existe plena interação entre as diversas ferramentas administrativas das empresas; podem ser apresentados os seguintes comentários resumidos a respeito dos quatro grupos e suas ferramentas administrativas:

i. No grupo estratégico, você pode considerar, principalmente, quatro ferramentas administrativas:

1. Planejamento estratégico, para estabelecer a direção básica a ser seguida pela empresa, visando a um grau de interação com os fatores externos ou não controláveis pela empresa.

2. Qualidade total, para que os produtos e serviços da empresa satisfaçam – ou suplantem – as necessidades, as exigências e as expectativas dos clientes externos e internos da empresa.

3. Marketing total, para que ocorra um pleno processo interativo de todas as atividades e unidades organizacionais da empresa para com as necessidades e expectativas dos clientes e mercados atuais e potenciais.
4. Logística, para que estabeleça um processo estruturado e integrado de todas as atividades que têm relação entre si em uma sequência lógica, desde o planejamento das necessidades e expectativas do mercado, passando por todos os insumos, transformações, vendas, entregas, até o pós-venda do produto ou serviço colocado no mercado.

ii. No grupo tecnológico, você pode considerar, principalmente, duas ferramentas administrativas:

1. Produto ou serviço oferecido, que corresponde à razão de ser da empresa e que, em seu momento de pós-venda, pode – e deve – ser a ponta de um dos extremos dos processos administrativos da empresa, em perfeita interação com as necessidades e as expectativas dos diferentes segmentos de mercado.
2. Conhecimento, para que se consiga entender, com qualidade, o conceito e a estruturação de um assunto, bem como efetivar sua aplicação em uma realidade específica da empresa. Você verifica que o conhecimento deve corresponder à amplitude maior da evolução tecnológica, a qual pode ser entendida como o conhecimento aplicado.

iii. No grupo estrutural, você pode considerar, principalmente, três ferramentas administrativas:

1. Estrutura organizacional, para que ocorra o delineamento interativo das atribuições, níveis de alçada e processo decisório inerentes às unidades organizacionais da empresa, incluindo suas interações com os fatores não controláveis alocados no ambiente empresarial.
2. Sistema de informações gerenciais, cuidando do processo de transformação de dados em informações que são utilizadas na estrutura decisória da empresa, bem como proporcionando a sustentação administrativa para otimizar os resultados esperados.
3. Custos por atividades, para analisar os custos reais da empresa com base nas atividades de cada processo administrativo estabelecido, bem como alocar esses custos nos produtos e serviços oferecidos ao mercado pela empresa.

iv. No grupo comportamental, você pode considerar, principalmente, cinco ferramentas administrativas:

1. Capacitação, para analisar o nível de sustentação de cada profissional em obter e deter um conjunto de conhecimentos e de ferramentas administrativas que se aplicam à sua área de atuação na empresa.

2. Desempenho, para analisar o resultado efetivo que um profissional da empresa apresenta quanto às atividades inerentes ao seu cargo ou função, em determinado período, em relação aos resultados negociados e estabelecidos.
3. Potencial, para identificar o conjunto de conhecimentos que um profissional tem para desempenhar, com qualidade, outras atividades, correlacionadas ou não, ao seu atual cargo e função. Você verifica que essa é uma questão inerente ao cadastro de capacitação interna (ver item III da Seção 3.3.2, Pelas funções das empresas.
4. Comportamento, para analisar o conjunto de atitudes que cada profissional apresenta em relação aos diversos fatores e assuntos que estão em seu ambiente de atuação na empresa.
5. Comprometimento, para verificar o nível de responsabilidade isolada ou solidária de cada profissional, ou equipe de trabalho, pelos resultados que a empresa espera. Na prática, essa questão do efetivo comprometimento é algo que tem muito a evoluir na administração, pois ainda apresenta muita "conversa fiada".

Como as pessoas podem contribuir para o desenvolvimento de organizações exponenciais?

Essa é uma questão bem ampla, e você pode considerar alguns aspectos e, depois, analisar como poderá se enquadrar neles.

Um exemplo é a interação entre a inteligência humana e a inteligência artificial (IA), quando se pode "exponencializar" as atividades e os resultados, pois as pessoas realizam muitas atividades repetitivas, e as máquinas podem realizá-las de um jeito melhor, mais rápido e barato, com a vantagem extra que as pessoas podem se dedicar a atividades mais nobres, inteligentes e desafiadoras.

Aqui vale uma advertência: as instituições de ensino, incluindo as faculdades e as escolas técnicas, devem adaptar os conteúdos de suas disciplinas para essa nova realidade, pois podem estar formando futuros desempregados se os seus conhecimentos tiverem pouca importância para as empresas que vão utilizar máquinas e equipamentos diversos e envolvendo alta tecnologia.

Essa questão de evolução tecnológica tem proporcionado, inclusive, contribuições diretas para exames mais assertivos da saúde dos profissionais das empresas, usando algoritmos e da IA; ou seja, a tecnologia consolida uma situação mais democrática e com decisões compartilhadas envolvendo vários especialistas de diferentes atividades.

A fim de que os impactos das organizações exponenciais sejam positivos, tanto para os negócios quanto para os profissionais das empresas, devem ser respeitadas algumas premissas básicas, sendo apresentado, a seguir, um exemplo para cada uma das duas situações.

Você consegue identificar algumas outras questões nos capítulos deste livro, mas, nesse momento, pode trabalhar com a meritocracia de ideias impactando as empresas e o nível de desobediência impactando os profissionais das empresas.

Em termos metodológicos, a implementação dessas duas questões pode ser considerada fácil, desde que se tome cuidado de ajustar o estilo administrativo da empresa.

Com referência à primeira questão, de acordo com Ray Dalio (2018), administrador de fundos, o foco deve ser a meritocracia de ideias, a qual é uma abordagem sistemática que faz com que as melhores ideias prevaleçam. Para que isso ocorra, existem três premissas:

1. Todas as pessoas devem ter o direito de expressar seus pensamentos.
2. É preciso aprender a arte da discordância respeitosa, seguindo protocolos que permitam que as pessoas resolvam suas divergências de modo que cheguem ao melhor pensamento, sem ressentimentos.
3. É necessário que haja um processo claro para solucionar as disputas de opinião, caso elas persistam.

Quanto a você ter um nível interessante de desobediência, a análise deve ser mais profunda.

Uma questão interessante para você pensar é a apresentada por Joi Ito (2018, p. 22), diretor do prestigiado MIT Media Lab, instituição com importantes trabalhos na área de inovação, na qual ele criou o curso de autoconhecimento para inovadores tecnológicos e desenvolveu uma importante tese sobre a prática da mudança; e o princípio básico dele na vida e na prática está na desobediência, por entender que a inovação só é possível por meio da quebra constante de paradigmas – "ninguém ganha um Prêmio Nobel fazendo o que outras pessoas dizem para você fazer".

Naturalmente, essa desobediência deve ser pacífica e administrada para que essa prática seja benéfica à população, ou seja, é uma desobediência construtiva.

Nesse contexto, é necessário promover todo um ecossistema de criatividade, inteligência e liberdade, no qual pessoas trabalham com amplo processo interativo de colaboração, mas onde exista uma competição saudável e criativa, resultando em um interessante processo de trabalho e resultado inovativo.

Para finalizar, pense a respeito de uma famosa frase de Joi Ito: "Na teoria, teoria e prática são iguais; mas, na prática, elas são diferentes!".

Você verifica que as transformações digitais não se referem, apenas, a sistemas de *hardware* ou *software*, mas às pessoas; e, portanto, se as empresas querem ser competitivas, elas precisam de profissionais que possam se adaptar – e até encorajar – a essas mudanças, apresentando novas habilidades de liderança, sustentada pelo conhecimento de conexão de pessoas, processos, dados e negócios.

Nesse momento, é válido apresentar as características básicas dos líderes exponenciais analisados por Nail (2014):

- Defensor visionário dos clientes, uma vez que, quando constatam que suas necessidades e expectativas são atendidas na plenitude, eles tendem a se mostrar mais fiéis durante a caótica etapa de experimentação que costuma acompanhar o crescimento acelerado nas tecnologias e nas empresas.
- Experimentador movido pelos dados, pois nesses casos a experimentação com os consumidores pode ser aplicada em qualquer escala para construir conhecimento

institucional da empresa, desde que os referidos consumidores sejam envolvidos de maneira correta e, portanto, aceitem, de modo flexível, os processos estabelecidos pela empresa e até possam se entusiasmar e pedir para fazer parte deles. Naturalmente, isso ocorre se existir um sistema de *feedback* rápido e com dados corretos a respeito da progressão adequada do produto ou serviço considerado; caso contrário, provavelmente se sentirão frustrados e se afastarão da empresa.

- Realista otimista, ou seja, o líder deve conseguir visualizar e transmitir aos seus liderados uma saída interessante para os casos mais problemáticos dos experimentos realizados.
- Flexível ao extremo, para conseguir se transformar e se adaptar, exponencialmente, no mesmo tempo da evolução tecnológica e nas alterações no modelo de negócio atual, sempre com forte processo de aprendizado **na tarefa** e em **tempo real**.
- Radicalmente aberto para as interações com a comunidade e para possíveis entradas de especialistas vindos de fora da empresa, ou seja, ampla "mente aberta".
- Verdadeiramente confiante, aceitando desafios profundos e até mudando de emprego se julgar válido, para que não perca a sua identidade de inovador exponencial, tendo, portanto, coragem e perseverança para que possa aprender, adaptar-se e mexer com a própria empresa em que atua.

Nessa questão de existência de um processo interativo entre o futuro da administração e a evolução de sua carreira, você deve ficar atento(a) e atualizado(a), pois pesquisas recentes mostram que executivos, principalmente da alta administração, não estão preparados para os desafios da economia digital e nem sabem se adaptar às exigências de um mercado consumidor mais conectado; e os executivos da média administração têm apresentado dificuldades de aplicar essas ferramentas digitais no desenvolvimento e na operacionalização de metodologias e técnicas administrativas.

Nesse contexto, você pode fazer uma autoanálise considerando o seu nível de conhecimento quanto às seguintes questões:

- **Cultura digital**: habilidade para compreender oportunidades da economia digital, tanto na vida pessoal quanto na profissional.
- **Gestão da informação**: capacidade de usar canais digitais para buscar informações e compartilhar, **em tempo real**, dados com a sua equipe de trabalho.
- **Comunicação digital**: uso de ferramentas profissionais para compartilhar documentos e informações com a sua equipe de trabalho de modo seguro.
- **Identidade digital**: como você está representado(a) e utiliza os serviços de diferentes redes sociais.
- **Trabalho em rede**: análise do tamanho e da qualidade do *networking* que você consegue reunir em meios digitais.
- **Visão estratégica**: conhecimento de como o uso de ferramentas digitais pode trazer eficiência e velocidade à realização de tarefas na empresa.

- **Segurança de dados**: como você protege suas informações na rede, em âmbito pessoal e profissional, o que envolve conhecimentos sobre *malwares* e gestão de senhas.

Pelo que foi apresentado, você pode concluir que é preciso tomar cuidado com algumas questões inerentes ao futuro da administração.

Por exemplo, a questão da difundida IA, pois é necessário definir o termo "inteligência" no contexto artificial, uma vez que, se um assunto administrativo pode se comportar como "inteligente" por um artifício qualquer, essa qualidade da análise administrativa seria parte integrante do processo e, portanto, deixaria de ser "artificial".

Essa é apenas uma abordagem para você pensar e, preferencialmente, sempre se lembrar de que, em administração, é fundamental você conhecer a essência das coisas, a exemplo das metodologias e técnicas administrativas que explicam, com detalhes, como as atividades administrativas se desenvolvem; caso contrário, você ficará simplesmente "apertando" alguns botões do teclado do computador, sem entender a lógica do processo e, consequentemente, o seu raciocínio vai ficando automatizado e com baixa qualidade analítica, crítica e decisória.

Essa questão vale para vários outros assuntos, como:

- Ciência de dados, que se ocupa dos mecanismos de tratamento de grandes quantidades de dados brutos no processo de busca de possíveis correlações e informações inferidas.
- Aprendizado de máquina, que utiliza um programa escrito procurando aperfeiçoar o seu funcionamento pelo que é identificado e analisado do que existe no mundo.
- Aprendizado profundo, em que o sistema evolui para comportamentos não previstos em sua programação inicial, os quais decorreram de sua experiência com sucessos e fracassos anteriores.

Você também deve considerar que esses sistemas costumam ser "treinados" na execução de tarefas humanas, pela simples utilização de uma quantidade enorme de informações fornecidas para cada sistema em aplicação.

Porém, nunca se pode esquecer que essas máquinas e programas, e outros objetos materiais, não podem ser responsabilizados por resultados antiéticos e amorais, pois essa análise crítica e situacional é uma prerrogativa do ser humano.

Portanto, inteligente, e não artificial, é saber usar, com sabedoria, o potencial das máquinas como importante ajuda para o alcance de nossos objetivos e metas, mas nunca se esquecendo da abordagem humana nesse processo.

Você verifica que todas as questões que foram apresentadas, em maior ou menor intensidade, estão contextualizadas na computação em nuvem – computadores e servidores ligados à internet para armazenar e gerenciar arquivos e dados –, sendo essa uma realidade que está evoluindo no mundo, inclusive no Brasil.

É muito ampla a possibilidade de aplicações, e são inúmeros os benefícios que a tecnologia da nuvem pode proporcionar para as empresas em suas análises de negócios.

Esse auxílio pode abranger algumas questões, como a otimização de processos e a redução de custos, o desenvolvimento de novos produtos e soluções que resolvem problemas antes insolúveis, a efetiva remoção de intermediários possibilitando que o cliente tenha mais autonomia e estabeleça maior relação com a empresa, bem como a consolidação de ferramentas de produtividade e colaboração, proporcionando grandes facilidades operacionais para as empresas.

Na prática, você tem observado que as organizações exponenciais apresentam uso intensivo de algoritmos que servem praticamente para tudo, como recomendação de compras e operações bancárias de análise de crédito, provocando uma queda exponencial dos custos em todas as funções dos negócios das empresas.

4.1.2 Nos segmentos de mercado e outros agentes do ambiente externo das empresas

Os alcances dos efeitos das organizações exponenciais são extremamente amplos, pois o mundo exponencial aproxima as empresas das comunidades, as instituições dos financiadores, as empresas de seus clientes e fornecedores, todos focando um mesmo objetivo: o desenvolvimento da sociedade.

Embora algumas pessoas possam considerar esse objetivo uma utopia e uma simples frase filosófica, ela é uma realidade por si só, ou seja, os seus resultados acontecem naturalmente, pelo simples fato de que o mundo exponencial aproxima as pessoas, bem como as instituições.

Um exemplo de um agente externo que tem facilitado esse processo – talvez não na velocidade desejada! – é o dos Objetivos de Desenvolvimento Sustentável (ODS), criado pela ONU, em 2015, com uma abordagem holística e a finalidade de alcançar, simultaneamente, a inclusão social, o desenvolvimento econômico e a sustentabilidade ambiental, sem deixar ninguém fora desses objetivos básicos. E essa pode ser uma importante contribuição para as empresas que, efetivamente, pretendem se tornar organizações exponenciais, fazendo parte do mundo.

Nessa questão de evolução tecnológica das instituições, na tentativa de se tornarem organizações exponenciais atuando em um contexto industrial 4.0, deve-se ter uma posição desafiadora, mas realista, evitando-se incorrer em determinadas situações evidenciadas pela mídia, em que algumas cidades, sem qualquer plano bem-estruturado e sustentado, afirmam que se tornarão as novas cidades do Silício, atraindo grande número de empresas *startups*, levando a cidade a ser referência nacional e, talvez, mundial.

Esse processo evolutivo não pode ser levado como uma brincadeira, quer seja por uma empresa, quer seja por um conjunto de empresas, uma cidade, uma região ou um país, pois isso envolve uma situação com elevadíssima competência de atuação pessoal e profissional.

Essa questão é colocada neste livro para provocar a necessidade de uma efetiva e verdadeira análise da realidade e da capacitação tecnológica de cada instituição.

4.2 Etapas do processo de desenvolvimento e consolidação

As organizações exponenciais podem ser desenvolvidas e consolidadas respeitando 12 fases, a saber (Ismail; Malone; Van Geest, 2015, p. 138):

1. Estabelecimento do propósito a ser alcançado, correspondendo a uma importante transformação.
2. Estabelecimento e consolidação do estilo administrativo e do modelo de administração que seja importante para todos os que interagem com a empresa, de modo direto ou indireto.
3. Identificação das equipes ideais de trabalho.
4. Identificação da ideia revolucionária que vai provocar a importante transformação na empresa.
5. Estruturação do plano de negócios da empresa.
6. Detalhamento do plano de negócios específico para o processo de transformação.
7. Estabelecimento do protótipo a ser efetivado.
8. Detalhamento do planejamento de marketing.
9. Implementação da ideia.
10. Tratamento da cultura organizacional da empresa.
11. Especificação das perguntas-chave a serem aplicadas no desenvolvimento dos trabalhos.
12. Estruturação da plataforma de sustentação para a efetividade dos trabalhos.

Antes de apresentar os detalhes de cada etapa do processo de consolidação de uma organização exponencial, é válido "esquentar" o seu raciocínio apresentando alguns aspectos inerentes à necessidade da existência de uma ideia transformadora, a qual vai "mexer" com o espírito empreendedor, criativo e inovador de alguns de seus profissionais, com posterior disseminação em toda a empresa.

Essa questão da inovação, da ideia transformadora, para que não fique em uma simples idealização e um sonho, é necessário que tenha uma causa, uma motivação, a qual, na maior parte das vezes, é decorrente do propósito, da visão, da missão, ou seja, da razão de ser da empresa, desde que essas questões sejam levadas a sério, principalmente pelos executivos da alta administração.

E uma premissa é que a ideia transformadora proporcione benefícios a todos os elos da cadeia produtiva: o fundador, o funcionário, o cliente, o fornecedor, o membro da comunidade na qual a empresa atua etc.

Para que uma ideia possa ser minimamente transformadora, é necessário que se analise, com veracidade, se a empresa estará fazendo mais do mesmo, se é parte do problema ou se está trazendo solução para algum problema, quer seja por uma atividade, quer seja por um serviço ou por um produto.

Entretanto, deve-se tomar cuidado de verificar se o propósito inicial da empresa envelheceu e precisa ser atualizado, o que demanda um forte e criativo repensar sobre o novo propósito da empresa, forçando a um profundo processo de desenvolvimento organizacional em que todos os profissionais da empresa devem acreditar e consolidar uma efetiva e real mudança de seu propósito; e mais: que os clientes e fornecedores entendam e apoiem essa mudança profunda, a qual envolve valores sociais, econômicos, ambientais e culturais.

E, agora, são válidos alguns breves comentários a respeito das três possíveis causas de uma ideia transformadora:

1. O propósito da empresa deve ter sido explicitado pelo fundador da empresa, pois ela "não nasceu do nada".
2. A visão deve ter sido explicitada no processo de planejamento estratégico e precisa corresponder ao estabelecimento do que a empresa quer ser a curto, médio e longo prazos, servindo para o delineamento de todas as estratégias e ações dela.
3. A missão também deve ter sido estabelecida no processo de planejamento estratégico e correspondendo ao "campo" dentro do qual a empresa vai "jogar", com seus negócios, produtos e serviços nos segmentos de mercado estabelecidos.

4.2.1 Alocação das ferramentas administrativas nas diversas etapas

Agora chegou o importante momento da alocação das ferramentas administrativas em cada uma das 12 etapas do processo de desenvolvimento e consolidação das organizações exponenciais, ou seja, proporcionar toda a sustentação básica à qualidade dos trabalhos.

Essa é uma questão fundamental, pois:

- Alguns profissionais de empresas não conhecem as ferramentas administrativas consagradas e, portanto, as suas análises, decisões e ações não apresentam qualquer sustentação, a não ser do famigerado "achismo".
- Outros profissionais conhecem as ferramentas administrativas, mas as aplicam de maneira errática, acarretando sérios danos para as empresas nas quais trabalham.
- Determinados profissionais conhecem as ferramentas.

Para facilitar a sua análise e posterior aplicação nas empresas, algumas etapas do processo de desenvolvimento e consolidação das organizações exponenciais são divididas em fases com ferramentas específicas; mas essa questão não apresenta qualquer tipo de problema, pois, na prática, você nunca pode se esquecer de realizar esses trabalhos respeitando, na plenitude, todos os princípios da moderna administração integrada, que corresponde à situação na qual todas as atividades das empresas se apresentam na relação estruturada das causas *versus* efeitos.

Outro aspecto a ser evidenciado é que algumas ferramentas administrativas podem ser aplicadas em mais de uma etapa ou fase dos trabalhos, o que é perfeitamente normal em estruturação de atividades administrativas.

Salienta-se, também, que não houve qualquer preocupação em hierarquizar as ferramentas administrativas quanto aos seus níveis de contribuição para os resultados das organizações exponenciais, pois estas podem apresentar algumas características específicas. De qualquer maneira, existe, no final desta seção, uma "chamada" para você estabelecer algum modo de hierarquização de acordo com o que visualiza na realidade da instituição na qual estuda ou empresa na qual trabalha.

E, agora, uma importante **dica**: na Seção 3.3, Mapeamento e análise das ferramentas administrativas, você teve a oportunidade de analisar as ferramentas administrativas em dois contextos: pelas funções da administração e pelas funções das empresas; agora, você pode fazer pelas 12 etapas do processo de desenvolvimento e consolidação de uma organização exponencial, ou seja, estará ampliando o seu raciocínio de análise e de aplicação prática das ferramentas administrativas.

Evidencia-se que as ferramentas administrativas apresentadas nesta e na Seção 3.3 podem, e devem, se repetir, mas o contexto de aplicação é diferente em geral, o que pode resultar em uma interessante sinergia de análise.

Você vai perceber que o importante é conhecer uma estrutura básica, e perfeitamente lógica, para realizar esses trabalhos. Essa estrutura deve apresentar um interessante nível de flexibilidade para se ajustar a diferentes realidades de empresas; mas de qualquer modo será essencial para a sustentação de seu desenvolvimento profissional.

Para alocar as ferramentas administrativas nas diversas etapas do desenvolvimento e da operacionalização das organizações exponenciais, pode-se partir dos momentos estabelecidos pelos idealizadores desse tipo de empresa (Ismail; Malone; Van Geest, 2015).

Fazendo-se as devidas adaptações e complementações, tem-se:

Etapa 1: estabelecimento de um propósito que gere uma importante transformação para muitas pessoas.

Uma sugestão é que você observe, na prática, que esses propósitos com maior força são os decorrentes de algum negócio, produto, serviço, processo ou atividade da empresa que tenha um grande problema a ser resolvido e que essa situação seja de elevada motivação para a maior parte dos profissionais da referida empresa; ou, em uma situação mais interessante, que o foco seja uma oportunidade identificada no ambiente empresarial.

Mesmo que ocorra algum viés nessa observação, é bem provável que o propósito principal seja identificado como decorrência do princípio da administração total e integrada em que todos os assuntos da empresa estão interligados, ou seja, a possibilidade de erro é reduzida.

Normalmente, o único problema é que a empresa tenha profissionais com conhecimentos, habilidades e atitudes para resolver esse enorme problema ou usufruir essa importante oportunidade; ou, então, saber identificar e conseguir trabalhar com quem tenha essas competências.

Com relação às ferramentas administrativas que você pode considerar para otimizar os trabalhos nessa etapa, bem como as possíveis adaptações nelas para melhor atender às questões da evolução tecnológica, tem-se, inicialmente, o planejamento estratégico, sendo este uma ferramenta administrativa evidente, pois:

- A única maneira de saber o que precisa ser feito ou alterado para enfrentar um grande problema empresarial ou usufruir uma interessante oportunidade de mercado – ou até "criar" uma oportunidade – é pela otimizada aplicação de um processo estruturado de planejamento estratégico.
- A maneira mais fácil – não é a única – de interligar todas as atividades de uma empresa é pelo planejamento empresarial – estratégico, mais os táticos, mais os operacionais –, auxiliado pela estrutura de administração de processos e pelo modelo organizacional da administração total e integrada.
- O debate amplo e verdadeiro a respeito do futuro da empresa é um dos trabalhos mais motivadores que existe, e nele todos os princípios da técnica do desenvolvimento organizacional – ver Etapa 4 – podem ser aplicados com qualidade.

Na prática, você pode considerar que o ideal é sempre identificar a ferramenta administrativa que será o foco central para desenvolver e consolidar a abordagem da administração total e integrada, pois, caso contrário, o delineamento da matriz decisória ficará complexa e sem qualquer necessidade.

Nesse momento, uma advertência: você já deve ter observado que muitos executivos de empresas se preocupam – e gastam a maior parte de seu tempo – com problemas e acertos, mas você deve considerar que possivelmente mais importante do que isso seria eles gastarem a maior parte do tempo na identificação de oportunidades de mercado e de crescimento de suas empresas, lembrando que:

- Se a empresa tiver uma administração estruturada e com boa qualidade – o que não é difícil! –, os seus problemas serão de pequena monta e de mais fácil solução.
- A empresa deve ser "puxada" pelos seus pontos fortes, e não pelos seus pontos fracos, ou seja, ela nunca deve ser "nivelada por baixo".
- Devem ser identificados – e prestigiados – os profissionais que "empurram" a empresa para frente, apresentando projetos efetivos, e não "conversa mole".
- As empresas que apresentam as características mínimas anteriormente citadas têm, em seus quadros funcionais, líderes que de modo efetivo proporcionam sustentação para a empresa poder se tornar uma organização exponencial.
- Essas empresas consolidam uma otimizada cultura organizacional direcionada à inovação em seus vários contextos.

Uma questão interessante é que algumas ferramentas administrativas exemplificadas nas diversas etapas do desenvolvimento das organizações exponenciais envolvem elevado nível de tecnologia aplicada, e outras não apresentam essa necessidade; e a razão é muito simples e evidente: algumas metodologias e técnicas administrativas podem ser adequadamente desenvolvidas e aplicadas sem o uso direto de modernas tecnologias advindas da atual Revolução Industrial 4.0, enquanto outras metodologias e técnicas necessitam dessas modernas tecnologias.

Porém, para que você se preocupe tanto com o "que" quanto com o "como" fazer – e outras questões importantes –, são válidas algumas considerações para sua análise e debate visando ao seu aprimoramento profissional.

Nesse momento, você deve fazer uma importante pergunta: como deve ser o seu plano de desenvolvimento, aprimoramento e atualização tecnológica para estar sempre usufruindo as diversas novidades que aparecem no mundo digital e são de interesse específico nos assuntos de administração das empresas e de seus negócios?

Em princípio, essa pergunta não é difícil de responder, mas algumas questões devem ser evidenciadas para que os resultados sejam otimizados e você não tenha percalços em sua evolução profissional.

De modo geral, você pode considerar o seguinte procedimento básico para se manter atualizado nas questões tecnológicas de interesse, direto ou indireto, para as suas atividades profissionais atuais ou para um futuro próximo:

- Elabore, com o máximo de detalhes, o seu plano de carreira. Se quiser, pode analisar o já citado livro *Como elaborar um plano de carreira para ser um profissional bem-sucedido*, do mesmo autor e editora.
- Interligue, de maneira estruturada, o seu plano de carreira com o plano de negócios da empresa na qual trabalha, identificando os pontos em que as suas contribuições podem ser mais efetivas.
- Identifique, em debates com os colegas, os possíveis "filhotes" dos negócios atuais e/ou os produtos e serviços que a empresa pretende desenvolver de acordo com o seu plano de negócios.
- Para a área da empresa na qual você trabalha – ou pretende trabalhar –, detalhe todos os processos e as suas atividades, ou seja, comece a se preocupar com a questão do "como fazer".
- Idem quanto aos processos próximos e interligados com os processos e as atividades de sua área de atuação.
- Identifique as possíveis tecnologias atualizadas para cada negócio, produto e serviço atual ou potencial para a empresa.
- Idem quanto a cada processo e as atividades com as quais esteja envolvido.
- Debata os resultados identificados com seus colegas de trabalho e outros profissionais de seu conhecimento.
- Complemente e aprimore os seus estudos com os resultados dos debates efetuados, respeitando os níveis de conhecimento efetivo dos profissionais envolvidos nos detalhes.
- Leia e estude muito a respeito dos assuntos identificados, analisados e debatidos.

- Analise, mesmo hipoteticamente, a aplicação de cada tecnologia identificada nos negócios, produtos, serviços, processos e atividades atuais e potenciais futuras da empresa na qual trabalha, com seus possíveis resultados.
- Elabore um projeto para a situação mais viável – tecnologia aplicada *versus* resultado proporcionado e recursos necessários *versus* possibilidade da empresa – e realize amplo debate.
- Estabeleça uma matriz de análise de interação entre evolução tecnológica *versus* tecnologia aplicada *versus* capacitação da empresa *versus* resultados obtidos.
- Auxilie a empresa na identificação e na parceria com possíveis *startups*.

Simples, não?

Você percebe que, em vários pontos do livro, são apresentadas algumas questões "provocativas" para direcionar e sistematizar o seu raciocínio tecnológico para o que está acontecendo nessa Era Digital e para o que poderá acontecer!

Etapa 2: os novos estilo e modelo de administração da empresa devem ser importantes e vantajosos para todos os seus públicos.

Esses públicos correspondem aos clientes e fornecedores – atuais e potenciais –, aos governos, às comunidades etc., ou seja, todos os possíveis beneficiados e/ou afetados pela empresa considerada, não se esquecendo do público interno – os diversos profissionais da empresa –, o qual foi evidenciado na etapa anterior.

E, nesse momento, pode ocorrer algo interessante: se o propósito no processo de transformação for realmente necessário, lógico e bem divulgado quanto aos benefícios a serem proporcionados aos diversos públicos, estes ajudarão – de modo direto ou indireto, com maior ou menor intensidade – nas transformações a serem realizadas pela referida empresa.

Para o melhor desenvolvimento dos trabalhos nessa fase e, tendo em vista a evolução tecnológica da atual Era Digital, você pode considerar, como exemplos, as seguintes ferramentas administrativas:

a) Estilo administrativo

Corresponde ao "jeitão" de atuar – nos contextos profissional e pessoal – dos principais executivos da empresa, podendo consolidar a "personalidade" administrativa da empresa.

Naturalmente – e na maior parte das vezes – os demais profissionais se "enquadram" nesse estilo administrativo, pois não é comum as pessoas lutarem por uma mudança nesse contexto, até porque, geralmente, existe uma forte dificuldade de provar que outro estilo administrativo é melhor quando os principais executivos da empresa não querem debater esse assunto, pois, se isso ocorrer, vai demonstrar que o "jeitão" administrativo deles está totalmente errado.

Portanto, esse é um assunto que exige debate de elevada abrangência e real interesse para tal, bem como interação estruturada com outras ferramentas administrativas, como o planejamento estratégico – para saber como a empresa está indo para o resultado que precisa alcançar –, a avaliação de desempenho por critérios objetivos – para saber "quem é quem" nesse processo evolutivo –, entre outras ferramentas administrativas.

b) Modelo de administração

Aqui a análise é mais estruturada e o grande "lance" da ferramenta administrativa **modelo de administração** é ser o "meio de campo" e o ponto de equilíbrio entre o plano de negócios da empresa – que é a explicitação do que a empresa deve consolidar pela operacionalização de suas atividades – e o seu "jeitão" ou estilo administrativo. Nesse momento, pode surgir uma pergunta: "Qual é a ordem dos trabalhos considerando as três ferramentas administrativas citadas?".
A resposta é:

- O foco básico tem que ser o plano de negócios – o qual recebe influência de várias ferramentas administrativas, conforme evidenciado neste livro –, pois ele consolida a existência da empresa.
- O modelo de administração deve proporcionar a devida sustentação para que as atividades da empresa se direcionem, com qualidade, para a efetivação do plano de negócios elaborado.
- O estilo administrativo deve facilitar – e auxiliar – para que as atividades da empresa – alocadas pelo modelo de administração – se direcionem, sempre com qualidade total, para a plena consolidação do plano de negócios.

Você percebe que a simples identificação desse grande problema e a consequente motivação para resolvê-lo podem afetar, direta ou indiretamente, com maior ou menor intensidade, o estilo administrativo, o modelo de administração e o plano de negócios da empresa.

Entretanto, o recado é: não queira alterar o estilo administrativo e o modelo de administração de uma empresa – e até o seu plano de negócios, que é analisado na Etapa 5 – simplesmente porque você considera que esse seja um grande problema, pois os outros profissionais da empresa podem não concordar com você; e não queira fazer uma mudança ilusória, ou seja, que não gere uma efetiva transformação evolutiva!

Com referência à possível influência da evolução tecnológica nas três ferramentas administrativas quando da realização da Etapa 2, você pode considerar, para debate, que:

1. No plano de negócios, certamente ocorrerão fortes evoluções tecnológicas nos produtos e serviços oferecidos, mas é muito provável que seja de modo mais intenso na maneira como eles são apresentados aos diferentes segmentos de mercado e, principalmente, no modo como eles chegarão ao público comprador nesses mercados. Portanto, é no plano de negócios que os profissionais das empresas precisam explicitar, de maneira estruturada e sustentada, todo o seu processo questionador, criativo e inovador, pois a referida ferramenta administrativa representa o ponto limítrofe para a idealização de um importante diferencial competitivo em cada produto e serviço da empresa analisada.
2. No modelo de administração, os novos conhecimentos devem ser incorporados sem maiores problemas, desde que a sua equipe de profissionais – nos diversos níveis

hierárquicos – tenha a curiosidade para pesquisar, o discernimento para analisar e a competência para operacionalizar as diversas atividades da empresa.

3. No estilo de administração, a influência tecnológica é complementar, pois o fundamental é as pessoas saberem debater, com qualidade, respeito e sabedoria, a realidade administrativa de cada um. Portanto, a evolução tecnológica, em si, não é um fator de elevada importância, pois será que uma pessoa que fica o dia inteiro em frente à tela do *smartphone* e do computador tem um estilo administrativo mais importante do que uma outra pessoa que sabe debater, na forma "antiga", em diferentes equipes multidisciplinares? Essa é mais uma pergunta para você pensar!

Etapa 3: formação da equipe ideal.

Essa questão da identificação e da formação das equipes ideais para os trabalhos inerentes às organizações exponenciais pode ser algo simples ou complicado.

Será simples porque se sabe, antecipadamente, os conhecimentos e as habilidades que esses profissionais devem ter, como os inerentes à IA, à robótica, à neurociência, à nanotecnologia, à biotecnologia, à realidade aumentada, à computação em nuvem, à computação quântica, entre outros assuntos que envolvem alta tecnologia, não se esquecendo das ferramentas administrativas mais "tradicionais" e que apresentam elevada validade empresarial.

Entretanto, esse processo de identificação das equipes ideais pode ser complicado quando existir "enganação" em seus processos de autoavaliação e, pior ainda, quando os selecionadores dos tais profissionais da equipe ideal tiverem baixo conhecimento dessas modernas e complexas tecnologias, com alguns, inclusive, com vergonha de pedir ajuda de especialistas – externos à empresa ou não – nesse importante processo de identificação e avaliação de profissionais. É possível que você tenha conhecimento de casos assim!

Algumas ferramentas administrativas que você pode utilizar nessa etapa, com os devidos ajustes necessários, são:

a) Cadastro de capacitação interna.

Essa ferramenta administrativa corresponde à identificação de "quem é quem" na empresa, considerando as suas atividades atuais e outras atividades para as quais cada profissional da empresa poderá estar plenamente capacitado em futuro breve, pois ele tem a oportunidade, de livre e espontânea iniciativa, de explicitar outros conhecimentos que a empresa pode precisar para desenvolver os seus negócios, quer sejam atuais, quer sejam potenciais futuros.

Essa é uma questão importante no processo de desenvolvimento e consolidação de uma organização exponencial, pois cada profissional que realmente tiver uma postura de atuação criativa e inovadora tem a oportunidade de demonstrar, de maneira sustentada, os seus conhecimentos diferenciados que sejam importantes para o futuro da empresa.

E não se pode esquecer que os conhecimentos alocados nas atividades atuais, mas principalmente os que deverão ser alocados nas atividades futuras, precisam ter forte interação com o processo evolutivo da Era Digital, pois:

- As metodologias e técnicas administrativas podem sofrer pequenos ajustes de sobreposição de etapas do processo de desenvolvimento e consolidação ou, então, decomposição de algumas etapas.
- As maneiras de realizar as atividades dentro dos referidos processos sofrerão muitas alterações, necessitando de novos conhecimentos que estão surgindo no contexto administrativo, sendo aí que a "coisa pega"!

b) Avaliação de desempenho por critérios objetivos.

Não existe dúvida de que essa ferramenta administrativa é uma premissa para toda e qualquer organização exponencial, pois a única maneira de saber a validade, a qualidade e a eficácia dos trabalhos de um profissional de empresa é pela avaliação de seu desempenho; e que essa avaliação seja baseada em critérios objetivos e de fácil e inquestionável análise – possíveis critérios subjetivos (simpatia, "vestir a camisa" etc.) só devem ser aplicados em situações especiais e com baixo peso na pontuação final. Com referência aos critérios objetivos – podem ser em número reduzido, mas de elevado impacto nos resultados da empresa –, eles precisam ser bem entendidos e assimilados por todos os profissionais da empresa, não deixando margem para possíveis dúvidas quanto à sua aplicação.

Outra questão é que esses critérios objetivos devem estar correlacionados, de modo direto ou indireto, a todas as ferramentas administrativas da empresa, ou seja, todas as atividades realizadas – individualmente, pelas áreas ou unidades organizacionais e pelas equipes multidisciplinares – devem contribuir, de algum modo, para o aprimoramento e a consolidação dos resultados planejados pela empresa.

c) Treinamento **na tarefa** e em **tempo real**.

Essa ferramenta administrativa pode proporcionar, com reduzido custo, uma importante contribuição para a identificação e a formação da equipe ideal de atuação no processo de desenvolvimento e consolidação de uma organização exponencial, pois:

1. É um processo fortemente motivador para o aprendizado e a realização das tarefas com qualidade.
2. Facilita o debate e a interação para o novo, para a evolução tecnológica, desde que exista um plano estratégico que oriente esse processo.
3. É um processo que pode se incorporar na realidade da empresa, em que cada profissional aprende com o outro, sendo uma situação altamente interessante quando esse aprendizado procura a inovação em seus vários contextos. Mas atenção: tome cuidado com "o outro lado da moeda", em que se pode cair na "mesmice"!

Na prática, pode-se considerar que as três ferramentas administrativas básicas citadas podem proporcionar toda a sustentação para o processo de identificação e formação da equipe ideal inerentes aos trabalhos de desenvolvimento e consolidação de uma organização exponencial, mas, nesse momento, é válido ressaltar a necessidade de a empresa estar com um clima organizacional em que ocorra as seguintes situações:

- Liderança efetiva dos principais profissionais da empresa, inclusive com o desenvolvimento de novas e fortes lideranças.
- Motivação elevada de todos os profissionais no processo de consolidação da empresa como uma organização exponencial.
- Respeito e transparência para com todos os públicos, tanto internos quanto externos à empresa.
- Visão estratégica forte e sustentada pelos principais executivos da empresa.
- Equipe "pensando na frente" quanto ao atendimento das expectativas e das necessidades do mercado atual e potencial, principalmente como decorrência da forte evolução tecnológica da Indústria 4.0.
- Identificação, obtenção, desenvolvimento, aplicação e ajustes nas várias tecnologias necessárias, principalmente às inerentes aos processos, produtos e serviços da empresa.
- Otimizada administração das questões econômicas e financeiras da empresa, consolidando um clima de tranquilidade para a empresa focar a sua efetiva transformação e ampliação como organização exponencial.
- Ambiente empresarial com efetiva capacidade de gerar e de executar ideias interessantes para a empresa, com adequada confiança nas opiniões de cada profissional, consolidando elevada sinergia de ideias, análises, atividades e ações em um contexto de "ganha-ganha", ou seja, todos os participantes saem ganhando pela atuação nos trabalhos na empresa – esses trabalhos podem ser auxiliados pela aplicação das ferramentas administrativas da técnica vivencial de liderança (TVL) e do painel integrado, que são apresentados na Etapa 11.

A situação apresentada evidencia, mais uma vez, que uma ferramenta administrativa sozinha – com elevado ou baixo nível de tecnologia aplicada – não resolve o problema de uma empresa.

Etapa 4: ter uma ideia revolucionária.

Na realidade, essa ideia revolucionária já deve ter surgido na Etapa 1 – pelo menos o seu esboço; neste momento, a referida ideia precisa comprovar que realmente é transformadora para a empresa e envolve os diversos públicos, tanto externos quanto internos à empresa analisada.

Você deve sempre se lembrar de que a organização exponencial não procura, simplesmente, a melhoria incremental em um segmento de mercado, o seu foco básico é a mudança radical. Entretanto, a ideia é apenas o início de um processo, não sendo, portanto, a solução, pois esta só ocorre com a efetiva ação e persistência de seus responsáveis – para eles, não podem existir impossibilidades, mas barreiras a serem superadas, sempre com qualidade e resultados; é nesse ponto que a "coisa pode pegar"! É por isso que, além da competência dos profissionais envolvidos, a questão do estilo administrativo da empresa é muito importante na sustentação das organizações exponenciais, estando, portanto, em várias etapas e fases dos trabalhos. Com base nessas considerações, pode-se afirmar que as ferramentas administrativas que podem auxiliar o desenvolvimento da Etapa 4 são:

a) Estilo administrativo.

Você pode considerar que a inquestionável dificuldade, ou facilidade, de entender e de incorporar essa forte evolução tecnológica – que não para nunca! – tem, seguramente, elevada influência na qualidade do estilo administrativo de uma empresa, pelo simples fato de que uma parte desses profissionais tem capacidade de absorver essa evolução tecnológica – e até de proporcionar contribuições para ela –, enquanto outros não têm essa capacidade, gerando um conflito entre esses dois grupos. Porém, cuidado: não nivele por baixo!

E você nunca pode se esquecer de que o estilo administrativo deve ser exercitado na plenitude por todos os profissionais da empresa, formando um forte e único bloco de atuação perante todos os agentes externos à referida empresa, ou seja, consolida uma "personalidade" de atuação.

Talvez se possa afirmar que o estilo administrativo, com o plano de negócios, são as ferramentas administrativas que melhor evidenciam, tanto para o público interno quanto para o público externo, qual é "a da empresa" perante a evolução tecnológica, pois fica mais fácil identificar o seu nível de capacitação profissional direcionado à inovação.

Pode-se considerar que as empresas que efetivamente tiverem competência tecnológica para tal devem explicitar em sua visão e na sua missão, como empresa, que a criatividade e a inovação estão presentes em seu DNA.

Essa abordagem pode representar um importante diferencial competitivo para a empresa desde que, evidentemente, a sua postura inovadora e tecnológica seja uma verdade inquestionável; caso contrário, a referida empresa terá sérios problemas em suas interações com os diversos segmentos de mercado.

Quanto ao nível de influência da evolução tecnológica – e da correspondente tecnologia aplicada – no estilo administrativo da referida empresa, isso é algo perfeitamente controlável, e o foco básico é o banco de dados e como estes serão transformados em informações válidas e de plena qualidade do processo decisório dos profissionais da empresa, sendo a única premissa que sejam plenamente capacitados para tal!

b) Desenvolvimento organizacional.

Você deve considerar que **desenvolvimento organizacional** é o processo estruturado para consolidar a mudança planejada dos aspectos estruturais e comportamentais nas empresas, com a finalidade de otimizar a resolução de problemas e os resultados anteriormente estabelecidos nos planejamentos elaborados, sempre com adequado relacionamento interpessoal.

Entretanto, as organizações exponenciais, normalmente, exigem mudanças radicais que devem ser muito bem planejadas, caso contrário o "tiro vai sair pela culatra".

Se você tem dúvidas a esse respeito, basta se lembrar da reengenharia, que é uma ferramenta administrativa focada em mudanças radicais, mas que começou a ser aplicada sem critério e provocou a extinção de algumas empresas que eliminaram, pela forte ansiedade e pressa, algumas atividades e determinados conhecimentos essenciais para os seus negócios e, consequentemente, não conseguiram mais se reerguer.

As mudanças planejadas, além de evitar os erros mencionados anteriormente, ajudam a amenizar – e até a eliminar – as possíveis resistências dos profissionais para com as novas realidades propostas para a empresa, bem como facilitam a esses profissionais o processo de entendimento e incorporação dessas novas realidades em suas atividades do dia a dia, sendo a evolução tecnológica um fator de elevada importância nesse processo.

Você pode considerar, para análise, que as organizações exponenciais estão provocando as seguintes adaptações na ferramenta administrativa **desenvolvimento organizacional**, para melhor identificação e incorporação das evoluções tecnológicas:

- A apresentação e a explicação das necessidades dos processos de mudanças planejadas na empresa estão mais sustentadas e disseminadas pelos atuais sistemas de informações gerenciais.
- A estrutura de análise tem se tornado mais lógica e de fácil entendimento e posterior aplicação, pois as diversas atividades da empresa – com seus dados e informações – se apresentam perfeitamente interligadas.
- Os vazios e os excessos das ferramentas administrativas ficam facilmente evidentes e, portanto, os ajustes e os complementos podem ser realizados com qualidade.
- Essa realidade incentiva os trabalhos em equipes multidisciplinares, com interessantes trabalhos em **tempo real** e **na tarefa**, em que líderes pelo conhecimento tecnológico começam a sobressair e se tornam "patronos" do desenvolvimento tecnológico das principais atividades da empresa, preservando os seus conhecimentos essenciais, dentro do contexto de uma universidade corporativa.

c) Modelo de administração.

Você já verificou que o modelo de administração deve ser consolidado como uma base de sustentação – e de disciplina – para que os resultados planejados da empresa sejam alcançados, sempre com qualidade total, e nunca como a diretriz básica de atuação da empresa e como algo que seja difícil de ser atualizado, pois os processos inovativos aparecem de modo muitas vezes inesperado; portanto, a chamada **flexibilidade inteligente** deve estar presente no modelo de administração das empresas.

Nesse contexto, bem como por tudo que já foi apresentado neste livro, você pode considerar que um modelo de administração – em seus vários modos, conforme resumo na Seção 2.1, Estruturação geral das empresas – deve respeitar algumas premissas básicas para melhor se adequar às necessidades de uma organização exponencial atuando em um contexto de revolução 4.0:

- Quanto ao seu nível de formalização, o modelo de administração deve ser o essencial para consolidar seu pleno entendimento e sua otimizada aplicação, procurando fugir dos enormes "manuais de organização".
- O nível de detalhamento das funções, responsabilidades, autoridades etc. deve ser o suficiente para aprimorar o cadastro de capacitação interna, bem como realizar a avaliação de desempenho dos profissionais de modo interativo com as equipes – principalmente as multidisciplinares – e a empresa, como decorrência de seu plano estratégico.
- O modelo deve facilitar a aplicação das ferramentas administrativas, principalmente quanto à alocação dos diversos processos estruturados, e de suas atividades nas diversas unidades organizacionais da empresa, bem como em seus projetos e nos diversos profissionais, consolidando a abordagem da administração total e integrada.
- Deve existir flexibilidade de atuação das equipes e de seus profissionais, sempre com foco na criatividade e na inovação, desde que esses procedimentos sejam sustentados por projetos.
- Deve ocorrer maior interação com a abordagem da universidade corporativa, para não perder conhecimentos importantes, e agregar e consolidar modernas tecnologias aplicadas que direcionem a empresa para as necessidades evolutivas dos diversos segmentos de mercado.

d) Administração de processos.

A administração de processos cuida da estruturação lógica das atividades sequenciais das empresas com a finalidade de atender, com qualidade, as necessidades dos clientes externos e internos da empresa, sempre com a minimização dos conflitos interpessoais.

Essa ferramenta administrativa auxilia, diretamente, na identificação dos problemas de uma empresa, incluindo as relações de causas *versus* efeitos que circulam esse problema; portanto, você deve:

- Mapear, da melhor maneira possível, os processos inerentes às realidades das diversas ferramentas administrativas da empresa, com suas atividades e interações, ou seja, proporcionar uma visão global e integrada da realidade administrativa da empresa.
- Focar a ferramenta administrativa considerada como o problema básico da empresa. Caso você erre nessa identificação é fácil realocar o seu foco, pois tem a visão geral do conjunto, o que lhe permite fazer um programa detalhado de atuação nas diversas ferramentas administrativas da empresa, bem como identificar os faltantes.

Pode-se considerar, na prática, que o aprimoramento da administração de processos nas empresas não é algo difícil, embora muitas empresas não consigam efetuar, com qualidade, esse importante trabalho; e aí surge uma pergunta: "Qual a razão disso?". A resposta mais óbvia é que os profissionais dessas empresas não conhecem as suas atividades básicas, ou seja, o que deve ser realizado pela empresa; e, para ter certeza a respeito dessa situação, a **dica** é:

- Estruturar uma ampla e detalhada apresentação do conceito, importância, metodologia de desenvolvimento e aplicação, decomposição em atividades, interações diversas, entre outras importantes questões. Esse trabalho pode ser feito por algum profissional da empresa que efetivamente conheça o assunto **administração de processos**, ou por um consultor especialista.
- Realizar os trabalhos decorrentes pelos próprios profissionais da empresa, pois essa é uma das melhores e eficazes maneiras de se conhecer "quem é quem" na empresa, acabando com a famigerada "conversa mole" do nível de conhecimento. Com base nessa constatação, a empresa pode realizar os ajustes no quadro de pessoal, incluindo os programas estruturados de treinamento **na tarefa** e em **tempo real**.
- Efetuar os possíveis ajustes e complementações sob a orientação de um especialista no assunto.
- Identificar, pelas equipes multidisciplinares constituídas, os possíveis processos e atividades repetidos ou faltantes.
- Complementar os trabalhos dentro da abordagem da administração total e integrada, bem como estruturar, aplicar, acompanhar e avaliar todos os indicadores de avaliação de forma interativa.

Você vai perceber que a administração de processos é uma ferramenta administrativa que está na base de todo o funcionamento de uma empresa. E, se você quiser analisar detalhes a respeito disso, pode considerar o já citado livro *Administração de processos*, do mesmo autor e editora.

e) Marketing total.

Desde que a estruturação e a administração dos processos da empresa estejam realizadas de maneira adequada, com os diversos processos "cortando matricialmente" a referida empresa e a direcionando às necessidades e expectativas do mercado, sempre com elevada criatividade e abordagens inovadoras, fica mais fácil a identificação de uma ideia revolucionária, pois todos estarão, de modo geral, com suas mentes direcionadas a atender, e até suplantar, com forte diferencial competitivo, as referidas necessidades e expectativas – e, em um contexto máximo, também de criar e disseminar no mercado novas necessidades e expectativas, em uma atuação de pioneirismo.

Etapa 5: estruturação do plano de negócios.

O plano de negócios deve representar o "finalmente" da razão de ser de uma empresa, pois é ele que explicita os detalhes da interação da referida empresa com os diversos segmentos de mercado atuais, bem como os potenciais.

Para a estruturação de um plano de negócios, você pode considerar, além de todas as ferramentas administrativas anteriormente citadas, a **análise de viabilidade**, que é o processo estruturado em que todos os fatores externos ou não controláveis pela empresa, em sua realidade atual e projetada futura, bem como todos os fatores internos e controláveis, de modo sistêmico e sinérgico, são analisados e avaliados quanto aos possíveis resultados a serem apresentados.

Nesses trabalhos, você pode envolver, pelo menos, 11 assuntos empresariais que apresentam fortes interações com ferramentas administrativas diversas:

1. Análise do mercado, incluindo o ciclo de vida dos produtos e serviços.
2. Análise da evolução tecnológica do mercado e da tecnologia aplicada na empresa.
3. Análise da vantagem competitiva que o mercado quer comprar, a dos nossos concorrentes e a de nossa empresa.
4. Análise e estabelecimento das estratégias, e que estas sejam inovadoras e diferenciadas.
5. Análise e consolidação de forte modelo de administração resultante do plano estratégico da empresa.
6. Análise da logística e de outros processos, como a qualidade total.
7. Estabelecimento e análise dos indicadores econômico-financeiros.
8. Situação dos fatores externos ou não controláveis pela empresa, com suas oportunidades e ameaças para o negócio analisado, incluindo suas interações com os cenários e com os pontos fortes e fracos internos da empresa.
9. Sinergia entre os produtos e serviços oferecidos aos segmentos de mercado, no momento atual ou futuro.
10. Qualidade das negociações e os resultados proporcionados para os negócios da empresa.
11. Capacitação profissional das equipes de trabalho, analisando nível de conhecimento e de habilidades, qualidade das lideranças, nível de comprometimento para com os resultados planejados, entre outros assuntos.

Você verifica que em relação aos assuntos apresentados – e outros de seu estabelecimento –, em termos de futuro da administração, o importante é que todos eles sejam analisados, estruturados e aplicados na plenitude e com qualidade total, pois proporcionam a base geral do desenvolvimento de um adequado plano de negócios. Um cuidado que você deve tomar nesta etapa é evitar aplicar a ferramenta administrativa **reengenharia** da maneira que, originalmente, foi idealizada e implementada, pois ela pode prejudicar o desenvolvimento sustentado da empresa quando elimina algumas atividades essenciais que sustentam os negócios atuais e até os possíveis negócios futuros da empresa.

Na prática, você pode considerar que o plano de negócios deve, no mínimo:

- Ser bem estruturado e entendido, mas, principalmente, ter dados e informações com sustentação e credibilidade.
- Fazer, com qualidade total, a ponte de interação entre a situação atual e potencial de cada segmento de mercado e a realidade atual, e planejada, das diversas atividades da empresa.
- Ser o "centro nervoso" da estruturação, do detalhamento, dos testes, das aplicações, das avaliações e dos aprimoramentos de todas as ideias decorrentes dos profissionais da empresa.
- Ser respeitado, com efetiva qualidade, enquanto ele tiver sua validade inquestionada.

Nesse momento, é válido apresentar algumas indicações do uso, em ordem decrescente, de ferramentas digitais que podem afetar os planos de negócios nas empresas:

i. Em produtos e novos modelos de negócios, tem-se:
   - Utilização de serviços em nuvem associados aos produtos.
   - Incorporação de serviços digitais nos produtos, pela internet das coisas.
   - *Big data*, correspondente à coleta, ao processamento e à análise de grande quantidade de dados.

ii. No desenvolvimento de produtos e serviços, têm-se:
   - Sistemas integrados de engenharia para desenvolvimento e produção ou operação de produtos e serviços.
   - Protótipos, impressão e similares.
   - Simulações e análises de modelos virtuais.

iii. Na produção ou operação de produtos e serviços, tem-se:
   - Automação digital com sensores para controle de processos.
   - Automação digital sem sensores.
   - Automação digital com sensores com identificação de produtos e serviços e suas condições operacionais.
   - *Big data*.
   - Monitoramento e controle remoto dos processos produtivos.
   - Produção adicional com robôs colaborativos (*cobots*).
   - Sistemas inteligentes de gestão, com IA e comunicação máquina × máquina.

De qualquer modo, todo esse processo é evolutivo e passa, na prática, por quatro estágios:

1. Primeiramente, ocorre o uso pontual de tecnologias da informação e da comunicação, bem como a automação isolada.

2. Depois, tem-se a automação flexível, com o uso de tecnologias sem integração ou parcialmente integradas em áreas da empresa.
3. Em seguida, ocorrem tecnologias integradas e conectadas em todas as atividades e áreas da empresa, consolidando a base da moderna administração total e integrada.
4. Finalmente, têm-se as tecnologias integradas, empresas integradas e processos inteligentes subsidiando os executivos na otimização de processos decisórios.

Pelo que foi apresentado, você verifica que os avanços da Era Digital estão deixando tudo ao nosso redor mais inteligente e transformando, de maneira profunda, o mundo em que vivemos.

Como fator relevante nesse processo evolutivo, tem-se a já citada IA, que trata de programas de computadores e, portanto, de máquinas apresentando aspectos da inteligência humana, como cognição, percepção, aprendizado e resolução de problemas, cujos estudos se iniciaram em 1956, mas com resultados pouco convincentes e recursos escassos.

Entretanto, esse processo evolutivo consolidou, ao longo do tempo, dois elementos básicos de uma revolução industrial:

1. O aumento massivo e exponencial da capacidade computacional disponível, correspondendo a um crescimento da ordem de mais de 10 bilhões de vezes comparando com a década de 1950.
2. O aumento gigantesco nas informações e nos conhecimentos que as pessoas têm sobre como o mundo funciona, situação que é sustentada pela evolução na computação e na eletrônica.

Esses dois elementos possibilitaram a criação de *softwares* e algoritmos de IA que estão sendo capazes de lidar com problemas que antes não eram triviais para computadores, robôs e outras máquinas, levando as pessoas a usarem tecnologias em suas vidas – pessoal e profissional – sem que tenham percepção disso.

E para facilitar a análise, são evidenciados dois exemplos corriqueiros, os quais você carrega em seus bolsos e que são decorrentes da tecnologia da IA: primeiramente, a gigantesca evolução no processamento de linguagem natural que nos permite falar com nossos telefones celulares para solicitar informações, consultar nossas agendas e até disparar mensagens e outros aplicativos; o outro exemplo é o uso da visão computacional para reconhecimento facial para organizar grandes quantidades de fotos tiradas pelo telefone celular.

Mas o que isso significa para nossas vidas e negócios? Certamente teremos uma infinidade de produtos e serviços que tornarão nossas vidas mais fáceis e, possivelmente, mais divertidas; entretanto, as empresas devem se preocupar e se preparar para enfrentar essa nova realidade com sustentação e vantagem competitiva, pois as oportunidades, e as ameaças, serão inúmeras.

Nesse contexto, este livro procura apresentar uma contribuição estruturada quanto às questões administrativas, as quais são premissas básicas para a boa qualidade de vida nesse processo evolutivo inquestionável.

Etapa 6: detalhamento do plano de negócios específico para a realidade e as expectativas da empresa.

Nesse contexto, você pode considerar algumas premissas gerais adaptadas de Kevin Kelly (2018):

1. Proporcionar imediatismo e ineditismo para o consumidor.
2. Disponibilizar qualidade e funcionalidade e, se possível, fidelidade do mercado.
3. Ter valor agregado em todo e qualquer serviço proporcionado ao mercado.
4. Ter produto ou serviço real, seguro e autêntico.
5. Proporcionar facilidade no processo de o consumidor encontrar o que realmente quer.
6. Disponibilizar o seu produto ou serviço em formato físico ou metodológico ideal de apresentação.
7. Remunerar os autores das ideias, das atividades, dos produtos e serviços.
8. Facilitar o processo de o mercado encontrar o produto ou serviço desejado.

Você verifica que essas oito premissas evidenciadas proporcionam a identificação de várias ferramentas administrativas que você pode aplicar para o desenvolvimento e a consolidação de uma organização exponencial.

Entretanto, nesse momento podem ser evidenciadas as seguintes ferramentas administrativas que devem ser aplicadas com os devidos ajustes decorrentes da evolução tecnológica da Revolução Industrial 4.0:

- A já citada administração de processos – para assuntos administrativos como logística, qualidade total etc. –, detalhando as atividades – partes menores dos processos – com suas interligações sequenciais, bem como as interações entre os diversos processos da empresa para, daí, partir para o estabelecimento completo da malha de atividades da empresa.
- Um conjunto estruturado de indicadores de resultados da empresa e de suas diversas atividades, de maneira interativa com outro conjunto de indicadores.
- Um conjunto estruturado de indicadores de desempenho dos profissionais da empresa; esses dois conjuntos de indicadores podem se basear no sistema BSC (*Balanced Scorecard*), cujos aspectos básicos – junto com os estabelecidos pela Fundação Programa Nacional de Qualidade – são resumidos na Seção 5.3.1, Como saber se está sempre evoluindo de maneira sustentada e envolvendo todos os níveis e áreas da empresa.

Etapa 7: criação do protótipo do produto ou serviço.

A finalidade dessa etapa é a empresa conhecer a reação do mercado ao produto ou serviço a ser oferecido, sempre lembrando que deve ocorrer um posicionamento bem crítico, pois, caso contrário, os maus resultados serão muito fortes para a empresa e seus profissionais.

A ferramenta administrativa que você pode usar nessa etapa é a **inteligência emocional**, que representa a capacidade de um indivíduo em identificar os seus próprios sentimentos, e os dos outros, bem como de se motivar e de gerir, adequadamente, as emoções internas e nos seus relacionamentos (Goleman, 2019).

Portanto, a inteligência emocional propicia a sustentação para que cada pessoa possa entender, da melhor maneira possível, o mundo que está ao seu redor, as pessoas, o seu momento, os seus relacionamentos, as suas questões internas decorrentes de suas atividades pessoais e profissionais; e cuida da interação entre a razão e a emoção de cada pessoa – esse equilíbrio é a garantia de uma vida em condições otimizadas; portanto, a essência não é mudar a pessoa para o que ela não é, e sim desenvolver tudo o que ela já tem.

A ferramenta administrativa do marketing total pode, e muito, auxiliar nesse processo de criação, bem como uma ampla pesquisa de mercado, principalmente quanto às necessidades e expectativas atuais, e potenciais, de mercado.

Com referência à pesquisa de mercado, os ensinamentos da Era Digital irão proporcionar cada vez mais velocidade nos levantamentos e nas análises, bem como qualidade nos dados e nas informações, desde que as pessoas saibam trabalhar com essas questões.

Etapa 8: consolidação do planejamento de marketing e da efetivação das vendas do produto ou serviço.

Nesse momento, o grande "lance" é a empresa conseguir fidelidade do público comprador para com os produtos ou serviços que está disponibilizando ao mercado; e a situação ideal é quando esse público faz indicações para clientes potenciais, ou seja, passa a ser "cúmplice e parceiro" dos produtos e dos serviços da empresa.

Você verifica que, nesse caso, os produtos e serviços da empresa passam a ser "puxados" pelo mercado e não precisam mais ser "empurrados" para o mercado; e essa situação tem uma consequência importantíssima para os resultados da empresa: os seus custos de venda se tornam mínimos!

Nessa etapa, você pode considerar a aplicação da abordagem do marketing total sob o "guarda-chuva" do planejamento estratégico da empresa, tudo isso sustentado por um otimizado modelo de governança corporativa para que exista, entre outras questões, uma situação adequada de transparência e veracidade nas informações aos diversos públicos da empresa.

Etapa 9: implementação da ideia e das atividades correspondentes.

Nessa etapa, você deve utilizar e direcionar todos os recursos para a efetivação da ideia que vai revolucionar a atuação da empresa, ocorrendo, portanto, a consolidação de toda a documentação, atividades, indicadores, recursos, equipes de profissionais, trabalhos em equipes multidisciplinares, análise do nível de comprometimento, experimentações e análises complementares, entre outros assuntos.

As ferramentas administrativas que podem auxiliar nessa etapa são:

- Cadastro de capacitação interna, para ter estruturado conhecimento de "quem é quem" na empresa quanto aos seus trabalhos nas atuais funções desempenhadas, mas também quanto a outras funções, principalmente as que proporcionem maior sustentação no processo de transformação da empresa em uma organização exponencial.
- Administração de projetos, para melhor coordenação e utilização dos diversos recursos da empresa.
- Administração de processos, para otimizar a realização das atividades da empresa, inclusive com plena utilização dos modernos recursos da Era Digital.
- Equipes multidisciplinares, para "tirar o máximo" dos conhecimentos estratégico, operacional e tecnológico dos profissionais da empresa
- Avaliação de desempenho dos profissionais da empresa para que, de modo realístico e objetivo, se conheça a efetiva contribuição de cada um, inclusive para o desenvolvimento tecnológico da empresa.

Etapa 10: análise e definição da cultura organizacional da empresa.

Nessa etapa, a ferramenta administrativa é evidente, lembrando que **cultura organizacional** é o conjunto estruturado de valores, crenças, normas e hábitos compartilhados, de forma interativa, pelas pessoas que atuam em uma empresa.

Portanto, ela pode afetar, positiva ou negativamente, tudo que você realizou nas etapas anteriores; de maneira ideal, a cultura organizacional deve ser um acelerador do processo evolutivo da empresa como organização exponencial.

Essa questão da cultura organizacional deve ser tratada com cuidado quando se considera o contexto da atual Revolução Industrial 4.0, pois os valores das empresas não se alteram com a simples chegada da Era Digital, sendo primordial a atuação e o estilo administrativo dos seus executivos, principalmente da alta administração nesse processo de mudança.

Se a alta administração da empresa não patrocinar esse processo transformador, nada vai acontecer, e a referida empresa terá sérios problemas quanto à sua sobrevivência.

Você pode considerar algumas questões quando quiser desenvolver a cultura organizacional, levando em conta a necessidade de mudanças gerada pela evolução tecnológica nas empresas, como (adaptado de Magaldi; Salibi Neto, 2018):

- Ser rápido, e sustentado, no processo decisório, pois quanto mais rápido o mundo fica, mais difícil é a sua compreensão, bem como toda essa velocidade muda muita coisa na maneira de as empresas se organizarem, e a tecnologia cria mais possibilidades – que são ou não aproveitadas – para essas empresas.
- Tomar cuidado em focar apenas um nicho de mercado, criando um produto para ele, sendo especialista e tentando ser o "melhor do mundo", lembrando que as empresas devem saber utilizar a tecnologia para ter uma visão mais ampla dos negócios. Atualmente, existe um ambiente de negócios muito mais dinâmico, que faz com que as empresas precisem agir de forma mais intensa com a estrutura de plataformas de negócios.
- Estar atento à nova dinâmica concorrencial entre empresas, pois algumas pessoas inteligentes e inovadoras podem identificar oportunidades para os novos negócios.
- Ter líderes interconectores na empresa, os quais sabem fazer plena e otimizada conexão entre os assuntos que envolvem uma empresa inovadora – os conhecimentos tradicionais se transformam em simples premissas básicas do sucesso profissional.
- Ter líderes criadores do futuro, explicitando a sua atitude interativa em acreditar que o futuro só depende do que será feito, com qualidade total, de hoje para amanhã.
- Ter líderes transformadores da cultura organizacional, mudando a maneira como as pessoas se comportam na empresa que está situada nesse atual mundo de transformações.
- Ter ideias inovadoras diariamente, pois as novas tecnologias estão acontecendo e os produtos têm que interagir melhor com os vários segmentos de mercado, ou seja, consolide a cultura da inovação.
- Não se esquecer de ter resultados desafiadores a serem alcançados, mas que os indicadores de desempenho avaliem o processo inovativo, pois não adianta nada você trazer novos equipamentos para a empresa se os seus profissionais continuarem com a mesma forma de pensar e atuar.
- Saber que a cultura organizacional é causa e efeito da atuação de todos os profissionais da empresa, mas o seu presidente tem um papel de destaque nesse processo.
- Ter a veracidade e a transparência das informações como um sustentáculo para a reinvenção total nos negócios da empresa.
- Lembrar-se de que, quando o assunto é tecnologia, é necessário saber identificar e aplicar novos conhecimentos, bem como se desapegar do passado, ou seja, é preciso "reaprender a aprender" e "aprender a esquecer".

Agora, uma simples sugestão: não adianta nada uma empresa ficar falando em cultura de *startups* e em inovação digital, se não tiver uma efetiva cultura e atuação para o novo, para o processo de transformação e das mudanças necessárias.

Apenas como exemplo, citam-se as principais razões para investir em transformação digital de acordo com uma pesquisa recente. Em relação à importância, do mais importante para o menos importante, tem-se: aumento de produtividade, redução de custos, conquista de clientes, conquista de fatia de mercado, redução de riscos, parcerias com empresas de outros setores de atuação, parcerias com empresas do mesmo setor de atuação e reação a novos concorrentes no mercado.

Etapa 11: fazer as perguntas-chave periodicamente.

Você sempre deve fazer oito perguntas-chave à medida que desenvolve e consolida uma organização exponencial; essas questões são úteis para qualquer análise mercadológica das empresas. São elas (Ismail; Malone; Van Geest, 2015, p. 153):

1. Quem é o seu cliente?
2. Que problema do cliente você está resolvendo?
3. Qual a sua solução, e isso melhora a situação atual em, pelo menos, dez vezes?
4. Como você vai promover o produto ou serviço?
5. Como você está vendendo o produto ou serviço?
6. Como transformar os clientes em parceiros para reduzir o custo marginal de demanda?
7. Como você vai expandir o segmento dos clientes?
8. Como você vai reduzir o custo marginal de oferta para zero?

Você pode considerar duas ferramentas administrativas que podem auxiliar, e muito, o debate e a consolidação das respostas adequadas a essas oito perguntas-chave, bem como outras interessantes perguntas que surgem naturalmente nesses debates, principalmente em equipes multidisciplinares.

São elas:

1. Técnica vivencial de liderança.

A abordagem da TVL pode auxiliar, e muito, as análises, os debates e as decisões inerentes a questões que envolvam criatividade, iniciativa, objetividade, combatividade e empatia, pois procura extrair o máximo de cada profissional, principalmente ao atuarem em equipes multidisciplinares, envolvendo diversos tipos e níveis de conhecimentos e experiências, bem como diferentes níveis hierárquicos na empresa. A abordagem TVL, como técnica de otimização de reuniões de trabalho, tem sua sustentação enfocada em dois conceitos básicos (adaptado de Bachir *et al.*, 1976):

i. Conceito do profissional, como um ser humano com seus conhecimentos, deficiências, necessidades, atitudes, desejo de autoafirmação etc.
ii. Conceito de liderança, como um fenômeno grupal e não uma expressão isolada, sendo um atributo perfeitamente treinável.

A abordagem TVL é algo exercitado em **tempo real** e **na tarefa**, ou seja, é algo da vida real, possibilitando que cada profissional tenha maior facilidade de identificar, analisar, debater, aprender, ensinar, aplicar, avaliar e aprimorar as diversas questões de fortes evoluções tecnológicas que estão nas organizações exponenciais e na atual Revolução Industrial 4.0.

Para que as reuniões sejam efetivamente produtivas, a abordagem TVL considera algumas questões, resumidamente apresentadas a seguir:

- Definição do tema, para que a análise e o debate sejam preparados antes, evitando que os participantes fujam do tema e consolidando a importância do assunto em debate.
- Seleção dos participantes, os quais devem estar diretamente envolvidos com o assunto em debate ou serem capazes de contribuir para sua solução.
- Definição do **papel** de cada participante, normalmente com um coordenador, um expositor e alguns participantes, com o número total não devendo passar de 12 participantes.
- Organização formal da equipe, com formação em círculo, pois isso possibilita que todos vejam uns aos outros sem esforço. Durante a rodada de esclarecimentos ou de contribuições, o coordenador dá a palavra a cada participante, a partir da pessoa que está imediatamente à sua esquerda, e mantém até o fim o sentido horário, pois isso implica economia de energia e protege a equipe do risco de saltar um participante.
- Organização do tema, propiciando ao expositor, no máximo, 10 minutos para expor o tema, disciplinando-o a ser simples e objetivo. Se o tema for demasiadamente amplo para ser exposto dentro do limite de tempo previsto, convém dividi-lo em mais de uma reunião. Quanto ao conteúdo, o expositor não deve preocupar-se em convencer a equipe de uma solução, e sim em induzi-la – fornecendo o máximo de informação – a envolver-se, o mais possível, na busca de soluções viáveis. E ao final de sua exposição, deve explicitar qual é o real problema a ser resolvido para não dispersar os debates.
- Rodada de esclarecimentos, a ser efetuada se existirem dúvidas específicas a respeito do assunto em debate. Novamente, o coordenador faz a rodada no sentido horário, a partir do participante à sua esquerda. Serão feitas tantas rodadas quanto necessárias – evidenciando-se que, se forem necessárias mais de duas rodadas de esclarecimentos, é indício de que a exposição não foi suficientemente clara.
- Rodada de contribuições, novamente em sentido horário, da esquerda para a direita. Ao término da(s) rodada(s), o coordenador apresenta uma síntese dos pontos de vista apresentados. Se faltarem dados para a síntese, o expositor deve consegui-los e apresentá-los em breve.

Elenco de regras, que são:

- **Quanto ao tempo de reunião**: idealmente, 10 minutos de exposição e 2 minutos para cada pergunta ou contribuição, lembrando que os detalhes dos trabalhos serão realizados por cada participante fora da reunião.
- **Quanto à sequência**: exposição, rodada de perguntas da esquerda para a direita, respostas às perguntas, rodada de contribuições e síntese.

- **Quanto ao nível de contribuição**: todos têm que participar de acordo com o seu nível de conhecimento e experiência.
- **Quanto às interrupções**: são proibidas.
- **Quanto às críticas de qualquer tipo**: são proibidas.
- **Quanto às referências emocionais**: são indesejáveis.
- **Quanto à explicitação de nomes dos profissionais da empresa**: deve ser evitada.
- **Quanto às análises prévias à reunião**: são essenciais.
- **Quanto aos trabalhos posteriores à reunião**: são essenciais.

Essas estruturações de reuniões de trabalho se tornam mais necessárias à medida que o assunto em debate seja complexo, como é o caso do estudo, do desenvolvimento e da manutenção de uma organização exponencial atuando em um ambiente de Revolução Industrial 4.0.

2. Painel integrado.

A técnica do painel integrado acaba com a situação em que trabalhos realizados em equipes multidisciplinares, determinadas vezes alguns trabalham, e com qualidade, enquanto outros não fazem nada!

E existe a necessidade de "tirar o máximo das pessoas" quanto à colaboração a um resultado específico, o que ocorre com maior força quando os assuntos em análise envolvem elevados níveis de criatividade, inovação e tecnologia em forte evolução.

Essa técnica permite estruturar a formação de equipes de trabalho com membros contínua e sistematicamente diferentes, de modo que cada membro de uma equipe maior, em alguma ocasião, tenha contato com todos os outros membros de todas as outras equipes menores, possibilitando que, depois de algum tempo, cada um dos membros da equipe maior tenha tido ocasião de manter contato direto e de trocar ideias com todos os outros, tudo isso sem que se viole a situação de cada se manter em uma equipe específica, de acordo com a sua maior especialização e conhecimento. Para tanto:

- Na primeira fase, todos recebem as instruções gerais de funcionamento dos trabalhos.
- Na segunda fase, cada membro da equipe maior participa de uma equipe menor, na qual o primeiro debate é feito em um pequeno círculo de estudo, no qual são analisados assuntos homogêneos.
- Na terceira fase, cada membro de cada equipe menor confronta esse primeiro debate com os estudos que foram feitos nas demais equipes menores, consolidando debates heterogêneos, envolvendo todos os assuntos.

Portanto, essa é uma maneira extremamente sistemática de mobilização e engajamento para debates, análises e desenvolvimento de assuntos simples e complexos, como os que envolvem a organização exponencial e a influência da Revolução Industrial 4.0. Sob o ponto de vista operacional, o painel integrado pode ser visualizado na Figura 4.2.

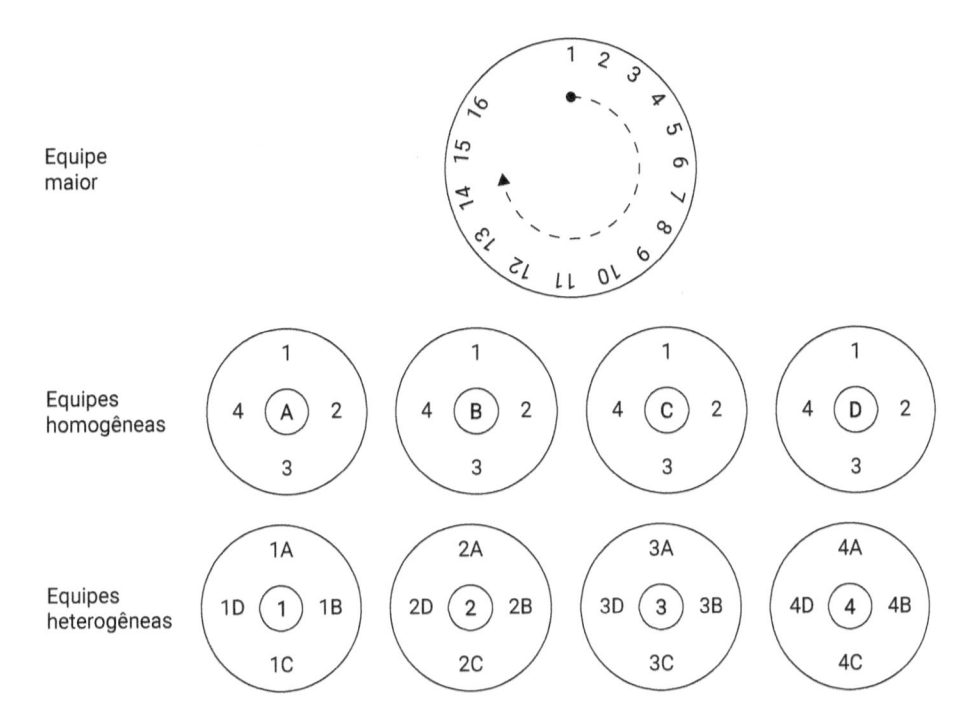

Figura 4.2 Técnica do painel integrado.

Etapa 12: construir e manter uma plataforma de sustentação da organização exponencial.

Essa plataforma, além de estar perfeitamente estruturada e entendida por todos os envolvidos no processo de desenvolvimento, consolidação e evolução da organização exponencial, deve dispor de todos os dados e informações atualizados para a otimizada qualidade no processo decisório.

Para tanto, pelo menos duas premissas devem ser respeitadas:

1. A equipe de trabalho deve ter os melhores agentes de mudanças da empresa e, se necessário, contratar consultores externos com elevada experiência no assunto.
2. Deve existir um "distanciamento administrado" dos atuais sistemas, processos, atividades e políticas da empresa para que ocorra uma liberdade de raciocínio inovador.

Portanto, nesse momento você pode considerar a ferramenta administrativa **desenvolvimento organizacional** – para consolidar um otimizado processo de mudança na empresa –, auxiliada por todas as outras ferramentas administrativas anteriormente citadas – e outras estabelecidas por você – em um processo evolutivo, gradativo e sustentado, apresentando resultados efetivos para a empresa.

Você verifica que essa etapa, bem como as 11 anteriores, não apresenta elevada dificuldade de sua consolidação com qualidade total, sendo apenas uma questão de muita disciplina, otimizado nível de conhecimento e questionamento "à beça"!

Para facilitar o processo de análise, são evidenciados apenas alguns aspectos de determinadas ferramentas administrativas, com comentários resumidos do que a abordagem da organização exponencial e a realidade da atual Revolução Industrial 4.0 podem proporcionar para as referidas ferramentas administrativas ao longo do processo evolutivo tecnológico; e mais: abordando apenas questões mais evidentes, sem entrar em questões que envolvam análises globais com diferentes interpretações. Nesse contexto, você pode considerar, para análise, debate e possível ajuste, os seguintes assuntos gerais:

- Quanto às questões estratégicas, as análises serão cada vez mais amplas e profundas em setores específicos da economia, facilitando a análise dos negócios atuais e futuros, com o efetivo resgate das técnicas estratégicas e de cenários, o que provocará o necessário aprimoramento de todas as ferramentas administrativas interligadas às questões estratégicas, como os sistemas de informações, os indicadores de desempenho, os processos, as equipes multidisciplinares etc., contribuindo efetivamente para o desenvolvimento e a consolidação de novos modelos de administração e de novas ferramentas administrativas.
- Quanto às questões organizacionais, as evoluções têm focado o melhor uso da estrutura de processos administrativos – pela necessidade do melhor conhecimento das atividades da empresa – e o desenvolvimento de alguns tipos de estruturação organizacional, principalmente da governança corporativa e da rede de integração entre empresas. E aqui vai uma **dica**: aprimore-se no conhecimento dessas duas estruturações, porque novos conhecimentos logo vão surgir!
- Quanto às questões de liderança e diretivas, você pode se concentrar em uma questão básica: a real necessidade de cada profissional ter, com qualidade, o pensamento estratégico, pois as análises, as decisões e as ações estão se tornando tão rápidas, que em alguns casos torna-se problemático passar, de maneira formal, por todas as etapas do processo decisório.
- Quanto às questões de controle, avaliação e aprimoramento, você pode considerar, como premissa, a interligação dos diversos níveis de avaliação – estratégico, tático e operacional –, mas, para tanto, é necessário, no mínimo, administrar as resistências ao processo de avaliação, adequar o sistema de avaliação à realidade da empresa, considerar a relação custos *versus* benefícios do processo, ter otimizado nível de participação e de envolvimento de todos os profissionais da empresa, bem como ter adequado nível de conhecimento por parte de todos os envolvidos; essa questão, por incrível que possa parecer, é a que mais dificulta a adequada qualidade desses trabalhos.
- Quanto às questões mercadológicas, você pode considerar que a atual Era Digital tem facilitado, e muito, a consolidação do marketing total, a ênfase no marketing de relacionamento – atuação mercadológica que se preocupa com a manutenção de clientes satisfeitos, e não apenas com a conquista de novos clientes –, o otimizado tratamento da imagem institucional, a atuação mercadológica com ética e responsabilidade social, bem como a efetivação do **neuromarketing**, que é um

instrumento de pesquisa e análise de marketing baseado na neurociência, que utiliza, entre outros recursos, técnicas de imagens cerebrais feitas por ressonância magnética para medir reações e estímulos dos consumidores antes, durante e depois da compra, o que permite conhecer o fato gerador e a realização das vendas de diferentes produtos e serviços.

- Quanto às questões de produção, você pode considerar a necessária integração da atividade de produção à logística para que ocorra a efetiva colocação de produtos e serviços de modo otimizado nos diversos segmentos de mercado, de acordo com suas reais necessidades e expectativas; a otimização do planejamento, programação e controle do processo produtivo, bem como o adequado uso da tecnologia da informação objetivando a qualidade e a velocidade dos trabalhos e a redução dos custos de produção.
- Quanto às questões inerentes à gestão e ao desenvolvimento de pessoas, você pode, resumidamente, focar o contexto de "acreditar nas pessoas", pois elas são os focos e as bases da sustentação da otimizada evolução da administração, ou seja, as pessoas é que fazem a diferença!
- Quanto às questões financeiras, você pode considerar, no mínimo, a consolidação do modelo de finanças totais nas empresas, a efetivação da função **finanças** como o foco catalisador das informações – comente essa questão! –, e consolidar, nas empresas do Brasil, as normas contábeis internacionais para a uniformização, em âmbito mundial, da estrutura e da análise de balanços.
- Quanto às questões de processos e tecnologia, o básico é preparar a empresa para o crescimento e o desenvolvimento; focar a totalidade do negócio ou da empresa, e não apenas os processos internos; ter visão de conjunto do processo de mudanças; conhecer e interagir com os diversos grupos de interesse para com os referidos processos, tecnologias e negócios da empresa; ter expectativas realistas dos processos e da tecnologia aplicada; ter foco em prioridades estabelecidas; ter foco nos processos e na tecnologia aplicada, e não nas funções administrativas – portanto, você deve sempre debater em vários contextos e abordagens! –; contemplar tecnologias e processos estratégicos que proporcionem valor agregado para os resultados da empresa; ter interação entre os processos e as estratégias; ter políticas adequadas e respeitadas; não ter timidez na aplicação dos processos e das tecnologias; não gastar muito tempo e energia em levantamentos e análises das operações vigentes na empresa; **não "ir na onda"** do fracasso intelectual, que ocorre quando os principais executivos da empresa simplesmente não sabem o que estão fazendo; ter administração sobre a "estrutura do poder", fazendo os executivos trabalharem ao lado de seus subordinados em equipes multidisciplinares; não ter pensamento viciado, pois é necessário repensar constantemente a empresa, seus negócios, suas atividades e seus processos; não esperar transformações revolucionárias e a curto prazo nos negócios e nos resultados da empresa; ter sistemática transferência dos conhecimentos e das tecnologias básicas; ter **padrinhos** das competências da empresa; ter profissionais com dedicação adequada nas diversas atividades da empresa; ter efetivo e ágil processo de comunicação e de disseminação de ideias, propostas e

decisões; ter efetivo comprometimento dos executivos e demais profissionais da empresa para com os resultados planejados; mobilizar os profissionais da empresa a aceitarem as mudanças que os processos e as tecnologias acarretam; bem como ter adequado clima organizacional, ou seja, trabalhar em um lugar agradável, motivador e desafiador.

4.2.2 Fatores de influência

Na realização dos trabalhos inerentes ao desenvolvimento das etapas do processo de estruturação e consolidação das organizações exponenciais, você pode considerar, em geral, os seguintes fatores de influência, sem a preocupação de hierarquizá-los:

- Otimizados estilo administrativo e modelo de administração, pois essas ferramentas administrativas consolidam a "personalidade" da empresa proporcionando sustentação a tudo que a empresa pretende realizar ao longo do tempo – a cultura organizacional e o ambiente de trabalho podem auxiliar, e muito, nesse processo evolutivo.
- Adequadas, estruturadas, disseminadas, entendidas e aplicadas metodologias e técnicas administrativas, as quais explicitam como as atividades da empresa devem ser realizadas para alcançar os resultados planejados.
- Estruturados, aplicados e respeitados indicadores de avaliação, interagindo os resultados globais e parciais da empresa e seus negócios com as avaliações de desempenho dos profissionais da empresa.
- Aplicação plena da abordagem da remuneração por resultados, tanto para a empresa quanto para cada uma de suas áreas, mas em especial para seus funcionários, individualmente, e pelos trabalhos em equipes multidisciplinares.
- Aplicação do princípio do *benchmarking*, em todos os seus aspectos, para saber identificar os melhores, saber copiar e, principalmente, fazer melhor, obtendo resultados otimizados agora e com forte sustentação para os resultados futuros.
- Plena e otimizada aplicação da abordagem da administração total e integrada para consolidar uma situação ágil, sustentada, interativa e de baixo custo que propicie à empresa se efetivar como organização exponencial atuando em um mercado competitivo e evolutivo da Indústria 4.0.

4.2.3 Precauções gerais

Para os otimizados resultados no processo de desenvolvimento e consolidação das organizações exponenciais, você pode considerar as seguintes precauções gerais:

- Trabalhar com uma equipe de profissionais competentes, criativos, conhecedores dos assuntos em análise e motivados.
- Consolidar um otimizado processo de desenvolvimento organizacional, com um plano de mudanças muito bem planejado, e não fazer "mutirões de final de semana".

- Manter os processos administrativos bem estruturados e as suas atividades interligadas, com pleno entendimento por todos os profissionais envolvidos nos trabalhos.
- Sempre focar o plano de negócios, com pleno conhecimento de todos os componentes do planejamento estratégico da empresa, incluindo as suas interligações com os planejamentos táticos e operacionais estabelecidos.
- Ter plano de ação detalhado e de pleno conhecimento pelos profissionais da empresa, efetuando avaliações periódicas para possíveis aprimoramentos.
- Ter sempre foco no contexto administrativo e operacional de uma organização exponencial, atuando na realidade evolutiva da Indústria 4.0.

4.3 Como consolidar a qualidade total na organização exponencial

Essa é uma questão de suma importância, pois, nesse caso, a organização exponencial deve ter a plena capacidade de satisfazer – ou suplantar – as necessidades, as exigências e as expectativas dos seus clientes externos e internos, sempre com exponencial evolução tecnológica e de resultados.

Essa não é uma tarefa fácil, mas é necessária para que se consolide uma sustentação, e uma disciplina, nesse processo evolutivo da empresa.

A sustentação da qualidade total pode ser representada por cinco aspectos:

1. A existência de um projeto básico que seja respeitado por todos os profissionais da empresa, bem como não apresente erros de interpretação, de execução ou de avaliação.
2. A conformidade aos requisitos e especificações das atividades, negócios, produtos e serviços da empresa.
3. A uniformidade e a regularidade em todas as realizações da empresa.
4. O equilíbrio entre o valor proporcionado aos vários clientes externos e internos da empresa, e a relação custo *versus* preço cobrado pelas realizações.
5. A excelência nas diversas realizações, sempre com forte teor criativo, inovativo e tecnológico.

A qualidade total de uma organização exponencial deve ter quatro enfoques perfeitamente interativos:

i. Qualidade intrínseca à organização exponencial.

Nesse caso, a qualidade total é identificada pela efetiva satisfação proporcionada a todos que, direta ou indiretamente, interagem com a organização exponencial, sendo medida pela ausência de defeitos e problemas em suas atividades, negócios, produtos e serviços, tais como inconsistências, desestruturações de suas partes etc., bem como a presença de todas as características desejadas e previamente estabelecidas quanto à evolução exponencial tecnológica e de resultados por seus empreendedores, proprietários, executivos e demais profissionais.

ii. Qualidade rastreada ao longo do processo de conceituação, estruturação, desenvolvimento e consolidação da organização exponencial.

A qualidade deve estar alocada – e ser entendida como tal – em cada uma das partes da organização exponencial. Se por um acaso um defeito grande, médio ou pequeno surgir, deve ser fácil e rápido identificar onde e por que o referido erro ocorreu, bem como consertá-lo.

Para tanto, é necessário que a metodologia de desenvolvimento e operacionalização da organização exponencial – ver Seção 4.2, Etapas do processo de desenvolvimento e consolidação – e as diversas interligações necessárias estejam muito bem estabelecidas, entendidas e aplicadas, sempre focando a evolução exponencial tecnológica e dos negócios e resultados da empresa.

iii. Custo da qualidade.

Essa questão considera a análise de uma relação estabelecida, negociada e assimilada de custos *versus* benefícios da organização exponencial. Entretanto, você deve lembrar que do outro lado do custo da qualidade – representado pelo que se gasta prevendo erros – existe o custo da não qualidade, ou seja, o que se perde errando.

iv. Atendimento completo de todas as expectativas de uma otimizada organização exponencial quanto às diversas ações necessárias.

Nesse caso, deve-se consolidar interessante vantagem competitiva para alavancar os resultados da organização exponencial.

Essa vantagem competitiva deve ser sustentada pelos pontos fortes da organização exponencial – por exemplo, tecnologia aplicada –, reconhecida pelos vários segmentos de mercado nos quais ela atua ou poderá atuar, bem como efetiva, para permanecer ao longo do tempo consolidando a "personalidade" da referida organização exponencial.

Questões para debate e consolidação de conceitos

1. O que representa uma organização exponencial para você?
2. Você consegue identificar, com clareza e sustentação, uma empresa que já é ou está se transformando em organização exponencial?
3. Em quais assuntos você deve se desenvolver para poder trabalhar em uma organização exponencial?
4. Com quais ferramentas administrativas você consegue trabalhar, com efetiva qualidade, para contribuir com uma empresa em transformação para organização exponencial?
5. Como você faria a hierarquização, com justificativas e exemplos, de todas as ferramentas administrativas apresentadas no capítulo, para sua efetiva contribuição para as organizações exponenciais?
6. Como você pretende trabalhar em uma equipe multidisciplinar aprimorando uma empresa em seu processo para se tornar uma organização exponencial?

Exercício para reflexão

O Jaqueira Esporte Clube quer saber como – e se tem competência para tal – poderá se desenvolver e se consolidar como uma organização exponencial em todos os seus principais atos e resultados.
Você verificou que uma organização exponencial tem uma série de características importantes – algumas até difíceis! –, não sendo, assim, apenas uma questão de denominação.
Portanto, algumas empresas podem simplesmente estar afirmando que são ou que estão se tornando organização exponencial, sem nem saber o que isso significa.

Nesse contexto, o presidente em exercício solicita que você, respeitando o analisado nos três exercícios anteriores e considerando a realidade do seu clube, explique como o Jaqueira Esporte Clube pode se tornar uma organização exponencial inquestionável, evidenciando em todos os seus principais debates, atos e resultados.
Para que o resultado a ser apresentado pelo Jaqueira Esporte Clube seja o melhor possível, foi estabelecido um amplo debate em uma Assembleia Geral do clube, com elevada participação dos sócios.
Como resultado desse debate, foram listadas algumas questões que você também deve considerar em sua proposta de solução deste exercício.
Nesse contexto, a presidência do clube apresentou para você uma proposta com uma lista de atividades e solicitou a sua análise e, principalmente, a sua explicação de como essas atividades devem ser estruturadas e implementadas para que o clube se torne uma organização exponencial. São elas:

- A redefinição da missão do Jaqueira Esporte Clube em busca de um propósito.
- A melhor compreensão desses assuntos por parte de seu quadro associativo.
- O ganho de agilidade e de flexibilidade em seus diversos atos e decisões.
- A liberdade de experimentação por parte das diversas áreas e atividades do clube.
- A automação dos processos e suas atividades.
- A obtenção de financiamentos coletivos de ordem pública e privada.
- A melhor utilização de dados, informações e tecnologias digitais.

Você verifica que é necessária a explicitação de todos os seus conhecimentos – e até de sua imaginação – para trabalhar com as sete questões apresentadas, o que é importante para a sua autoavaliação no processo.
Você deve analisar a proposta de solução ideal para esse exercício com o máximo de detalhes, pois o seu resultado proporcionará contribuição direta para a sua evolução profissional.

Caso para análise, proposta de solução e debate

A Faculdade XYZ quer que a interação curricular com a Escola Técnica ABC, bem como sua atuação tecnológica diferenciada, credencie-a a ser uma organização exponencial reconhecida no mercado.

Nesse momento, a diretoria da Faculdade XYZ já tem uma ideia bem-estruturada e sustentada de que a sua parceria com a Escola Técnica ABC deve ser consolidada, bem como precisa se preparar para saber identificar, incorporar e usufruir as novas tecnologias que estão surgindo, com velocidade, como resultado da Revolução Industrial 4.0.

Portanto, a Faculdade XYZ deve ter o estilo e o modelo de administração que facilite esse processo evolutivo; e mais: que possa ser uma instituição diferenciada nessa atual realidade.

Para tanto, ela deve se preparar, organizacional e funcionalmente, para atuar como uma organização exponencial, inclusive para melhor incorporar, de modo pioneiro, essas novas tecnologias, tendo a efetiva parceria da Escola Técnica ABC.

Para facilitar, você pode utilizar os resultados que consolidou nos três casos anteriores complementando com todas as questões necessárias para melhor desenvolver a sua proposta de solução, lembrando que você deve se esforçar na questão do estilo administrativo e do modelo de administração das duas instituições para que ocorra uma otimizada parceria nesse processo.

Capítulo 5

Atuação da organização exponencial no ambiente industrial 4.0

"Se a mudança no lado de fora de sua empresa for mais rápida do que a do lado de dentro, o fim está próximo."
Jack Welch

Você, a instituição na qual estuda, a empresa na qual trabalha, a cidade em que vive e o seu país estão sofrendo, constantemente, as influências da evolução tecnológica da Indústria 4.0, não se esquecendo da Indústria 5.0, que poderá chegar em breve.

A questão básica é, por exemplo, como você e a empresa na qual trabalha podem enfrentar e usufruir, da melhor maneira possível, esse processo evolutivo, inquestionável e irreversível.

Nos capítulos anteriores, você analisou as principais ferramentas administrativas que tiveram evoluções para sustentar as organizações exponenciais atuando no contexto da Revolução Industrial 4.0; neste momento, você pode "abrir um pouco mais a sua mente" e exercitar o seu raciocínio consolidando o seu posicionamento, pessoal e profissional, perante essa realidade em constante evolução.

Salienta-se que essa não é, e não poderia ser, uma verdade única, mas algo que você deve construir com amplo processo de pesquisa, análise, debate, teste e validação.

Objetivos do capítulo

Ao final da análise deste capítulo você poderá debater a atuação das organizações exponenciais no contexto da Indústria 4.0 abordando as seguintes questões:
- Quais os impactos provocados pela Indústria 4.0?
- Qual a maneira ideal de atuar em um ambiente industrial 4.0?

- Quais são os fatores de influência e as precauções a serem consideradas no contexto da Indústria 4.0?
- Como você pode saber a situação de seu processo evolutivo nesse contexto?

Em um dado momento, você deve estar fazendo a seguinte pergunta: "Por que o Brasil está 'perdendo o trem' da Indústria 4.0?".

A resposta a essa pergunta pode ser interpretativa, mas é possível considerar, para análise e debate, algumas questões:

- A indústria brasileira deixou de ser a sustentação do Produto Interno Bruto (PIB) com a recessão que ocorreu no início da década de 1980, e a queda da participação da indústria no PIB tem decaído, acentuadamente, nos últimos anos.
- O Brasil não soube fazer o processo de transição de uma indústria de substituição de importações para uma indústria exportadora, a qual, por si só, exige adequado nível tecnológico aplicado.
- O posicionamento de economia semifechada do Brasil elevou o custo de produção dos bens de capital e reduziu o nível de produtividade, entre outros problemas.
- Embora o Brasil seja um país relativamente atrativo para as empresas multinacionais, as que se instalam aqui dificilmente exportam seus produtos.
- O Brasil não tem o perfil de interagente com o mundo empresarial, pois, embora seja a 8ª maior economia do mundo, é apenas o 26º maior exportador. E, nesse contexto, a política industrial brasileira não está ajudando.
- O Brasil tem a desagradável mania de "nivelar por baixo", não sabendo privilegiar a produtividade e a meritocracia, entre outras importantes questões para a maior capacitação do país no mercado mundial.

Alguns estudos internacionais recentes mostram que aproximadamente 1/3 das nações do mundo está preparada para usufruir as transformações tecnológicas em andamento, enquanto 2/3 estão perdendo a onda de investimentos necessários para preparar o seu parque industrial visando usufruir a atual revolução da Indústria 4.0; e entre essas últimas está o nosso país!

E o pior é que o Brasil apresenta algumas características preocupantes:

- Como não se especializa em determinados componentes, o nosso país não está inserido nas chamadas cadeias globais de valor. Uma solução seria focar dois ou três segmentos da economia em que tivesse forte e sustentado diferencial competitivo e com condições de desenvolver e/ou aplicar, rapidamente, tecnologias modernas; mas será que o Brasil está fazendo isso?
- O Brasil tem alto custo trabalhista, o que atrapalha qualquer análise de investimento e evolução tecnológica.

A questão da baixa produtividade tem afetado o crescimento dos principais setores da economia brasileira, lembrando que o nosso nível de produtividade tem se apresentado como um dos mais baixos na economia mundial.

A atual Quarta Revolução Industrial pode alterar essa realidade brasileira, desde que ocorra otimizada utilização de robôs, análise avançada de dados, impressoras 3D, realidade aumentada e internet das coisas na indústria nacional, representando uma forte ruptura na atual realidade.

É interessante notar que, em parte, a nova onda de automação industrial acontece pelos mesmos motivos que levaram à Primeira Revolução Industrial, ou seja, liberar as pessoas de ambientes insalubres e de atividades perigosas, aumentar a produtividade e reduzir custos, tendo como consequência para os países o aumento do PIB e da renda da população.

Deve-se notar que, no Brasil, são poucas as empresas que absorveram, efetivamente, os elementos da Terceira Revolução Industrial implementando sistemas de gestão da produção bem-estruturados, o que faz com que o potencial trazido pela Indústria 4.0 não seja maximizado ou, muitas vezes, algo financeiramente viável.

E não se pode esquecer da falta de capacitação dos profissionais das empresas para enfrentar essa nova realidade. Para tanto, é necessário garantir o crescimento econômico que faz com que as pessoas continuem consumindo, bem como existindo a geração de empregos com uma educação mais próxima do mercado de trabalho, com a recapacitação dos profissionais em cada etapa da evolução da carreira.

De qualquer modo, pode-se afirmar que as pessoas continuarão a ser necessárias na força de trabalho, e os ganhos totais de produtividade que atualmente são estimados só ocorrerão se essas pessoas trabalharem lado a lado com as máquinas.

Para que o Brasil possa se enquadrar de uma maneira adequada no processo das revoluções industriais, uma premissa básica é que tivesse programas estruturados e de resultados no desenvolvimento de seu capital humano, o que, na prática, não ocorre, pois em um recente estudo entre 157 países o Brasil obteve a 81ª posição no Índice de Capital Humano (ICH), que avalia o desenvolvimento das capacidades e das habilidades de uma pessoa entre seu nascimento e os 18 anos, momento em que, praticamente, consolida-se a sua base para um futuro desenvolvimento profissional.

E, se os investimentos em educação, saúde e habilidades sempre foram importantes para o desenvolvimento de um país, eles são ainda mais necessários à medida que o mundo do trabalho sofre grandes mudanças, ocorrendo uma crescente demanda por pessoas mais adaptáveis, mais produtivas, mais inovadoras, ou seja, pessoas de resultados.

Você verifica que existem dois pilares essenciais para que as pessoas cheguem à idade adulta saudáveis, qualificadas e produtivas: que o tempo gasto na escola se traduza em aprendizado de qualidade, bem como, cada vez mais, que as crianças cheguem à idade escolar plenamente aptas e motivadas a aprender.

Para termos uma ideia do atraso do Brasil no caminho da Quarta Revolução Industrial: no momento de escrever este livro, o nosso número de robôs por 10 mil trabalhadores era 15, ante uma média mundial de 74, ou seja, na base de 20%!

Para o Brasil avançar nesse número, são necessários, no mínimo, programas efetivos de linhas de financiamento para pesquisa e inovação, aperfeiçoamento do sistema educacional, bem como redução de impostos e de barreiras tarifárias, ou seja, nenhum país avança na Indústria 4.0 se não for uma decisão governamental.

Nesse contexto, as empresas também precisam de segurança jurídica para desenvolver a produção local e trazer novas tecnologias.

Em termos históricos é importante se lembrar de que:

- Um século separou a Primeira e a Segunda Revolução Industrial, quando foi introduzida a eletricidade nas fábricas e foram construídas as primeiras linhas de produção em massa.
- Mais um século passou quando, em meados da década de 1970, ocorreu a Terceira Revolução Industrial e as indústrias foram equipadas com os primeiros componentes computadorizados.
- Um pouco mais de 40 anos depois, começa a Quarta Revolução Industrial, em que ocorre a interação das tecnologias de automação com ferramentas digitais, as quais armazenam e processam dados que potencializam, fortemente, o uso das máquinas.

Esse processo evolutivo não para, pois em alguns anos ocorrerá a Quinta Revolução Industrial – a chamada Indústria 5.0 –, na qual deverá acontecer uma extraordinária integração entre a inteligência humana e a inteligência artificial, e o ritmo desse processo dependerá, diretamente, da velocidade que os profissionais serão capacitados para desenvolver, aprender, coordenar e aplicar as modernas tecnologias.

Quanto ao nível de substituição dos trabalhadores por máquinas, ainda existem fortes divergências a respeito, ou seja, acredita-se que vai depender muito da perspicácia, da inteligência e da atuação de cada profissional.

Portanto, em resumo, você verifica que a chamada Indústria 4.0, ou Quarta Revolução Industrial, começou com a difusão das tecnologias de comunicação desenvolvidas nos anos 1970 e se intensificou com os avanços na inteligência artificial e na biotecnologia.

A nossa realidade desagradável é que pesquisas recentes evidenciam que o Brasil está por fora dessa nova realidade mundial, não tendo relevância em nenhuma das áreas-chave da Indústria 4.0, apontando que menos da metade das empresas brasileiras utiliza questões básicas, por exemplo, o *lean manufacturing* – sistema de produção "enxuta"; as áreas que têm apresentado maior potencial de se beneficiar dos avanços tecnológicos são as de produção, controle de qualidade, planejamento e engenharia de desenvolvimento de novos produtos.

Os números têm demonstrado que as novas gerações brasileiras não têm preparo para acompanhar a revolução que a Indústria 4.0 vem causando no mundo, principalmente pela incapacidade de desenvolver profissionais com os necessários conhecimentos e habilidades.

Nesse momento, você já deve ter chegado a uma conclusão óbvia: para ter sustentação para analisar e debater o futuro da administração, é necessário conhecer o estado presente da administração, que é resultante natural, em vários assuntos, da evolução dos eventos administrativos do passado, com as necessárias adaptações e complementos.

Portanto, esse é um processo contínuo, evolutivo e sustentado, que sempre procura aprimorar, com inteligência, o estilo administrativo, o modelo de administração e a vantagem competitiva das empresas, entre outras importantes questões.

5.1 Impactos da Indústria 4.0

Os prováveis impactos que a Indústria 4.0 pode provocar são os mais amplos possíveis, podendo ser nos contextos econômico, financeiro, social, político, cultural, comportamental, assistencial, entre outros.

Entretanto, a nossa análise está focada nas empresas – recebendo todas as influências citadas –, pois este livro identifica, prioritariamente, as ferramentas administrativas que devem ser utilizadas pelas organizações exponenciais atuando no contexto da Indústria 4.0.

Respeitando essa premissa, você pode extrapolar e adaptar, com facilidade, para qualquer outro tipo de abordagem de acordo com as suas necessidades e expectativas.

Na prática, os impactos nas pessoas, nos negócios das empresas, nos diversos segmentos de mercado e em outros agentes externos das empresas ocorrem, de maneira interativa, com um fator sendo causa e efeito perante os outros fatores considerados; mas foi julgado interessante separar as questões que são controláveis pelas empresas das questões que não são, efetivamente, controladas pelos executivos das organizações, não se esquecendo de que pode ocorrer um nível de influência nestes últimos, como decorrência de adequados processos de planejamento estratégico.

5.1.1 Nos negócios e nos profissionais da empresa

Embora as questões tecnológicas apareçam mais "de fora para dentro", ou seja, elas surgem nos ambientes pessoais e profissionais e, só depois, cada indivíduo começa a sentir "na pele" os seus efeitos, deve-se considerar que o foco básico deve ser sempre cada indivíduo, em suas atividades pessoais e profissionais, e daí ocorrem as consequências, positivas ou negativas, nas empresas e em seus negócios, o que pode gerar efeitos nos diversos segmentos de mercado e em outros agentes externos das empresas.

É lógico que a questão tecnológica de cada país tem elevada dependência das políticas públicas, mas este livro tem como foco a qualidade dos conhecimentos, das habilidades e das atitudes de cada pessoa – principalmente como profissional de empresa –, pois essa é uma questão controlável por cada indivíduo; o resultado é você fazer um plano de ação – e de carreira! – a respeito disso.

Em uma situação extrema, pode-se considerar a abordagem de Harari (2018), que previu desordenamento na força de trabalho, tanto nos governos mundiais quanto em nossa vida emocional, questionando, inclusive, a interpretação convencional sobre a origem da espécie, bem como debatendo conselhos sobre como enfrentar as questões mais prementes do amanhã, quer sejam inerentes à tecnologia da informação ou ao terrorismo.

O autor considera que a revolução da automação fará com que muitos empregos desapareçam, e a questão é o que ocorrerá na vida das pessoas e com seu desenvolvimento espiritual e emocional sem esses empregos – ele afirma que os empregos não devem ser defendidos, e sim as pessoas que têm esses empregos que estão desaparecendo. Sempre se deve lembrar que muitas pessoas têm determinados empregos porque precisam, e não porque esses sejam os seus "sonhos profissionais".

E não se deve esquecer que a revolução da automação tende a enriquecer algumas áreas e destruir, completamente, a economia de outras.

Porém, não se preocupe com algumas questões, pois o cenário é que os sensores biométricos de inteligência artificial sejam usados para vigiar as pessoas a serviço do governo e que esse governo monitore aquilo que você pensa, faz e sente, e o puna ou restrinja por qualquer coisa que contrarie a política ou as metas do governo!

Essa mesma tecnologia pode ser usada para vigiar o referido governo em seus serviços às pessoas, garantindo que todos os funcionários públicos estejam fazendo o que deveriam fazer, ou seja, você poderia vigiar a si mesmo, em seu próprio benefício.

Nesse momento é válido se lembrar de Federico Pistono (2017, p. 10), que afirmou que "os robôs vão roubar o seu trabalho, mas tudo bem", como decorrência do processo cada vez maior, acelerado e definitivo da obsolescência do trabalho humano.

Embora exista certo exagero nessa afirmação, pois o que está ocorrendo é a reinvenção de várias profissões, deve-se lembrar da Lei de Moore, de 1965, segundo a qual a capacidade computacional praticamente dobra a cada 2 anos, provocando um crescimento exponencial que a mente humana tem dificuldade de compreender e, consequentemente, de assimilar e aplicar.

De qualquer modo, as diversas realidades, inclusive as empresas e a administração destas, estão passando por um processo evolutivo impactante; e se você quiser conhecer alguns exemplos, pode analisar o livro *História da administração: como entender as origens, as aplicações e as evoluções da administração*, do mesmo autor e editora.

Você deve considerar que a atual Revolução Industrial 4.0 se relaciona com os impactos decorrentes da integração entre diferentes tecnologias com as dimensões digital, física e biológica. E deve-se lembrar de que, na Primeira Revolução Industrial, o principal fator de transformação foram as máquinas; na Segunda Revolução Industrial, foi o advento da indústria química; e, na Terceira Revolução Industrial, foi a convergência de tecnologia *high-tech*.

Com o advento da inteligência artificial e da automação nas empresas, poderá ocorrer, em breve, uma ruptura na relação trabalho *versus* emprego, mas é natural que os processos de negócios serão reinventados, proporcionando benefícios para muitas pessoas, desde que estas entendam essas evoluções e se preparem para isso em um nível adequado.

As novas tecnologias não acabam com os empregos, mas exigem que as empresas e as pessoas se preparem para a nova realidade; e aqui vai uma evidência: essa tarefa ou "lição de casa" não é sempre necessária e válida em todos os aspectos da vida?

Os vários setores das empresas podem contribuir no processo de recebimento dessas novas tecnologias, como:

- O setor de desenvolvimento de pessoas pode trabalhar, junto ao setor de tecnologia da empresa, nos treinamentos com conteúdos em que a inteligência artificial e as pessoas aprendam a trabalhar juntos e os robôs auxiliem em tarefas extenuantes e repetitivas, principalmente as que envolvem riscos físicos. Também pode ocorrer o treinamento para trabalhar em tarefas mais complexas com o auxílio das máquinas de inteligência artificial, o que, na prática, incentiva o desenvolvimento das qualificações individuais e as pessoas se tornam mais importantes nas empresas. Essa é para você pensar!
- O setor de recrutamento, seleção e alocação de pessoas – algumas empresas ainda têm essa unidade organizacional! – utiliza alguns ensinamentos da Quarta Revolução Industrial, que apresenta influências, diretas ou indiretas, até nos processos seletivos de estagiários e de profissionais pelas empresas, pois algumas delas estão fazendo uso de inteligência artificial e de algoritmos para fazer a seleção de grande quantidade de currículos que recebem, inclusive evitando possíveis descriminações. Em um momento posterior podem ser aplicados os tradicionais jogos de empresas ou estudos de caso para análise do raciocínio lógico e direcionado ao problema pelo candidato. Porém, no final do processo, tem que ocorrer a tradicional entrevista, na qual o candidato precisa provar que tem mesmo a ver com os negócios, os problemas e as soluções da empresa contratante.

Essa questão da forte evolução tecnológica está afetando, de modo direto ou indireto, todas as profissões – algumas sofrerão fortes mudanças, outras desaparecerão e outras surgirão exigindo novos conhecimentos e estilos de atuação profissional.

Um exemplo de uma antiga e tradicional profissão que tem atuação em toda e qualquer empresa é a do contador, que está enfrentando a evolução da tecnologia e a entrada da inteligência artificial no tratamento dos números e cálculos essenciais na referida profissão.

Nesse novo contexto de atuação, alguns contadores – e escritórios de contabilidade – estão ajudando as empresas em diagnósticos da saúde financeira dessas empresas por meio de dados contábeis interativos com a análise dos negócios realizadas por elas.

Essa situação tem tornado o processo decisório das empresas mais preciso e eficiente, e, na prática, pode-se considerar que os contadores se tornam consultores de negócios com elevada importância estratégica nas empresas.

No campo da medicina, há a evolução das *health techs*, que são novas empresas e *startups* que se dedicam a transformar processos e romper padrões da área da saúde criando soluções que levam mais eficiência para médicos e mais qualidade de vida para pacientes, ou seja, essas questões estão alterando a maneira de administrar hospitais e consultórios médicos.

Nesse cenário, em que as empresas recebem intensa influência de tecnologias digitais, é importante que elas desenvolvam internamente – via universidades corporativas – ou recebam das instituições de ensino metodologias e técnicas estruturadas que contribuam no desenvolvimento de profissionais mais preparados para atuar de forma criativa, colaborativa, dinâmica e direcionada a resultados desafiadores, visualizando o futuro dos negócios da empresa. Esses profissionais também devem se tornar mais conscientes de que a educação, na era exponencial, é um projeto de longo prazo e sem data para acabar, ou seja, passar a ser um processo de vida.

Portanto, você deve ter uma atuação pessoal e profissional direcionada para a inovação e para o desenvolvimento e a consolidação de um raciocínio lógico mais proativo – acredita que pode realizar algo! –, bem como, preferencialmente, estudando e trabalhando em equipes multidisciplinares, quando diferentes percepções e abordagens são debatidas, aprendidas, ensinadas e consolidadas pelos diversos participantes; mas sempre tomando cuidado para não deixar que a tecnologia simplesmente decida para onde você vai, sendo a situação ideal que você tenha algum controle de sua atuação nesse processo evolutivo, tornando necessário que tenha uma visão holística – procura compreender os fenômenos na sua totalidade e globalidade, com todos os seus elementos, estratégias e atividades, resultando em uma representação única da empresa – a respeito da utilização das modernas tecnologias e suas colaborações para eventos futuros, principalmente no contexto de mercados fortemente competitivos.

Você verifica que as melhores práticas do *e-learning* facilitam os processos de alto desempenho e de transformação digital de negócios de forma personalizada e adaptativa à realidade das pessoas e dos negócios analisados.

Alguns assuntos que você deve considerar nesses diversos trabalhos são:

i. Resiliência.

Você deve considerar que diante de um mundo em constante mudança não é possível ficar trabalhando com soluções prontas, e sim deve-se ter a competência de identificar e utilizar elementos e parâmetros que podem ajudar na construção de uma solução lógica e viável para cada problema que surge ou irá surgir – nessa última situação entra o nível de percepção de cada pessoa, o que pode ser algo complicado.

E, para que esse processo apresente um resultado interessante, é necessário que você tenha um senso crítico, pois é por meio dele que poderá identificar o que é essencial ou não, dentro de um contexto digital com tantas possibilidades.

Na prática, **resiliência** é o processo e o resultado de se adaptar, com sucesso, a experiências de vida difíceis ou desafiadoras, especialmente por meio da flexibilidade mental, emocional e comportamental e do ajustamento a demandas internas e externas da empresa na qual você trabalha ou ambiente em que vive.

ii. Saber trabalhar, e tirar proveito, em contextos de disrupção.

Em um contexto de disrupção, as pessoas devem estar motivadas para entender que é necessário desaprender atividades que não servem mais, abrir-se para novos conhecimentos e práticas e, então, começar a reinventar-se para uma nova realidade.

No atual contexto da Revolução Industrial 4.0, cada pessoa deve idealizar e estruturar o que ela pode realizar de inovador em suas atividades na empresa na qual trabalha, lembrando que, por mais que a tecnologia faça a diferença, quem está por trás dela ainda é uma pessoa.

iii. Fortalecimento da ética.

Com um volume extremo de dados e informações que o atual mundo digital trabalha, é necessário não se descuidar das questões éticas, preservando informações sigilosas e promovendo negócios sustentáveis; portanto, as empresas devem ter otimizado modelo administrativo de governança corporativa com informações e decisões claras e transparentes junto a seus diversos públicos – clientes, fornecedores, funcionários, governos, comunidades – para evitar problemas futuros.

Nesse contexto, as empresas devem estabelecer algumas premissas éticas, como:

- A identificação de quais informações dos clientes as empresas devem guardar e como as autorizações para tal devem ser obtidas.
- O processo de análise, identificação e tratamento de alguma questão antiética e como vai evitar uma nova ocorrência.
- As diretrizes, as normas e os procedimentos que devem ser respeitados por todos os profissionais da empresa em suas atividades internas e controláveis, bem como externas e não controláveis.
- Os fatores motivacionais que facilitem o pleno comprometimento de todos os profissionais da empresa para com os preceitos éticos estabelecidos e disseminados.
- Os possíveis desvios e suas denúncias que devem ser investigados de maneira lógica, transparente e isenta, objetivando, sempre, a verdade dos fatos.
- A criação de um processo autossustentável no qual todos os profissionais da empresa cresçam em termos éticos.

Atualmente, você verifica que as atividades de *compliance* estão usando, cada vez mais, os conhecimentos da Era Digital, pois esta estimula, agiliza, consolida e disponibiliza a prática de negócios com ética e integridade, principalmente quando essas empresas utilizam, na plenitude, o modelo administrativo da governança corporativa.

Portanto, os profissionais da área devem conhecer – e muito bem! – avaliação de risco, código de conduta, controles internos, canais de denúncia, investigação, auditoria, monitoramento de atividades, entre outras questões correlacionadas.

O assunto *compliance*, pelo fato de ser altamente estruturado, terá evoluções pontuais que, provavelmente, estarão alocadas em algumas de suas atividades como profissional de empresas.

Nesse momento, você deve considerar duas situações: o que é melhor, a alteração específica em uma atividade do processo ou sistema administrativo, ou a mudança em todo ele?

A resposta a essa questão está na aplicação da administração total ou integrada, em que todos os processos, e suas correspondentes atividades, estão interligados consolidando a administração da empresa como um todo, e, consequentemente, a aplicação da tecnologia se torna mais fácil, lógica e de menor custo, com resultados mais efetivos – detalhes desse processo você pode analisar no já citado livro *A moderna administração integrada*, do mesmo autor e editora.

iv. Pensamento flexível.

Pensamento flexível é a habilidade original de gerar e incorporar novas ideias para interagir com novas situações e tecnologias que visualizamos todos os dias. Esse é um conceito evidente, mas acredite, ele não é muito aplicado nas empresas!

No contexto das fortes evoluções tecnológicas que estão acontecendo e vão continuar a ocorrer, é necessário você saber como entender, aplicar e aperfeiçoar o seu pensamento flexível.

Mlodinow (2018) evidenciou algumas características do pensamento flexível que são essenciais para as pessoas, podendo ser adaptadas para atividades em organizações exponenciais no contexto da Indústria 4.0:

- Capacidade de descartar ideias confortáveis e de nos acostumarmos à ambiguidade e à contradição.
- Capacidade de superar posturas mentais e de reestruturar as perguntas que nós formulamos.
- Capacidade de abandonar nossas posições arraigadas e de nos abrirmos para novos paradigmas.
- Propensão a confiar tanto na imaginação quanto na lógica, bem como a vontade de gerar e integrar uma grande quantidade de ideias.
- Vontade de experimentar e de saber lidar com o erro.

Portanto, o pensamento flexível é o que pode facilitar para uma pessoa resolver novos – e, muitas vezes, imprevisíveis – problemas, bem como superar as barreiras que a impedem de enxergar além da situação existente.

Você verifica que o pensamento flexível auxilia as pessoas a direcionarem suas ações para o processo inovativo, algo fundamental para a qualidade analítica e decisória dos profissionais das empresas.

Algumas vezes o debate a respeito do assunto **inovação** leva a um contexto puramente filosófico e sem resultados efetivos, mas não se pode esquecer que inovação é criar produtos e serviços melhores, proporcionando experiências melhores para as pessoas, levando em consideração a sustentabilidade da cadeia produtiva envolvida, e que as inovações precisam remunerar quem as oferece; a inovação só se consolida em um processo de economia de escala.

Você pode ter observado dois aspectos básicos nas questões de inovação nas empresas:

1. A primeira é que a inovação não está presente apenas na criação de um aplicativo ou produto, pois ocorre também, com intensidade, em processos e atividades

internas ou em novas posturas e abordagens de uma empresa perante os diferentes segmentos de mercado, com suas necessidades e expectativas específicas.
2. A segunda é que as empresas podem ter dificuldades nesse processo evolutivo, se não tiverem parcerias estruturadas com empresas *startups*, incluindo adequações em seus estilos e modelos administrativos.

Nessas duas situações, é importante a empresa trabalhar com equipes multidisciplinares dedicadas à inovação, ao uso de estruturas organizacionais mais horizontalizadas aproximando as análises, as decisões, as ações, as avaliações e os aprimoramentos, além do uso de espaços colaborativos e de tecnologias diversas para aperfeiçoar os processos e as atividades da empresa.

Na prática, verifica-se que o objetivo é criar formatos que favoreçam uma nova maneira de pensar, na qual os profissionais da empresa não ficam restritos apenas às suas tarefas básicas, o que pode consolidar uma interessante vantagem competitiva para a empresa.

Essa situação de adequada aplicação da tecnologia pode consolidar nas empresas situações interessantes, como o caso de o controle de qualidade deixar de ser feito manualmente e ser realizado por *smartphones*, ou o uso do armazenamento de dados em nuvem, possibilitando um alerta imediato caso algum parâmetro de controle esteja fora do padrão.

De qualquer modo, não se pode esquecer que algumas tarefas precisam ser mais estáveis e que todo esse processo de mudança deve estar alinhado com a estratégia básica da empresa.

Você deve considerar que, se uma mudança for realmente necessária, é normal a alteração – ou ajuste – da estratégia básica da empresa, ou seja, as estratégias devem contribuir para o desenvolvimento da empresa, nunca para sua imobilização.

Essa estranha afirmação está evidenciada porque este autor já atuou em empresas clientes de consultoria que apresentaram resistências em alterar ou fazer ajustes em suas estratégias quando algumas necessidades de mudanças eram evidentes para a adequada melhoria dos resultados dessas empresas; ou seja, o planejamento estratégico – e cada uma de suas partes, como as estratégicas – é um processo contínuo e sustentado, devendo ser atualizado e aprimorado, **em tempo real**, de acordo com as realidades e as possibilidades dos cenários e dos negócios de cada empresa.

A inovação pode se apresentar em diferentes tipos e níveis:

- Inovação de continuidade, com foco na efetividade, ou seja, uma postura de atuação consolidada na empresa.
- Inovação de resultado, com foco na eficiência e na eficácia, analisando o processo de realização e os resultados específicos apresentados para cada inovação.
- Inovação de mercado, que procura criar necessidades em diferentes segmentos de mercado.
- Inovação de competitividade, que desenvolve e consolida vantagem competitiva para a empresa e seus negócios, produtos e serviços.

No processo de inovação, você pode considerar algumas premissas básicas:

- A tecnologia é importante para desenvolver ideias, mas sozinha não proporciona a inovação.
- Normalmente, a inovação se consolida pela efetiva atuação de uma equipe multidisciplinar, pois toda e qualquer inovação envolve conhecimentos diversos e interativos.
- A inovação deve ter foco no longo prazo, para durar e apresentar resultados, além de otimizar recursos e preservar o negócio.
- O inovador busca *status*, não poder, pois o que importa para ele é ser reconhecido como tal.

Uma técnica interessante que você pode aplicar para a otimização de processos inovativos é a ***design thinking***, a fim de pensar virtualmente um negócio ou uma atividade empresarial, envolvendo todos os participantes em uma organização 360°, na qual a hierarquia só existe para viabilizar o projeto; duas ferramentas administrativas que podem auxiliar nesse processo são as técnicas TVL e do painel integrado (ver Etapa 11 da Seção 4.2.1, Alocação das ferramentas administrativas nas diversas etapas).

Quando você tiver sérias dúvidas quanto a um processo de inovação administrativa, pode se lembrar da recomendação de Catmull (2014, p. 28):

> Se você estiver enfrentando uma complexidade decisória, a melhor abordagem é aceitar que você não consegue compreender todas as facetas de um ambiente complexo e, portanto, deve trabalhar com técnicas para lidar com pontos de vista diferentes, lembrando que esses pontos são aditivos e não competitivos entre si.

Você pode extrapolar esse raciocínio para o caso da aplicação das anteriormente citadas técnicas TVL e do painel integrado.

Em um processo de inovação é muito importante ouvir o cliente – atual ou potencial –, quer seja ele externo, quer seja interno na empresa, e isso antes de gastar recursos para produzir experimentos.

As ideias, quando podem gerar interessantes produtos, serviços ou atividades que "facilitam a vida" das pessoas, são bem aceitas; portanto, a questão é saber identificar essas ideias.

Essa questão toma um contexto importante quando se consideram inovações que afetam metodologias e técnicas administrativas, pois elas mexem nos estilos administrativos e nos modelos de administração das empresas.

Existem diferentes comportamentos frente ao assunto "inovação", como (Bes; Kottler, 2011, p. 26):

- Ativadores, que iniciam o processo de inovação sem pensar em prazos, custos e fases.
- Buscadores, que procuram informações para balizar o projeto de inovação.
- Criadores, que produzem ideias.

- Desenvolvedores, que transformam ideias em produtos e/ou serviços.
- Executores, que implementam e consolidam a ideia inovadora.
- Facilitadores, que cuidam do orçamento e orientam o processo de aprovação da ideia inovadora.

5.1.2 Nos segmentos de mercado e outros agentes externos das empresas

Embora esse seja um contexto de análise muito mais amplo que o da seção anterior, não se pode esquecer que "o que vem de fora" é altamente impactante em termos tecnológicos, e com uma agravante muito séria: normalmente, não temos pleno conhecimento do que está acontecendo nos agentes externos da nossa empresa e, quando os efeitos chegam, temos falta de conhecimento, de tempo e de recursos financeiros e operacionais para trabalhar com essas questões.

Uma importante mudança que está ocorrendo como decorrência do mundo das redes sociais é que as empresas devem saber e ter autonomia para negociar, **em tempo real**, com os diversos clientes em suas diferentes necessidades e expectativas.

Embora essa seja uma questão evidente, não são todas as empresas que sabem efetivar, com sucesso, esse processo negocial.

Essa situação se complica um pouco mais para algumas empresas, porque elas têm que, nesse momento, saber trabalhar com um trinômio cujas partes estão em constantes evoluções:

- As diversas tecnologias que habilitam as empresas e as pessoas a fazerem as coisas de modo diferente e até inovador.
- Os novos comportamentos e expectativas dos clientes que mudam suas necessidades e maneiras de interagirem com as empresas.
- Os clientes que se apresentam, cada vez mais, conectados com as realidades virtuais e, consequentemente, mais poderosos e até mais críticos e com baixa lealdade às empresas e seus negócios, produtos e serviços.

Outra importante mudança que você deve estar observando é que a atual Revolução 4.0 tem provocado algumas questões interessantes, como é o caso da sustentabilidade, que vem ganhando cada vez mais espaço na agenda das empresas, refletindo a tendência de aumento no consumo consciente e das discussões ambientais pela sociedade, não se esquecendo de que ela se tornou uma vantagem competitiva e de influência na lucratividade das empresas.

Portanto, muitas empresas buscam as melhores práticas, compartilham experiências e consolidam elevada importância para a área de sustentabilidade em suas estruturações organizacionais; mas não são todas as empresas que consolidam sucesso nesse procedimento.

E daí surge a pergunta básica: "por que isso ocorre?".

Pode-se considerar que a resposta a essa pergunta envolve duas questões com facilidade de resolução:

1. A primeira é que existem empresas que "falam muito" e escrevem em seus manuais de procedimento o que há de mais moderno e impactante em questões de sustentabilidade, mas, na realidade, pouco ou nada fazem a esse respeito, ocorrendo a famigerada "conversa mole".
2. A segunda questão é quando as empresas realmente querem fazer algo, mas não sabem como administrar as atividades que envolvem sustentabilidade e nem alocá-las junto às atividades inerentes aos seus negócios, produtos e serviços.

Com referência à primeira questão, não se deve nem gastar tempo com isso, pois a possível solução é bem clara; mas a segunda questão exige algum debate, e a sua proposta de solução pode ser adaptada a outras questões decorrentes da atual Revolução 4.0 e que podem afetar, positiva – na maior parte das vezes – ou negativamente, a empresa na qual você trabalha.

Nesse contexto, você pode considerar o seguinte procedimento básico para usufruir as possíveis evoluções tecnológicas que a Revolução Industrial 4.0 – e as futuras revoluções industriais – pode proporcionar para as empresas em geral:

- Primeiramente, tenha consciência de que o desenvolvimento de um novo projeto que envolva o assunto **sustentabilidade** deve ser engajado pela empresa interessada, mas também junto à comunidade na qual ela atua para que ocorra um otimizado projeto integrado de busca de soluções interessantes para todos.
- Como decorrência, você percebe algo evidente, mas nem sempre respeitado: a análise de todo e qualquer projeto decorrente da Revolução Industrial 4.0 deve ter elevada amplitude, pois são inúmeras as variáveis de causas e efeitos a serem consideradas.

Quando as empresas analisam a questão de sustentabilidade, e como se deve administrar, surgem algumas particularidades interessantes, que não devem ser esquecidas nesse processo.

Apenas citando um exemplo, há a economia linear e a economia circular, além da forma de administrá-las.

Na economia linear, extrai-se valor dos recursos da natureza, que são transformados e, depois, descartados. Portanto, é uma economia de extração de valor e de desperdício – você deve ter vários exemplos desse tipo de economia e do processo administrativo utilizado.

Na economia circular, cria-se valor sobre os recursos que já existem e devem continuar existindo pelo maior tempo possível. Portanto, as estratégias e os processos (e suas atividades) devem ser constantemente repensados, sempre com foco no otimizado equilíbrio entre sustentabilidade e lucro; o desenvolvimento do sistema de logística tem sido muito importante com a identificação de novos e melhores fornecedores, bem como o aprimoramento dos indicadores de avaliação e de atividades de compartilhamento.

Entretanto, a atual Revolução Industrial 4.0, com várias evoluções no contexto digital, tem proporcionado alguns problemas para as pessoas:

1. A quantidade e a disseminação de informações, verdadeiras ou não, fizeram crescer a discordância entre as pessoas, gerando a famigerada ira.
2. A internet, ao preservar em detalhes muito da história de vida de cada pessoa, pode "rotular" e, consequentemente, inibir a capacidade que cada indivíduo tem de evoluir como pessoa e como profissional.
3. Como a humanidade poderá administrar a inteligência artificial, impedindo que ela cause danos ou possa diminuir a capacidade intelectual das pessoas?
4. A inovação tecnológica pode gerar desigualdades de diversos tipos.
5. A atual Revolução Industrial 4.0 pode acabar com vários tipos de empregos que já estão consolidados no mundo.

São inúmeros os benefícios que podem ser proporcionados pela evolução tecnológica. Alguns já estão ocorrendo e outros poderão ter início em breve, como:

1. Medicações e exames médicos permitirão tratar e prevenir enfermidades de forma personalizada.
2. As cirurgias serão substituídas por órgãos criados em impressoras e por injeções de células-tronco que reconstruirão as funções do organismo.
3. A longevidade das pessoas será muito aumentada, mas essa é uma questão que ainda deve ser amplamente debatida quanto à sua efetiva validade.
4. As cidades poderão se tornar "inteligentes", fazendo uso da profusão de dados disponíveis e de sua análise para facilitar a vida dos habitantes.
5. As salas de aula vêm se transformando nas últimas décadas, e mais mudanças ocorrerão, tornando o aprendizado um exercício contínuo.
6. O advento da Era Digital consagrou uma nova experiência social baseada no princípio da confiança, abrangendo vários segmentos da economia, principalmente de serviços, indo de atividades do trabalho ao turismo, passando pela locomoção de pessoas.
7. Tem ocorrido um aumento – ainda que, às vezes, tímido – do respeito às diferenças sociais, entre outras, fazendo com que o mundo seja mais pacífico e próspero.
8. Em um extremo, o domínio da genética já permite a manipulação do genoma das pessoas, e a questão é: até onde isso pode nos levar?
9. As novas tecnologias têm facilitado um alto conhecimento da mente humana, havendo possibilidade de controlar os sentimentos e o intelecto das pessoas.
10. Quando e como ocorrerá a chamada "privatização" do universo, decorrente de fortes investimentos de instituições privadas?
11. A evolução vertiginosa dos *nerds* da Era Digital tem alterado a força econômica dos negócios empresariais.
12. O aumento da capacidade de armazenamento digital tem surpreendido a humanidade a cada momento.
13. O investimento em novas tecnologias tem aumentado fortemente a produção de alguns itens, como os alimentos.

14. Novas fontes de energia que não causam danos maiores para a humanidade estão surgindo.
15. A inovação tecnológica pode facilitar atos de inclusão social, desde que bem aplicadas.
16. A tecnologia, como principal fator de inclusão, tem facilitado que as pessoas vivam melhor hoje do que em qualquer outro momento da história.

Você observou que os 16 exemplos apresentados de benefícios decorrentes da evolução tecnológica têm uma interação direta ou indireta, com maior ou menor intensidade, com a teoria e a prática administrativa, o que evidencia que você precisa ter uma visão bem abrangente quando estiver analisando essa questão e, principalmente, quando estiver elaborando seu plano de carreira como profissional de empresas.

Outra questão interessante é que o debate entre cidadãos, empresas de tecnologia e governos quanto ao uso de dados deve se intensificar de maneira cada vez mais forte e, possivelmente, disciplinada, pois há a chance de o poder crescente da posse da informação ser tanto algo proveitoso quanto problemático para as pessoas.

E essa disseminação da tecnologia tem afetado também o processo de ensino, pois estão surgindo programas para capacitação tecnológica com conteúdos orientados diretamente para a empregabilidade, reduzindo as enormes lacunas existentes entre o profissional recém-formado e o que as empresas necessitam. Como resultado, as empresas terão aprimorados os seus processos e atividades, com otimizado nível de redução em seus custos operacionais.

Um exemplo desse processo evolutivo é o uso de óculos de realidade virtual mista nas linhas de produção das empresas, em que técnicos especialistas podem atuar com profissionais da empresa-cliente de maneira remota, mas como se estivessem no local.

Nessa situação, os óculos projetam camadas de imagens de alta resolução na frente do usuário, possibilitando o especialista ver a máquina, detectar o problema e assessorar o funcionário da empresa-cliente no conserto.

Os benefícios dessa nova realidade são amplos, inclusive para o aprimoramento dos processos de logística e de qualidade total das empresas.

5.2 Como atuar em um ambiente industrial 4.0

Inicialmente é importante lembrar-se de que a realidade evolutiva da Indústria 4.0 é criada pelas próprias pessoas, com seus diferentes conhecimentos, proposições e interesses; portanto, é algo controlável pelos indivíduos.

A questão é como cada pessoa, empresa, região ou país vai trabalhar com essa realidade; aqui vale lembrar uma premissa: o nível de aceitação, sem qualquer resistência, a essas inovações e novas tecnologias será tão maior quanto mais fortes forem as contribuições para as vidas – pessoal e profissional – dessas pessoas.

Um aspecto que facilita esse processo é cada pessoa, empresa, região e país se preparar, da melhor maneira possível, para enfrentar – e, preferencialmente, usufruir – esse processo evolutivo irreversível.

Nesse momento é válido apresentar algumas questões que, no Brasil, podem proporcionar maior sustentação para a convivência com o contexto da Indústria 4.0; essas questões não apresentam qualquer tipo de hierarquização e devem ser completadas e ajustadas de acordo com a sua análise.

São elas:

- Consolidação de um novo papel para os bancos públicos – BNDES etc. –, focando o financiamento das inovações, a infraestrutura, bem como algumas micro e pequenas empresas com atuação tecnológica.
- Investimento em ciência e tecnologia, com o setor público trabalhando em forte articulação com o setor produtivo.
- Fortalecimento da educação básica e técnica, para aprimorar o conteúdo programático e didático do setor produtivo.
- Criação das condições básicas para o país absorver as tecnologias emergentes, bem como assegurar o protagonismo dessas instituições.
- Maior número de acordos comerciais possíveis e tornar o Mercosul, efetivamente, livre comércio com normas harmônicas.
- Juros domésticos alinhados com os padrões internacionais para que as empresas dependam menos de fontes oficiais de crédito.
- Foco no desenvolvimento da macroeconomia, com as necessárias reformas estruturais.
- Redução do famigerado "Custo Brasil".

Você verifica que o Brasil tem uma forte "lição de casa" para fazer, mas também deve reduzir a sua dependência histórica do mercado externo e se capacitar para se tornar um país exportador; isso se quiser ter um posicionamento competitivo no contexto da Indústria 4.0.

Nessa realidade, existem duas maneiras básicas que as pessoas, as empresas e o nosso país podem decidir atuar: de forma ativa ou de forma passiva; você deve analisar as duas situações, pois elas podem indicar ações interessantes para o melhor enquadramento no processo de evolução tecnológica.

5.2.1 Atuação ativa

É lógico que o ideal é você ter uma atuação ativa em um ambiente industrial 4.0, mas é necessário considerar algumas situações alternativas que evidenciam diferentes realidades:

- Você, efetivamente, tem uma atuação ativa em um ambiente industrial 4.0.
- Você pensa que tem uma atuação ativa, mas a realidade é outra.
- Você não sabe como ter uma atuação ativa em um ambiente industrial 4.0.
- Você não considera importante ter uma atuação ativa na atual realidade da Era Digital com forte evolução tecnológica.

Agora chegou o momento de pensar a respeito de uma realidade específica: você!

Partindo do princípio de que você seja, ou vá ser, um profissional de empresa – executivo ou não –, é necessário listar, para análise e debate, algumas questões com as quais todo e qualquer profissional de empresa deve se preocupar, pois, se não tem a responsabilidade específica hoje, poderá tê-la amanhã.

Nesse contexto, é possível esperar que um adequado profissional de empresa, no mínimo:

1. Conheça os negócios, produtos e serviços atuais da empresa, e, preferencialmente, tenha boa noção dos potenciais futuros negócios, produtos e serviços dessa empresa.
2. Conheça o estilo administrativo e o modelo de administração da empresa na qual trabalha, bem como saiba analisar e debater possíveis processos de melhoria.
3. Conheça a vantagem competitiva da empresa e, preferencialmente, conheça a vantagem competitiva das principais empresas concorrentes.
4. Apresente otimizado nível de produtividade individual e em equipe.
5. Tenha adequado conhecimento das metodologias e técnicas administrativas necessárias à otimizada realização dos seus trabalhos na empresa.
6. Saiba interligar, direta ou indiretamente, os seus trabalhos com os trabalhos realizados pelas outras áreas da empresa.
7. Tenha um nível de liderança – preferencialmente pelo conhecimento – e saiba contribuir para um ambiente motivador com comprometimento aos resultados esperados, sempre com qualidade total.
8. Saiba estabelecer prioridades, com sustentação e clareza.
9. Tenha e respeite os valores éticos e morais consolidados.
10. Saiba administrar o tempo.
11. Seja generalista, com uma especialização importante para as atividades e os negócios da empresa.
12. Esteja direcionado para o processo de inovação, sempre com otimizados níveis de criatividade e de interação com os colegas de trabalho.
13. Desenvolva situações alternativas interessantes, as quais contribuam para a melhor qualidade decisória na empresa.
14. Tenha atitude interativa, preparando o seu futuro e o da empresa, bem como acreditando que pode concretizar essa situação.
15. Saiba trabalhar com o erro, considerando-o – quando for inevitável – como foco de aprendizagem, e, portanto, aceitar o processo de experimentação, desde que devidamente planejado e negociado.
16. Tenha adequado processo de autoavaliação, evitando que coisas simplesmente aconteçam sem qualquer análise.
17. Seja um agente de mudanças, pois as empresas são obrigadas a realizar fortes transformações, principalmente como resultado das revoluções industriais, como a 4.0.

18. Tenha intuição, sabendo identificar e captar oportunidades, e conseguindo estar à frente do processo decisório na empresa na qual trabalha.
19. Saiba trabalhar em equipes, principalmente as multidisciplinares.
20. Tenha capacidade de resolver conflitos, os quais ocorrem normalmente nas empresas.
21. Saiba que a sua atuação pode extrapolar a realidade da empresa, influenciando as comunidades nas quais atuam, a ecologia e até os valores culturais, morais e afetivos das pessoas que interagem, direta ou indiretamente, com a empresa onde você trabalha.

Para facilitar a sua análise quanto ao que é controlável e não controlável por você em sua atuação em um ambiente 4.0, é válida uma interação da lista anterior das 21 questões – e outras questões estabelecidas por si mesmo – com uma abordagem mais estruturada, considerando os fatores de sustentação, os fatores de influência dos componentes, os fatores componentes e os fatores condicionantes de sua atuação ativa em um ambiente industrial 4.0.

Naturalmente, a lista apresentada não é a completa – sendo fundamental que você a complemente de acordo com a sua realidade –, mas é possível considerar, para sua análise e debate, o apresentado a seguir:

a) Fatores de sustentação.

Aqui você não tem muito o que pensar, pois a lista considera, no mínimo, cinco itens básicos:

1. A sua vocação, pois, nesse momento, você explicita a predestinação de um talento ou aptidão para uma atividade, de maior ou menor abrangência no contexto tecnológico, e que proporciona sustentação para o seu desenvolvimento profissional na atual Era Digital, sempre com qualidade de vida.
2. O seu nível de conhecimento dos conceitos e da prática das questões da Era Digital, consolidando o seu otimizado entendimento das finalidades, das estruturações e das aplicações de um assunto ou atividade na realidade específica da empresa na qual trabalha.
3. As suas habilidades, as quais lhe permitirão visualizar, compreender e estruturar as partes e o todo dos assuntos administrativos e técnicos da empresa, consolidando resultados otimizados pela atuação de todos os recursos disponíveis, sempre focando a moderna evolução da Era Digital.
4. As suas atitudes perante as diversas situações que a atual realidade da Revolução Industrial 4.0 lhe apresenta em sua vida pessoal e na empresa onde trabalha.
5. A formalização de seu plano de carreira, sem o qual você terá elevada dificuldade em explicitar o conjunto planejado, estruturado, sustentado e sequencial de estágios visando consolidar a sua realidade evolutiva na atual Era Digital, de modo interativo com as necessidades da empresa na qual você trabalha e dos segmentos de mercado a serem atendidos com qualidade total.

b) Fatores de influência dos componentes.

Antes de analisar os componentes básicos de sua atuação ativa em um ambiente industrial 4.0, é válido analisar e debater dois fatores de influência que podem afetar, significativamente, os referidos componentes. São eles:

1. O estilo administrativo da empresa na qual você trabalha, pois ele explicita, evidentemente ou não, o contexto geral de atuação da empresa, consolidando se o processo decisório é mais centralizado ou descentralizado, com maior ou menor nível de participação, qual a abordagem de comprometimento e de cobrança de resultados, bem como as questões tecnológicas, de criatividade e de inovação se enquadram na realidade da empresa e do que os principais executivos esperam de seus profissionais.

- O modelo de administração da empresa na qual você trabalha, pois ele proporciona sustentação a tudo que acontece na empresa pela apresentação de um processo estruturado, interativo e consolidado para desenvolver e operacionalizar as diversas atividades – estratégicas, táticas e operacionais – de planejamento, organização, direção, gestão e desenvolvimento de pessoas e avaliação de resultados visando ao crescimento e ao desenvolvimento sustentado da empresa e de seus profissionais.

c) Fatores componentes.

Podem ser vários os fatores controláveis que formatam a atuação ativa dos profissionais das empresas em ambientes da atual Revolução Industrial 4.0, mas você pode considerar, para análise e debate, os apresentados a seguir – você deve complementar a lista de acordo com a sua realidade de atuação na empresa considerada. São eles:

- A sua atuação como empreendedor interno ou externo, pois nesse caso você deve direcionar os seus conhecimentos, habilidades e atitudes para a alavancagem dos resultados da empresa e a consolidação de projetos estrategicamente relevantes, sempre com forte nível de criatividade e de inovação tecnológica e dos negócios da empresa.
- A sua postura de assumir riscos, sabendo trabalhar com os seus erros e acertos, sempre em um processo sustentado e evolutivo de aprimoramento pessoal e profissional.
- A qualidade de seus estudos e a correspondente análise de viabilidade dos negócios e atividades da empresa considerando, no mínimo, as questões estratégicas, mercadológicas, tecnológicas, econômico-financeiras, estruturais e operacionais, sempre com amplos debates e coerência decisória.
- O nível de aplicabilidade da decisão tomada, consolidando a melhor alternativa para a situação apresentada no momento considerado.
- O real estágio do ciclo de vida da tecnologia em análise, identificando o fluxo de possível retorno do investimento realizado.

- Os possíveis "filhotes" da tecnologia em análise, possibilitando o surgimento de novos negócios, produtos e serviços, inclusive com ações comerciais "casadas".
- Os resultados planejados e efetivados como decorrência básica da atuação ativa dos profissionais da empresa envolvidos, direta ou indiretamente, com a tecnologia analisada.

d) Fatores condicionantes.

Nesse caso, você trabalha com fatores não controláveis e que influenciam, direta ou indiretamente, com maior ou menor intensidade, a evolução e a aplicação da tecnologia considerada na empresa em análise; você pode debater, entre outros, os seguintes fatores básicos:

- O mercado e seus segmentos, com as necessidades e expectativas dos consumidores, os quais têm forte influência no nível necessário básico de aplicação de tecnologia pelas empresas fornecedoras dos produtos e serviços.
- Os cenários, os quais representam situações, critérios e medidas para a preparação do futuro da empresa e seus negócios; portanto, você deve saber trabalhar com os modelos e as técnicas de cenários, bem como interagir essas questões com a realidade da empresa.
- A evolução tecnológica que está ocorrendo, tanto em todo o mercado quanto, principalmente, no produto ou serviço considerado; nesse caso, a empresa analisada não pode ficar atrasada nesse processo, pois a recuperação geralmente é muito problemática.
- As políticas governamentais, com suas ações direcionadas ao crescimento ou ao retrocesso do país, com forte influência no problemático "Custo Brasil".
- Os fornecedores de insumos diversos, os quais podem atuar como parceiros de tecnologia ou até serem futuros concorrentes.
- O sistema financeiro com suas decisões políticas e econômicas e as consequentes realidades para as empresas em seus processos visando se transformarem em organizações exponenciais.

Você pode fazer uma avaliação da influência dos diversos fatores em seu processo de aprimoramento de sua atuação ativa em organizações exponenciais em um ambiente industrial 4.0 aplicando o formulário resumido do Quadro 5.1.

Quadro 5.1 Análise dos fatores para uma atuação ativa

Atuação ativa Análise dos fatores			Data
Grupo		Nível de importância	
Fator	Nível de importância	Avaliação	Ações para melhoria

No formulário do Quadro 5.1 você deve trabalhar, no mínimo, com os quatro grupos de fatores identificados – sustentação, influência dos componentes, componentes e condicionantes –, sempre estabelecendo, hierarquicamente, o nível de importância do grupo analisado.

No caso da lista de fatores é importante lembrar que se deve "errar pelo excesso", ou seja, identifique todos os possíveis assuntos, pois desse modo será mais fácil elencar todas as ações necessárias para a melhoria dos resultados; o nível de importância dos fatores pode ser estabelecido pela técnica Gravidade, Urgência e Tendência (GUT) (ver Etapa 2.12 da Seção 3.2, Metodologia dos trabalhos com as ferramentas administrativas).

5.2.2 Atuação passiva

Nesse momento, surge uma pergunta: "como estabelecer que um profissional tem uma atuação passiva perante o que está acontecendo na atual Revolução Industrial 4.0 e, possivelmente, trabalhando em uma organização exponencial?".

Se a resposta for objetiva e direta, pode ocorrer uma situação agressiva para com o referido profissional, pois os critérios e parâmetros de avaliação podem ser questionáveis.

Portanto, a ideia é identificar as possíveis razões que direcionam alguns profissionais a terem a referida inadequada atuação.

Por essa abordagem, a análise pode ser realizada pela ausência de algumas características pessoais e profissionais que representam uma base de sustentação para que um profissional possa apresentar uma atuação ativa perante o que está acontecendo – e vai se fortalecer – no mundo digital da administração de empresas.

Para sua análise e debate, você pode considerar algumas questões sem a preocupação de hierarquizá-las, pois isso sofre influência direta da realidade de cada pessoa, inclusive em seu ambiente de trabalho.

Essas questões são:

a) Desconhecimento do que a empresa é e, principalmente, do que ela pretende ser em um futuro breve ou distante.

Em minhas atividades como consultor em planejamento estratégico, observei que algumas empresas insistiam em realizar a análise e o debate de suas questões estratégicas "entre quatro paredes" com a exclusiva participação dos executivos da alta administração, os quais, em significativa parte das vezes, estavam totalmente "por fora" dos principais assuntos administrativos e tecnológicos nos níveis tático e operacional da empresa; e acredite: em alguns casos até das questões estratégicas!

A prática tem demonstrado que o ideal é ocorrer uma interação estruturada entre as questões estratégicas, táticas e operacionais da empresa para que ela possa se direcionar, como um bloco único e forte, para os resultados planejados. Detalhes desse processo são apresentados no livro *Planejamento estratégico*, do mesmo autor e editora.

b) Desinteresse de cada profissional da empresa em elaborar um plano de carreira que esteja interativo com o futuro esperado pela empresa; e mais: que facilite a incorporação e a apresentação de inovações tecnológicas e de conhecimentos, tanto para o profissional quanto para a empresa na qual ele trabalha e quer se desenvolver.

Essa é uma questão fundamental e cada pessoa vai decidir a respeito disso; o máximo que uma empresa pode fazer é explicar a validade do assunto para cada pessoa em sua atuação profissional. Se quiser conhecer detalhes, pode analisar o já citado livro *Como elaborar um plano de carreira para ser um profissional bem-sucedido*, do mesmo autor e editora.

c) Inexistência de estímulo ao trabalho em equipes multidisciplinares, nas quais o processo de análise, debate e aprendizado interativo é muito forte, sustentado, efetivo, em **tempo real** e **na tarefa**.

Essa é uma questão que já foi amplamente evidenciada neste livro – vale a pena você investir fortemente nesse processo em suas atividades de estudo e de trabalho.

d) Não interligação estruturada entre o processo de avaliação de resultados da empresa e o processo de avaliação de desempenho dos profissionais da corporação.

Embora seja necessária e lógica essa interligação, acredite: apenas algumas empresas realizam essa interligação de maneira estruturada e orientando os seus profissionais para os resultados que realmente interessam, tanto para as empresas quanto para os seus profissionais.

e) Não aplicação do cadastro de capacitação interna para saber "quem é quem" na empresa.

Você já verificou que o cadastro de capacitação interna corresponde ao esquema de trabalho com aplicação de uma metodologia especial, visando ao levantamento e à análise de dados relativos aos níveis de conhecimentos, habilidades e atitudes dos profissionais da empresa para atuar nos atuais cargos e funções ou em outros cargos e funções existentes ou a serem criados na empresa.

Portanto, é uma ferramenta administrativa que otimiza a alocação dos profissionais da empresa em atividades que possam apresentar elevado desempenho.

f) Incompetência profissional de algumas pessoas.

Desculpe por essa! Sem comentários.

Essa lista de ausência de algumas características pessoais e profissionais que representam uma base de sustentação para que um profissional possa apresentar uma atuação – ativa ou passiva – perante o que está acontecendo, e se fortaleça no mundo digital da administração de empresas, é interpretativa e depende da realidade de cada um.

A partir desse momento, você pode fazer uma autoavaliação da qualidade de sua atuação como profissional diante de todas as evoluções digitais que estão ocorrendo na atual Revolução Industrial 4.0; para tanto, é possível utilizar o formulário apresentado no Quadro 5.2.

Quadro 5.2 Análise das questões para evitar atuação passiva

Atuação ativa Questões para análise			Data
Grupo		Nível de importância	
Fator	Nível de importância	Avaliação	Ações para melhoria

Nessa questão de autoavaliação é válido se lembrar de uma famosa, e rápida, palestra de Bill Gates para os formandos de uma escola secundária, na qual ele evidenciou 11 pontos simples mas importantes, que muitos se esquecem. Esses pontos são resumidos adiante:

1. A vida não é fácil, e acostume-se com isso.
2. O mundo não está preocupado com sua autoestima, pois isso é problema seu.
3. Você não terá vida fácil assim que sair da escola.
4. Se acha o seu professor rude, espere até ter um chefe, pois ele não terá pena de você.
5. Não seja esnobe em suas atividades profissionais.
6. Se você fracassar, não é culpa de seus pais.
7. Aprenda com seus próprios erros.
8. A vida profissional e real não admite erros e nem tantas reprovações que algumas escolas aceitam. Errou, é rua!
9. Os seus colegas de trabalho não têm a obrigação de ajudar você em suas tarefas.
10. A vida real é muito trabalho, e com qualidade!
11. Seja legal com os bons alunos que você hoje considera como babacas, pois existe grande probabilidade de um deles se tornar seu chefe.

5.2.3 Precauções a serem tomadas

Para que as interações entre as organizações exponenciais – ou em fase de efetivação – e os fatores de influência da Indústria 4.0 ocorram de maneira otimizada para essas empresas, pode ser considerado, para sua análise e debate, um conjunto de precauções que você pode pensar em três momentos específicos, mas que, na prática, podem se apresentar em um processo contínuo – portanto, as suas ações devem ser continuadas e acumulativas, facilitando à referida organização exponencial ter uma "personalidade administrativa" direcionada ao novo, ao criativo, ao inovador, ao diferenciado.

Outra questão para você considerar é que alguns estudos têm demonstrado que as empresas mais inovadoras são as que apresentam uma sustentação organizacional e de qualidade decisória que "liberta" o raciocínio analítico e decisório de seus principais profissionais para a criatividade e a inovação.

Com referência aos três momentos e às respectivas precauções a serem consideradas, pode-se ter:

- Momento 1, com sugestões práticas a fim de preparar a empresa para se tornar uma organização exponencial.

Nesse momento, você deve considerar todo o conteúdo do Capítulo 4, incluindo as várias **dicas** apresentadas nos outros capítulos do livro – e as complementadas por você –, acrescidas e reforçadas pelas seguintes sugestões básicas:

i. Estruturar e capacitar, adequadamente, a equipe de trabalho responsável pelo processo de transformação e consolidação da empresa como uma organização exponencial.

Na realidade, essa questão deve ser exercitada, na plenitude, por todos os profissionais da empresa, pois esse importante processo de transformação da empresa em organização exponencial não pode ser rotulado como de responsabilidade de um grupo "privilegiado".

Você não pode esquecer que a execução de um trabalho envolvendo todas as atividades da empresa não pode ser realizado "entre quatro paredes", pois, nesse caso, a equipe de trabalho não terá conhecimento de todas as atividades e realidades da empresa, bem como existirá grande possibilidade de ocorrer uma acirrada resistência aos trabalhos propostos, quer seja por desconhecimento da necessidade, quer seja pelo desagradável fato de "querer ser contra".

Reforça-se a questão da efetiva necessidade de a equipe de trabalho ser altamente capacitada – e didática e paciente – para coordenar e realizar as atividades necessárias à otimizada transformação da empresa em uma organização exponencial de sucesso.

Nesses serviços, você também deve alocar a equipe de trabalho de modo adequado na estrutura organizacional da empresa.

Essa equipe de trabalho logicamente tem que ser multidisciplinar, envolvendo os diversos conhecimentos inerentes às atividades atuais da empresa e outras que sejam necessárias em futuro breve; a estrutura organizacional, possivelmente, deverá se basear, de maneira integral, nos princípios e na abordagem da governança corporativa.

E não se esquecer de aplicar a metodologia do cadastro de capacitação interna para identificar outros conhecimentos dos profissionais da empresa (ver item III da Seção 3.3.2, Pelas funções das empresas).

ii. Ter efetivo conhecimento da inquestionável importância de a empresa na qual trabalha se tornar uma organização exponencial.

Para tanto, deve ser preparado e executado um amplo processo de apresentação dos resultados esperados – e suas razões – explicando a participação e as responsabilidades dos profissionais da empresa.

Uma ideia é que todo esse processo de treinamento esteja correlacionado ao estabelecido no planejamento estratégico da empresa, pois esse é perfeitamente estruturado, lógico e entendível.

Você verifica que não se deve aceitar simples cópias dos trabalhos de sucesso realizados por outras empresas, pois cada "caso é um caso"; o que se deve fazer é um processo de *benchmarking* e aprender com as empresas de referência o que pode ser aplicado, com qualidade e sucesso, em nossa empresa.

Outra questão com a qual você deve tomar cuidado é "não dormir em berço esplêndido" pelo sucesso atual da empresa, ou seja, mantenha a mente questionadora e criativa!

Ao mesmo tempo, não se deve esperar enormes e rápidos resultados, pois o processo de transformação de uma empresa em organização exponencial, e mais, atuando em um ambiente de Revolução Industrial 4.0 com rápidas mudanças tecnológicas, é um processo gradativo, evolutivo e sustentado, conforme amplamente evidenciado nos capítulos deste livro.

E mais uma **dica** nesse item: não fique preso a algum erro no passado, pois o momento atual é diferente, e os trabalhos podem ser realizados de maneira distinta.

iii. Preparar a empresa para a equipe de trabalho realizar a avaliação dos negócios e das atividades da empresa como base para a sua transformação em organização exponencial atuando em um ambiente industrial 4.0.

Nessa questão, você deve eliminar os já citados focos de resistência para a nova situação da empresa, pois eles só criam atrasos e custos para o processo; para tanto, você deve designar capacitados agentes de mudanças que tenham efetiva liderança em relação aos diversos profissionais da empresa.

Outro aspecto é que se deve desenvolver e consolidar, conforme amplamente já evidenciado neste livro, um processo estruturado de avaliação dos resultados da empresa. Esse processo também deve interagir com a avaliação de desempenho dos profissionais da referida corporação.

iv. Adequar a situação dos novos negócios analisados e das novas atividades necessárias à realidade da empresa que está se transformando em organização exponencial e atuando em um ambiente industrial 4.0.

Nesse caso, o processo pode se iniciar pela adequação ao tamanho e recursos disponíveis, embora talvez seja necessário alterar essa situação a médio prazo.

A próxima questão a ser adequada é a dos novos negócios analisados à luz das estratégias estabelecidas, que devem ser consistentes aos fatores internos e externos da empresa, à missão, aos propósitos, à postura estratégica e aos objetivos e metas estabelecidos, bem como aos recursos atualmente existentes e às expectativas de seus principais executivos.

Outra questão é o trabalho inerente à cultura organizacional da empresa, pois deve-se tomar cuidado para não ir contra – sem razões efetivas e sustentadas – ao conjunto de crenças, valores e expectativas de seus proprietários e principais executivos.

- Momento 2, com sugestões práticas para consolidar a empresa como organização exponencial atuando em um ambiente de revolução industrial 4.0.

Nesse momento você pode considerar, para análise e debate, as seguintes sugestões básicas:

i. Conhecer todos os aspectos e partes integrantes e de influência das organizações exponenciais.

Para bem realizar esses trabalhos, você deve, no mínimo, respeitar e aplicar todos os princípios estabelecidos pela moderno, total e integrada administração entre as ferramentas administrativas da empresa.

Outro aspecto é a necessidade de considerar os aspectos intuitivos e de "juízo de valor" decorrentes dos diversos profissionais da empresa, procurando estabelecer determinado equilíbrio quanto aos números e às tabelas estatísticas e proporcionando melhor qualidade decisória.

Mas todo esse processo deve estar sustentado por um otimizado nível de aprendizado, treinamento e capacitação profissional diretamente correlacionados aos negócios e às atividades atuais, mas também futuros, sempre com estruturados instrumentos de avaliação e aprimoramento.

ii. Ter adequado nível de participação e comprometimento de todos os que podem contribuir para o otimizado processo de transformação da empresa em organização exponencial atuando em um ambiente da Revolução Industrial 4.0.

Na prática, tem-se observado que, geralmente, não existe problema no nível de participação, mas, quando se aborda a questão do nível de comprometimento para com os resultados esperados pela empresa, a "coisa se complica". Portanto, é nessa questão que a empresa deve alocar os seus esforços, acompanhamentos e análises, para evitar surpresas desagradáveis.

Uma ideia é envolver todos os profissionais nos diversos processos de planejamento – estratégicos, táticos e operacionais – para que todos saibam onde e por que a empresa precisa desenvolver algumas estratégias e ações, bem como alcançar alguns resultados, os quais afetam a realidade de todos os profissionais que trabalham na referida empresa.

Outra importante questão é que todos tenham uma atitude interativa ou, pelo menos, proativa para com os resultados esperados, e nunca uma atitude inativa ou, pior ainda, reativa quanto aos processos de inovação necessários para garantir o futuro da empresa.

iii. Evitar intensamente todo e qualquer erro no processo de transformação da empresa em organização exponencial, até porque o ambiente da Revolução Industrial 4.0 pode acelerar o efeito de possíveis erros.

Uma sugestão para evitar esse problema é interligar as atividades do processo de transformação da empresa em organização exponencial com as atividades dos diversos planejamentos, bem como das outras ferramentas administrativas da empresa;

ou seja, o foco é consolidar o modelo da administração total e integrada na empresa efetivando uma perfeita interação de causas *versus* efeitos entre todas as atividades da referida empresa.

Porém, para que tudo isso funcione adequadamente, é necessário que os trabalhos sejam desenvolvidos com adequados e equilibrados níveis de simplicidade, formalidade e flexibilidade.

Também se deve realizar os trabalhos em adequados períodos de tempo, até porque o ciclo de vida normalmente é curto nas atividades e nos negócios que envolvem elevados níveis de tecnologia, o que demanda um otimizado processo de avaliação na identificação, captação, desenvolvimento e aplicação dessas tecnologias; nunca se pode esquecer que uma empresa inovadora institucionaliza o espírito inovador e cria o hábito da inovação, sendo essa empresa gerida por um corpo diretivo com estilo inovador.

Como a medida da inovação é seu impacto sobre o ambiente – mercado, fornecedores, concorrentes, governos etc. –, sempre é necessário analisar o aspecto da interação estruturada entre as ações da empresa e as influências decorrentes da Revolução Industrial 4.0.

iv. Consolidar elevadas necessidade e credibilidade ao processo de transformação da empresa em organização exponencial; para tanto, deve, no mínimo:

- Utilizar e aplicar situações realistas em todo o processo de desenvolvimento dos trabalhos.
- Disseminar todas as informações "divulgáveis" de modo amplo e consistente.
- Saber trabalhar com o processo e os indicadores de avaliação, aplicando, em **tempo real** e **na tarefa**, as ações de melhoria.

• Momento 3, com sugestões práticas para a adequada administração da organização exponencial atuando no contexto da Revolução Industrial 4.0.

Ao longo dos capítulos deste livro foram apresentadas várias sugestões para melhor trabalhar com as organizações exponenciais atuando em um ambiente de Revolução Industrial 4.0.

Nesse contexto, e nos dois momentos anteriores desse processo, são abordadas algumas sugestões para as quais você deve ter atenção especial; são itens simples e evidentes, mas, muitas vezes, esquecidos.

No caso desse momento 3, você pode considerar, para análise e debate, as sugestões básicas de desenvolver, conhecer e aplicar todas as ferramentas administrativas de planejamento, organização, liderança, direção e decisão, bem como de controle e avaliação, mas não se esquecendo das ferramentas administrativas referentes às funções empresariais de marketing, finanças, desenvolvimento de pessoas, produção, bem como de processos e tecnologia com foco prioritário na criatividade e na inovação – reveja, com detalhes, as Seções 3.3.1, Pelas funções da administração, e 3.3.2, Pelas funções das empresas.

5.3 Consolidação de uma nova atuação inovadora da empresa

Essa é uma questão que pode apresentar interessante nível de efetividade ou pode ser um grande "complicômetro" para as empresas.

Você pode considerar que o fator de influência é se a cultura organizacional da inovação tecnológica está ou não inserida no DNA da empresa; e daí surge uma pergunta básica: "como conseguir efetivar essa situação?".

Esteja certo de que a única maneira de conseguir isso – ou, pelo menos, de se aproximar de tal situação – é o foco da inovação tecnológica estar presente em todas as atividades e profissionais da empresa, e o caminho referencial para isso é que a abordagem da citada inovação tecnológica esteja sendo exercida, na plenitude e com qualidade total, por todas as funções – da administração e das empresas –, por todos os que têm uma interação, direta ou indireta, com as atividades da empresa em análise, quer sejam internos, quer sejam externos à referida empresa.

Por tudo que foi apresentado até agora, verifica-se que a administração, como a tecnologia, não para de evoluir, e daí surge uma pergunta: "a evolução da administração ocorre no mesmo ritmo da evolução tecnológica das empresas?".

Em termos de análise comparativa da velocidade da evolução, deveríamos ter a aplicação de critérios e parâmetros estruturados por um período adequado de tempo, mas sempre lembrando que, em termos de impacto das evoluções, parece que não existem dúvidas de que a evolução tecnológica na realização das atividades das empresas, principalmente as alocadas nos produtos e serviços disponibilizados ao mercado, é bem mais forte, impactante e identificável; até porque o entendimento e a aplicação dos novos conhecimentos em administração são bem mais morosos e, muitas vezes de modo errático, como no momento de escrever este livro, ainda ocorrem com os assuntos **governança corporativa** e *compliance*, entre outros.

Parece que a causa principal disso é que significativa parte dos executivos de empresas é morosa em aplicar as novas tecnologias da administração, porque, geralmente, não é cobrada por isso, diferentemente de aspectos mais "visíveis", como as evoluções tecnológicas nos processos produtivos e, principalmente, nos produtos e serviços oferecidos pela empresa aos diversos segmentos de mercado.

Nesse contexto, pode-se fazer uma correlação do passado como um foco de sustentação para o futuro da administração, e, naturalmente, as colocações apresentadas não são – e não poderiam ser – uma verdade inquestionável, mas a intenção é provocar um processo de análise em que você pode se motivar para debater com outras pessoas e chegar a uma "verdade pessoal" que servirá de orientação para o seu desenvolvimento profissional.

Para facilitar a sua análise, essas diversas questões evolutivas da administração são apresentadas pelas funções da administração e pelas funções das empresas, pois você sempre está envolvido, em maior ou menor intensidade, nas suas atividades profissionais. São elas:

a) Quanto às funções da administração, você pode considerar:

i. A função **planejamento** deverá apresentar, ou continuar apresentando, as seguintes evoluções:

- Aumento da sua abrangência nas empresas pelo desenvolvimento de novas técnicas estratégicas e de cenários, bem como de interação entre empresas de um mesmo negócio, não se esquecendo de que a integração entre os níveis estratégico, tático e operacional está, cada vez mais, se consolidando pelo entendimento de sua necessidade.
- Contribuição direta para o desenvolvimento e a consolidação de novos modelos de administração das empresas, decorrentes de três aspectos principais: a elevada interação entre todas as atividades das empresas, a análise detalhada dos fatores externos de influência atual e futura nas empresas, assim como o foco prioritário nos conhecimentos, na capacitação profissional e nas habilidades dos executivos e demais funcionários das empresas.
- Geração de novas ferramentas administrativas "filhotes" da função **planejamento** nas empresas, podendo citar as técnicas estratégicas, as técnicas de cenários, a melhor estruturação dos projetos e suas interações com os processos e as atividades, o tratamento das questões éticas e culturais das empresas, entre outros importantes assuntos administrativos.

ii. A função **organização** deverá ter algumas situações que vão se consolidar – e aprimorar – nas décadas seguintes, como:

- Os estudos e as análises das estruturas organizacionais terão amplitude cada vez maior, provocando até a sua interligação com os cenários estratégicos, as análises de mercado, o sistema de fornecedores e insumos, e outros fatores externos e não controláveis pelas empresas, criando-se uma abordagem bastante ampla em que o estudo da estrutura organizacional de uma empresa fica no "meio de campo" entre os mercados a serem atendidos e os fornecedores de insumos, tudo isso sob a orientação dos cenários estratégicos analisados.
- As estruturas organizacionais estarão cada vez mais interligadas com as outras ferramentas administrativas das empresas – em alguns casos, podem até ser os focos catalisadores desse processo.
- As estruturas organizacionais, apesar de mais amplas e abrangentes, se tornarão mais simples e de fácil atualização, ajudadas principalmente pela implementação de trabalhos em equipes multidisciplinares e operacionalizadas em processos administrativos e suas atividades.
- As estruturas organizacionais estarão cada vez mais baseadas e sustentadas pelos profissionais das empresas, pois eles representam o principal foco de conhecimento,

bem como de informação, decisão, ação e avaliação de todas as atividades realizadas; mas não se pode cair no sério erro de transformar o organograma em um "personograma".

- As estruturas organizacionais estão destinadas a sofrer as influências – péssimas! – das políticas governamentais com seus encargos, burocracias etc., correspondente ao problema do Custo Brasil.
- Consolidação de parcerias em diversos segmentos – clientes, fornecedores etc. –, tendo em vista objetivos comuns anteriormente negociados, mas efetivando um novo fator de influência na estruturação organizacional das empresas.
- Aprimoramento estruturado de processos, rotinas, procedimentos e suas atividades como decorrência e como sustentação das estruturas organizacionais otimizadas pela evolução tecnológica.

iii. A função **liderança** deve apresentar as seguintes evoluções:

- Embora seja inquestionável que os profissionais das empresas sejam, cada vez mais, o foco básico de todas as questões administrativas, exigindo adequado planejamento e forte processo de capacitação e treinamento, tem-se observado que algumas empresas não conseguem entender e consolidar, com competência, essa tendência, provocando uma incompetência administrativa nessas empresas – a causa dessa situação é a empresa considerada não saber identificar os seus talentos profissionais e/ou não saber trabalhar com eles e/ou não os ter em seu quadro de executivos e demais funcionários.
- As pessoas serão forçadas, cada vez mais, a saber trabalhar em situações de constantes mudanças e, preferencialmente – para o caso dos mais inteligentes –, saber se antecipar a essas mudanças.
- Os conhecimentos – profundos e diferenciados – serão o principal fator de sustentação para o surgimento de novas e fortes lideranças nas empresas, as quais consolidarão criativas vantagens competitivas para as empresas e seus negócios.
- Os colegas de trabalho podem representar uma rápida fonte de aprendizado e de melhoria do conhecimento administrativo em **tempo real** e **na tarefa**, principalmente em equipes multidisciplinares.

iv. A função **direção e decisão** deve efetivar, de maneira cada vez mais forte, as seguintes evoluções:

- O processo diretivo e decisório nas empresas vai se tornar cada vez mais participativo, visando melhor qualidade nas decisões, menor nível de resistências das pessoas e consolidação de uma administração mais integrada, de melhor qualidade e de baixo custo.
- A competência diretiva e decisória ficará cada vez mais transparente e verdadeira.

- As análises necessárias para o processo diretivo e decisório serão mais amplas e mais complexas, com maiores quantidades de fatores externos ou não controláveis e internos ou controláveis nas empresas.
- Os estudos de administração proporcionarão ferramentas matemáticas e da tecnologia de informação de auxílio ao processo diretivo e decisório nas empresas, sendo aqui a diferenciação entre os que sabem e os que não sabem utilizar essas ferramentas.

v. A função **avaliação e aprimoramento** deve apresentar as seguintes evoluções:

- Os profissionais das empresas aceitarão ser avaliados com aplicação de critérios e parâmetros debatidos e conhecidos.
- Os sistemas de avaliação e de aprimoramento terão fortes participação e debates de todos os envolvidos, pois todos serão beneficiados com os efetivos conhecimentos de suas realidades profissionais.
- Todos devem ser avaliadores e avaliados com elevada transparência e veracidade.
- Os resultados das avaliações serão fundamentais para o desenvolvimento da empresa e de seus profissionais de uma forma sustentada, evolutiva e forte.

b) Quanto às funções das empresas, você pode considerar:

i. A função **marketing** deverá apresentar, ou continuar apresentando, as seguintes evoluções:

- Contribuição direta para a maior proteção dos compradores dos produtos e serviços das empresas, com propagandas e campanhas promocionais mais verdadeiras, melhores e mais detalhadas informações a respeito dos produtos e serviços oferecidos aos diversos segmentos de mercado, bem como maior envolvimento – tanto pela empresa quanto pelo mercado – com questões éticas, legais, sociais e ambientais.
- Maior busca da qualidade de vida pela oferta de produtos e serviços que atendam esses preceitos básicos da existência humana.
- Preços mais adequados, ajustados pelo maior nível concorrencial e pela melhor qualidade de informações dos compradores de produtos e serviços das empresas.
- Melhoria da qualidade dos produtos e serviços, pois a qualidade já deixou de ser uma vantagem competitiva das empresas e passou a ser uma premissa para a sobrevivência dessas empresas.
- Consolidação da abordagem do marketing total, em que todas as atividades da empresa se direcionam para a otimização mercadológica dos produtos e serviços da referida empresa.

ii. A função **produção** deverá apresentar as seguintes evoluções básicas:

- Incremento no valor das transformações dos insumos, ou seja, alocar mais inteligência no processo de produção de tal forma, que ao final, os produtos e serviços oferecidos proporcionem maior valor, tanto para as empresas vendedoras – pelos resultados das vendas – quanto para os compradores, pela qualidade do item comprado e pela satisfação da necessidade atendida.
- Aprimoramento das técnicas de programação, a qual está correlacionada à evolução da informática e da tecnologia da informação. Pode ser que as formas de representação não sofram muitas alterações, mas o tratamento, a interação e a análise das informações sofrerão forte evolução ao longo do tempo.
- Aumento do nível de flexibilidade na produção considerando o processo produtivo em si, os produtos ou serviços, o volume da produção e a programação das entregas aos compradores, lembrando que mudanças rápidas e sustentadas correspondem a importante fator de influência direta nos diferenciais competitivos de uma empresa.
- Introdução de elevadas tecnologias no processo produtivo, como a robótica, que também evita que as pessoas tenham que realizar trabalhos de elevado risco.

iii. Quanto à função **desenvolvimento de pessoas**, você pode considerar, para debate, as seguintes evoluções básicas:

- A criatividade será cada vez mais incentivada nas empresas, pois pessoas criativas devem ser visualizadas como base de sustentação para possíveis vantagens competitivas das empresas. Mas deve-se tomar cuidado com alguns executivos que não sabem analisar e, muito menos, implementar essas propostas criativas.
- Maior e mais amplo debate do estilo administrativo, que corresponde, resumidamente, ao "jeitão" decisório de seus principais executivos, tendo influência direta no futuro dessas empresas.
- O empreendedorismo, principalmente o interno, será cada vez mais privilegiado pelas empresas, mas sempre tomando cuidado de identificar quem realmente tem postura e atuação empreendedora.
- Internacionalização de empresas nacionais, o que envolve o entendimento e a assimilação de uma realidade administrativa cujas regras e processo decisório são muito diferentes da empresa-origem, exigindo dos profissionais das empresas muita sensibilidade e flexibilidade cultural.

iv. A função **finanças** pode evidenciar as seguintes evoluções:

- Maior utilização da parte mais "sofisticada" das finanças, com a efetiva aplicação de ferramentas administrativas consideradas mais complexas, como é o caso da contabilidade gerencial, da análise completa de viabilidade e da análise de valor da empresa e de cada um de seus negócios.

- O assunto **finanças** deverá se tornar o "centro nervoso" dos processos de planejamento e de avaliação de empresas, catalisando, consolidando, analisando e disseminando as informações básicas do referido processo.
- O executivo financeiro será cada vez mais valorizado pelas empresas pelos seus trabalhos em mercados voláteis e em questões de abertura de capital e captação de recursos em situações vantajosas para a empresa.
- Desenvolvimento e consolidação da abordagem das finanças totais, em que as diversas áreas da empresa executam suas análises, decisões e ações focando o aprimoramento dos resultados financeiros da empresa e, portanto, a efetivação da empresa ao longo do tempo.

v. A função **processos e tecnologia** pode apresentar, de maneira cada vez mais forte, as seguintes evoluções básicas:

- Estruturação de metodologias e técnicas amplas, completas e interligadas para o desenvolvimento e a operacionalização das diversas atividades das empresas.
- Consolidação de um novo "perfil" dos profissionais das empresas, principalmente de seus executivos – essas pessoas é que são as responsáveis pela evolução de suas carreiras, e não as empresas onde elas trabalham.
- Aumento da flexibilidade empresarial, a qual tem uma relação de causa *versus* efeito com os processos e a tecnologia.
- Maior sustentação do conhecimento pelo uso da tecnologia da informação.

E, finalmente, é apresentado o reforço de uma importante **dica** que você sempre deve respeitar quando estiver analisando e preparando a sua empresa para enfrentar, com pioneirismo e qualidade total, toda a evolução que o futuro da administração nos apresenta, com maiores ou menores evidências.

Nesse contexto, você pode considerar os seguintes principais aspectos abordados nos capítulos do livro, sem preocupação de hierarquizá-los e apresentá-los em ordem sequencial, pois eles podem ocorrer de forma aleatória, sendo a questão primordial o fato de que você nunca pode esquecê-los. São eles:

- A sua estrutura de análise e o seu processo decisório sempre devem estar baseados na abordagem da administração total e integrada, pois não se pode esquecer nenhuma ferramenta administrativa, bem como todas elas devem ser analisadas de modo interativo, pois sempre existe uma relação de causa *versus* efeito entre elas, independentemente se essas influências ocorrem de maneira direta ou indireta.
- No processo de identificação das ferramentas administrativas, o princípio básico é "errar pelo excesso", ou seja, você pode – e deve – identificá-las pelas funções da administração – exemplificado na Seção 3.3.1, Pelas funções da administração –, pelas funções das empresas – ver Seção 3.3.2, Pelas funções das empresas –, bem como pelos debates estruturados em equipes heterogêneas diversas, usando ou não consultores especialistas em determinados assuntos empresariais, e outras

maneiras diversas de identificação; o importante é: identifique todas as ferramentas administrativas a serem estudadas, quer já existam na empresa ou não. Se elas existirem, verifique se estão bem-estruturadas e se a sua aplicação está adequada; se não existirem, constate a razão disso, bem como saiba incorporar, com plena qualidade, essas ferramentas administrativas.

- É fundamental a empresa identificar "quem é quem" para participar, efetivamente, do processo fundamental de transformar a empresa em uma organização exponencial atuando em um ambiente de Revolução Industrial 4.0. Acredite que algumas empresas têm pleno conhecimento de tudo que precisa ser feito para essa transformação ocorrer com qualidade, mas erram ao escolher os líderes desse importante processo.
- Incorpore esses aspectos evidenciados – e outros que o dia a dia lhe apresentará – como um fator básico de sustentação da cultura organizacional da empresa, sempre com forte atuação para os diversos processos de inovação necessários à consolidação do futuro da empresa de forma criativa, inovadora e diferenciada.

Outra questão é que, em administração, não se deve ficar "jogando fora" ferramentas administrativas sem uma análise mais profunda, simplesmente afirmando que elas estão ultrapassadas.

Você já deve ter constatado que, em assuntos empresariais de modo geral, as ferramentas administrativas devem ser:

- Conhecidas e bem aplicadas.
- Aprimoradas pelas novas formatações decorrentes da natural evolução tecnológica, tanto em questões de conhecimento quanto em questões operacionais.

Portanto, não economize o seu tempo no estudo da administração, pois nunca será "tempo perdido".

Pelo que já foi apresentado até o momento, você verifica que algumas premissas gerais devem ser respeitadas para que a empresa tenha agilidade decisória e operacional para se consolidar como organização exponencial no ambiente industrial 4.0:

- A interação entre os profissionais da empresa é fundamental, mas que eles tenham a excelência dos conhecimentos necessários e trabalhem em projetos com equipes auto-organizáveis e altamente motivadas para otimizar os resultados.
- As equipes devem trabalhar com simplicidade e dinamismo, com debates "cara a cara", em **tempo real** e **na tarefa**.
- Existência de forte interação com todos os clientes, externos ou internos na empresa.
- Foco nas respostas às mudanças, tendo planos e projetos que possam aceitar flexibilidades e ajustes, visando otimizar os resultados.

E, agora, um conjunto de questões – muito importantes! – para o aprimoramento de sua prática decisória, considerando situações de crise que podem ocorrer no ambiente administrativo das empresas.

Este livro foi escrito em um período trágico para a saúde mundial, a pandemia decorrente do novo coronavírus, ou Covid-19, que trouxe fortes reflexos em todos os setores da economia e, por consequência, no processo administrativo e decisório de todas as empresas, independentemente do ramo de atuação, tamanho, localização etc.

Na prática, a falta de previsibilidade na pandemia obrigou os proprietários, os executivos e os demais profissionais das empresas a reinventarem os seus estilos administrativos, modelos de administração, negócios, produtos e serviços, interações com os mercados de clientes e de fornecedores, assim como a forma de lidar com os consumidores em geral e, consequentemente, em seus processos decisórios.

Nesse contexto, algumas questões devem ser analisadas pelas empresas visando inseri-las em seus modelos administrativos e decisórios. Para sua análise, debate, ajustes e possíveis complementações, apresenta-se a seguir uma lista, sem nenhuma preocupação em hierarquizar essas questões; lembrando que a única verdade é o evidenciado pela Organização Mundial de Saúde (OMS): outras pandemias como a de Covid-19 poderão surgir, sempre com resultados desastrosos para a humanidade!

Essas questões são:

i. Ter uma provisão para enfrentar pandemias, com estruturação parecida com a estabelecida com o objetivo de ser uma provisão a devedores duvidosos, lembrando que ela representa uma reserva que uma empresa faz na expectativa de perda de ativos ou na estimativa de valores a desembolsar, dando cobertura de custos ou despesas que, provável ou certamente, ocorrerão no futuro, breve ou mais distante. Ela está baseada nos artigos 9º ao 14 da Lei n. 9.430, de 1996, e no artigo 24 da IN RFB n. 1.515, de 2014.

ii. Ter conhecimento de que ocorrerão fortes oscilações de demanda, com períodos em alta e, logo em seguida, períodos em baixa, provocados, por exemplo, pelo forte isolamento social. Na prática, isso representa a necessidade de cada empresa ter estratégias sustentadas para identificar comportamentos dos grupos locais de consumidores e daí interagir seus produtos e serviços de acordo com essas realidades, as quais podem ir oscilando ao longo do tempo, o que leva cada empresa a ter um planejamento flexível, mas sem perder a sua identidade estratégica perante o mercado. Um cuidado extra nessas situações é que cada um dos profissionais da empresa esteja bem conectado com essas realidades oscilatórias de elevada intensidade; portanto, cada empresa deve ter elevados níveis de resiliência, para saber como receber e administrar os novos desafios, que são intensos e frequentes, além de ter flexibilidade para se reinventar de maneira contínua e sustentada. Nessa situação, uma ideia é a empresa trabalhar com vários cenários em seu processo de planejamento estratégico, e adaptá-los com uma frequência muito maior do que costumava fazer antes da ocorrência da pandemia, pois a imprevisibilidade fica mais intensa; por exemplo, se antes trabalhava com variações de vendas inferiores a 10%, agora, para determinados produtos ou serviços, elas podem chegar a 50% de um mês para outro!

iii. Saber que, em pandemias, como o isolamento social é intenso, a tecnologia da informação e a digitalização sofrem evoluções constantes, sempre com elevado nível de disseminação, e daí surgem as perguntas: "a empresa e seus profissionais estão preparados para isso?"; "e os clientes?"; "e os fornecedores?"; "e os prestadores de serviços para essa empresa?"; "e o mercado em geral?". De qualquer modo, lembre-se: o sistema de comunicação – externo e interno – de cada empresa tem que ser altamente eficiente, eficaz e efetivo.

Na realidade, a tecnologia da informação é uma importante ferramenta administrativa de apoio direto para uma empresa ter maior agilidade decisória e de ação, incrementando a sua necessária capacidade de se reinventar como negócio e de ser fornecedora de produtos e serviços para diferentes segmentos de mercado, pois, se ela não for capaz de ser o foco gerador da próxima ruptura e evolução do seu mercado, seguramente outra empresa fará isso – e, depois, o processo de reconquistar mercado é muito mais difícil, e custoso, do que saber manter o mercado fiel aos seus produtos e serviços.

iv. Criar um comitê de crise – é um título desagradável, mas explicita a sua finalidade – para a empresa focar os projetos certos. Esse comitê é desdobrado em outros, com responsabilidades definidas, para ter maior agilidade decisória, analisando os projetos que deveriam ser cancelados, parados ou iniciados, como decorrência das prioridades estabelecidas.

v. Na questão de teletrabalho, principalmente quando a analisamos no contexto extremo pela recente pandemia do coronavírus, devem ser considerados alguns aspectos:

- É um importante fator de redução de custos, basicamente pela queda de despesas de aluguéis, contas de luz, água, limpeza, segurança, transporte, alimentação, serviços de portaria, apoio a serviços de informática.
- Deve-se tomar alguns cuidados extras, como a necessidade de maior segurança da rede de informática para que arquivos da empresa não fiquem vulneráveis a *hackers* e a pessoas comuns que possam frequentar a casa dos funcionários, bem como acompanhar o nível de produtividade de cada funcionário, o que demanda a configuração prévia de todos os procedimentos e indicadores de avaliação necessários.

Existem outras questões a serem consideradas, como:

- O pagamento de horas extras, pois a atual legislação não estabelece o controle de ponto nem a contabilização do período de trabalho à distância.
- A ocorrência de acidentes de trabalho, pois as atividades não são executadas nas instalações da empresa.

De qualquer modo, as empresas devem se preocupar em proporcionar qualidade adequada nos trabalhos com, por exemplo, atenção à saúde ocupacional para o profissional realizar os seus trabalhos em casa, com cadeira ergonômica, adequada conexão via internet, debates *on-line*, ou seja, com todos os instrumentos de sustentação disponíveis para que exista um otimizado clima organizacional, sempre com saúde ocupacional.

Neste livro, você identificou algumas vezes os termos "risco" e "crise", os quais têm forte influência no processo decisório das empresas em geral.

Entretanto, os riscos são inerentes, com maior ou menor intensidade, a toda e qualquer decisão, e muitos executivos se "acostumam" com essas realidades, chegando a incorporá-las ao seu dia a dia com uma interessante naturalidade; enquanto as crises são esporádicas, não programáveis e não esperadas, intensas e com elevados impactos em praticamente toda a economia e, por consequência, em todo e qualquer tipo de empresa; portanto, é aqui que "a coisa pega".

5.3.1 Como saber se está sempre evoluindo de maneira sustentada e envolvendo todos os níveis e áreas da empresa

Com base em todas as suas análises feitas quanto aos efeitos da atual revolução industrial nas empresas, você pode, nesse momento, fazer uma avaliação do nível de inovação efetiva que está ocorrendo na empresa onde trabalha.

Para tanto, é apresentada uma proposta de formulário – indicando apenas os assuntos básicos – para você realizar essa análise evolutiva, pois é premissa básica o efetivo conhecimento se uma empresa está identificando, desenvolvendo, adaptando, aplicando e aprimorando inovações necessárias à sua sobrevivência, evolução e diferencial competitivo.

Na prática, você deve considerar a real necessidade de completar esse formulário com os detalhes inerentes ao planejamento estratégico e à realidade de cada empresa; de modo geral, você pode considerar o apresentado no Quadro 5.3.

Quadro 5.3 Análise do nível de inovação efetiva

Análise do nível de inovação efetiva	Data	Nº
Cenários:		
Oportunidade identificada:		
Pontos fortes de sustentação:		
Pontos fracos a serem eliminados:		
Objetivo:		
Estratégia básica:		
Projeto decorrente:		
Políticas de sustentação:		

(Continua)

(Continuação)

Datas	Metas				
	Resultados esperados	Níveis de inovação envolvidos	Resultados alcançados	Ações para melhoria	Resultados esperados

Efetivação dos níveis de inovação:

Objetivo alcançado:

Novas oportunidades identificadas:

Coordenador da inovação:

Com referência aos diversos campos do formulário do Quadro 5.3, você pode considerar:

- **Cenários**: pela identificação e análise de cenários projetivos e prospectivos decorrentes do processo de planejamento estratégico. O ideal é você aplicar, inclusive, algumas técnicas auxiliares de delineamento de cenários. Para dúvidas, pode analisar o já citado livro *Estratégia empresarial e vantagem competitiva: como estabelecer, implementar e avaliar*, do mesmo autor e editora.
- **Oportunidade identificada**: explicitação da oportunidade identificada que esteja, direta ou indiretamente, correlacionada à inovação de interesse da empresa.
- **Pontos fortes de sustentação**: indicação dos fatores internos da empresa que, de modo efetivo, sejam pontos fortes e estejam sustentando a interligação estruturada com a oportunidade identificada no ambiente da empresa.
- **Pontos fracos a serem eliminados**: indicação dos fatores internos da empresa que possam atrapalhar a otimizada interligação estruturada com a oportunidade identificada.
- **Objetivo**: estabelecimento do objetivo a ser alcançado, com a indicação do resultado esperado, do prazo de realização e do profissional responsável.
- **Estratégia básica**: indicação da estratégia básica que deverá ser desenvolvida para que o objetivo seja concretizado. Em alguns casos pode ser necessária também a indicação das estratégias complementares, bem como a aplicação de algumas técnicas estratégicas.
- **Projeto decorrente**: cada estratégia deve gerar um projeto para que as ações estabelecidas possam ser implementadas e avaliadas.
- **Políticas de sustentação**: para facilitar os trabalhos e respeitar o estilo administrativo e o modelo de administração da empresa, devem ser estabelecidas todas as políticas que podem proporcionar sustentação à estratégia básica e ao projeto decorrente.

- **Metas:** podem ser estabelecidas e analisadas algumas questões quanto aos momentos intermediários para alcançar o objetivo esperado, como:

    - **Datas:** indicação das datas intermediárias para a análise do processo evolutivo.
    - **Resultados esperados:** indicação, com quantificações, dos resultados esperados em cada momento estabelecido.
    - **Níveis de inovação envolvidos:** especificação, com detalhes, dos níveis de inovação que a empresa pretende obter no período considerado.
    - **Resultados alcançados:** indicação, com detalhes, dos resultados que foram efetivamente alcançados no período considerado.
    - **Ações para melhoria:** indicação de quais ações a empresa precisa implementar para que ocorra uma otimização nos resultados alcançados no período considerado.
    - **Resultados esperados:** explicitação dos resultados que deverão ocorrer com a implementação das ações para melhoria.

Observação: esse processo pode ter continuidade com novas colunas para "resultados alcançados", "ações para melhoria" etc.

- **Efetivação dos níveis de inovação:** explicitação, com detalhes, das reais inovações que a empresa incorporou em suas atividades, negócios, produtos e serviços.
- **Objetivo alcançado:** detalhamento do objetivo final alcançado visando à consolidação de um novo patamar no nível de inovação da empresa.
- **Novas oportunidades identificadas:** essas oportunidades podem ser decorrentes da oportunidade original do processo realizado e podem gerar novas identificações de necessidades de inovações para a empresa.
- **Coordenador da inovação:** indicação do profissional responsável e de toda a sua equipe multidisciplinar de apoio.

Na prática, é fundamental a realização de debates estruturados entre os principais executivos atuantes em processos de inovação na empresa utilizando as informações básicas do formulário do Quadro 5.3 – e outras informações julgadas válidas –, pois desse modo o plano de trabalho decorrente pode proporcionar resultados interessantes para a empresa.

Entretanto, você deve considerar algumas outras maneiras complementares de realizar essas análises da qualidade da evolução tecnológica da empresa.

Para você verificar a qualidade de sua atuação em organizações exponenciais no contexto da atual Revolução Industrial 4.0, pode considerar alguns critérios e parâmetros básicos que lhe possibilitem efetuar, desde que tenha as informações essenciais e verdadeiras, uma análise absoluta, mas também relativa, pois a grande questão é como a sua empresa e correspondentes negócios estão perante as decisões e os resultados das principais empresas concorrentes.

Nesse contexto, você pode aplicar três critérios amplamente divulgados pela teoria e prática administrativa das empresas:

1. A análise da eficiência, que procura otimizar a utilização dos recursos – humanos, financeiros, tecnológicos, materiais, equipamentos – para a obtenção dos resultados anteriormente planejados.
2. A análise do nível de eficácia das atividades da empresa, identificando a contribuição dos resultados obtidos pelos profissionais e atividades da empresa para o alcance dos objetivos estabelecidos em seus processos de planejamento estratégico, tático e operacional.
3. A análise da efetividade apresentada, decorrente da relação equilibrada e otimizada entre os resultados alcançados e os objetivos propostos ao longo do tempo pela organização exponencial atuando em um ambiente de Revolução Industrial 4.0.

Esses três critérios podem ser considerados evidentes, mas a questão do estabelecimento e aplicação de parâmetros de avaliação podem representar algo interpretativo como decorrência da análise dos negócios e do estilo administrativo de cada empresa.

Para sua análise e debate, são apresentados, a seguir, alguns indicadores de avaliação dos resultados da empresa e do desempenho de seus profissionais que você pode considerar, e complementar, de acordo com a sua realidade:

a) Para avaliar a eficiência, em termos absolutos e relativos, podem ser considerados os seguintes indicadores:

i. No caso da avaliação da organização exponencial, você pode aplicar, por exemplo:
   - Eficiência operacional, correspondente ao percentual utilizado da capacidade de produção instalada no desenvolvimento e na implementação das diversas ferramentas administrativas e, a seguir, na operacionalização dos processos decorrentes e suas atividades.
   - Crescimento da receita, considerando o total da receita – operacional e não operacional – no período atual – mês, semestre, ano – dividido pelo total da receita no mesmo período anterior.
   - Geração de caixa, representado pelo saldo médio de caixa dividido pelo total das vendas, o qual mede o equilíbrio entre as contas a receber e as contas a pagar, bem como a velocidade do fluxo de caixa com a identificação de suas faltas e excessos.
   - Conformidade do produto ou do serviço em relação ao padrão estabelecido, analisando, entre outros, o percentual de produtos e serviços produzidos e entregues dentro do padrão, bem como o percentual com defeitos e fora da qualidade desejada.
   - Conformidade do processo crítico, analisando o número de não conformidades nas atividades dos processos diversos da empresa.

- Desperdício, medido pelos percentuais de materiais perdidos, ou de horas de retrabalho ou de tempo improdutivo em relação aos totais dos processos produtivos.
- Flexibilidade, analisado pelo prazo médio decorrido entre o pedido e a entrega do produto ou serviço ao cliente, também chamado de *lead time*.
- Produtividade, medida pelo custo real do processo – soma do custo médio das atividades e dos insumos diretamente ligados à execução do processo – dividido pelo custo ideal, o qual é obtido por meio de *benchmarking* com outras empresas que sejam consideradas referência de excelência.
- Conformidade dos processos estabelecidos, como os de logística e de qualidade total.
- Conformidade dos projetos, analisando a essência da avaliação pelas não conformidades ou número de alterações no projeto, ou o tempo real do projeto dividido pelo tempo previsto, ou o custo real do projeto dividido pelo custo previsto.
- Custo ambiental, calculado pelos custos decorrentes dos danos causados ao meio ambiente no período – multas, indenizações, correções de danos, interrupções das atividades da empresa – dividido pela receita no mesmo período.
- Investimento em responsabilidade social, analisado pelo percentual investido em relação à receita da empresa.
- Risco ambiental, correspondente ao número de não conformidades ambientais e ao número de aspectos ambientais inaceitáveis reduzidos pela adequada administração da empresa.
- Qualidade dos produtos e serviços adquiridos, medindo a sua conformidade frente às suas especificações, à potencialidade de entrega, ao percentual de fornecedores com qualidade assegurada.

ii. No caso da avaliação de eficiência do profissional que trabalha em uma organização exponencial, você pode aplicar alguns indicadores, por exemplo:
- Capacitação, quando são avaliados os níveis de conhecimento, habilidade e atitude para melhor desempenhar as tarefas de seu cargo e função na empresa.
- Análise do processo de inovação, medindo o tempo do ciclo do projeto de produtos e serviços, o custo em pesquisa e desenvolvimento, o retorno proporcionado pelos projetos de novos produtos, serviços e processos, bem como a receita proveniente de novos produtos e serviços.
- Análise do serviço pós-venda, verificando o prazo médio para solução de reclamações e o custo da assistência pós-venda.
- Produtividade, analisando o realizado individualmente ou em equipe, perante o previsto que foi identificado por *benchmarking*.
- Conformidade social, pontuando ações individuais, por equipes ou pela empresa, focando valores, transparência, público interno, público externo, meio ambiente, comunidades, governos, sociedade como um todo, concorrentes.

- Satisfação, analisada pelo percentual de pessoas que se declaram – e demonstram – suficientemente motivadas, satisfeitas e comprometidas com os objetivos e metas individuais, da equipe e da empresa.
- Competência, pelo percentual de pessoas que não necessitam de supervisão direta e se sentem com autoridade e delegação suficientes em seus trabalhos.
- Volume de treinamento, contemplando os percentuais da receita investida em treinamento, de horas de treinamento em relação às horas disponíveis e do cumprimento do plano de treinamento.
- Equidade de remuneração, medindo o percentual de funções da empresa que mantêm paridade salarial com o mercado.
- Bem-estar, analisando o percentual de pessoas com doença ocupacional decorrente de suas atividades na empresa e o percentual de pessoas satisfeitas com os benefícios que a empresa oferece.
- Segurança, verificando a frequência e a gravidade de acidentes, o número de pessoas capacitadas em segurança de trabalho.
- Participação, indicando o número de sugestões implementadas dividido pelo total de funcionários e o percentual de pessoas que participam de projetos de melhoria na empresa.

b) Para analisar a eficácia, em termos absolutos e relativos, podem ser considerados os seguintes indicadores:

i. No caso da avaliação da organização exponencial, você pode aplicar, por exemplo:
   - Participação de mercado, sendo uma interessante análise relativa da empresa perante seus concorrentes.
   - Fidelidade, analisando o percentual da base de clientes que compra regularmente da empresa, por exemplo, há mais de três anos.
   - Imagem, correspondendo ao percentual de entrevistados que têm uma visão positiva da empresa quanto aos seus produtos e serviços, valores culturais, respeito aos clientes e ações de responsabilidade social.
   - Conhecimento da marca, verificando o percentual de entrevistados que se lembram da marca da empresa e/ou de seus principais produtos e serviços em primeiro lugar.
   - Garantia da qualidade, considerando o número de não conformidades identificadas por auditoria de fornecedor e por unidade comprada.
   - Margem bruta, que mede o equilíbrio entre a receita e a despesa da empresa, dividindo o total das vendas menos o custo dos produtos vendidos pelo total das vendas.
   - Lucratividade, correspondendo à relação entre os resultados apresentados – lucro ou prejuízo – e os gastos da empresa ao longo do tempo.

- Rentabilidade, pela relação percentual entre o lucro de determinado projeto, negócio ou período e o total de investimento realizado.

ii. No caso da avaliação da eficácia dos profissionais que atuam em organizações exponenciais, você pode considerar, por exemplo:
- Conquista de novos clientes, analisando o número de novos clientes por segmento de mercado e as vendas a novos clientes por segmento, decorrentes de ações mercadológicas desenvolvidas por profissionais da empresa.
- Comprometimento, verificando o percentual de pessoas que demonstram, com ações efetivas, estarem envolvidas e engajadas em atividades vinculadas aos objetivos, metas, estratégias, políticas, projetos e práticas da empresa.
- Retenção de pessoas-chave, dividindo o número de profissionais com elevado conhecimento que se desligaram espontaneamente da empresa, pelo total de pessoas-chave alocadas no mesmo trabalho, no período considerado.
- Melhoria contínua e produtividade, medindo o valor econômico agregado por pessoa, dividindo a receita total pelo número de profissionais ou analisando o percentual realizado das metas individuais e das equipes de trabalho.
- Resultado dos treinamentos, medindo o percentual de pessoas que trabalham em atividades operacionais e/ou inovadoras aplicando em suas tarefas os conhecimentos e as habilidades adquiridos nos programas de treinamento.
- Avanço na carreira, verificando o percentual de oportunidades preenchidas internamente e o percentual de pessoas que avançaram na carreira nos últimos meses.
- Tempo de recuperação do investimento, considerando o número de meses, e de profissionais, necessários, em média, para obter o retorno do investimento feito em um novo produto, serviço, processo ou modelo de administração.

c) Para analisar a efetividade, em termos absolutos e relativos, podem ser considerados os seguintes indicadores:

i. No caso da organização exponencial, você pode aplicar, por exemplo:
- Valor relativo do produto ou serviço, realizado por pesquisas entre os clientes. A partir disso, são medidos e avaliados atributos do produto ou serviço da empresa, como pontualidade, qualidade, atendimento etc., bem como das organizações concorrentes.
- Manifestações dos clientes, pelo percentual de reclamação procedentes em relação ao total de clientes, ou percentual de devoluções em relação ao total vendido.
- Receita de novos produtos ou serviços analisados pelo percentual da receita obtida com novos produtos ou serviços lançados, por exemplo, há menos de dois anos, focando a capacidade da empresa de transformar inovação em ganhos reais.

- Aceitação de novos produtos e serviços, pelo percentual de unidades de novos produtos ou serviços vendidos em relação ao total de unidades de venda prevista para eles.
- Qualidade do sistema de informações, analisando o número de informações críticas disponíveis dividido pelo total de informações críticas necessárias, as quais são essenciais para o alcance dos objetivos e das metas da empresa.

ii. No caso da avaliação da efetividade dos profissionais que atuam em organizações exponenciais, você pode considerar, por exemplo:
- Relacionamento, medindo o percentual de negociações bem-sucedidas, do tipo "ganha-ganha", realizadas com fornecedores, clientes e instituições diversas, bem como com colegas de trabalho.
- Geração de ideias, pelo percentual de ideias de produtos e serviços avaliadas em relação ao total de pessoas envolvidas no desenvolvimento deles e o percentual de ideias transformadas em projetos – e, estes, em produtos e serviços – em relação ao total de ideias geradas.
- Satisfação com as lideranças, verificando o percentual de pessoas que se declaram satisfeitas, ou muito satisfeitas, com o estilo administrativo e de liderança na empresa, e sentem que esses líderes podem levar a empresa ao sucesso.
- Habilidade dos líderes, obrigando a empresa a ter uma sistemática estruturada para identificar, desenvolver e avaliar líderes, podendo abranger atributos como capacidade de estabelecer prioridades, de delegar, de comunicar e de desenvolver pessoas.
- Capital intelectual, correspondendo ao valor agregado proporcionado aos produtos e serviços por meio do conhecimento acumulado na empresa, que engloba o número de tecnologias dominadas dividido pelo total de tecnologias necessárias, o percentual de conhecimentos críticos para o sucesso da empresa e dominados por mais de uma pessoa, o percentual de conhecimentos críticos documentados e disseminados em áreas específicas da empresa.

Com referência à lista de indicadores de avaliação apresentados, evidencia-se que eles foram baseados nos estabelecidos pela Fundação Programa Nacional de Qualidade (FPNQ) e pelo *Balanced Scorecard* (BSC), desenvolvido por Robert Kaplan e David Norton (1998), os quais, pela ampla aplicação em empresas diversas, possibilitam uma interessante análise relativa com outras empresas que podem ser referência de excelência em um processo de *benchmarking*.

Questões para debate e consolidação de conceitos

1. Como você pretende aplicar, em sua vida pessoal e profissional, as questões administrativas e tecnológicas apresentadas neste livro?

2. Explique, com justificativas e exemplos, como você pretende se manter atualizado frente às diversas evoluções tecnológicas que estão ocorrendo e ainda ocorrerão em futuro breve ou mais distante.
3. Identifique e debata algumas ações que o governo brasileiro deveria implementar para incentivar a atuação tecnológica dos estudantes e dos profissionais que atuam em nosso país.
4. Explique, com justificativas e exemplos, como você pretende se consolidar como um profissional diferenciado e de valor para as empresas nesse atual cenário de rápidas evoluções tecnológicas.

Exercício para reflexão

O Jaqueira Esporte Clube quer saber em que – e como – a evolução tecnológica que está ocorrendo de forma inquestionável no mundo 4.0 poderá afetar, positiva ou negativamente, a sua atuação junto aos sócios do clube, bem como frente aos outros clubes da cidade.

A evolução tecnológica está ocorrendo e cada pessoa ou instituição a usa de acordo com a sua competência e interesse.

Entretanto, o Jaqueira Esporte Clube tem uma importante realidade entre os seus sócios, os quais têm os mais variados interesses e expectativas, o que, na prática, pode se tornar complicado atender na plenitude.

Como a diretoria do Jaqueira quer dar um equilíbrio nessa situação, levando em consideração, de maneira harmoniosa e equilibrada, todas as expectativas dos diferentes sócios, decidiu fazer um plano geral para resolver essa questão.

Um modo para trabalhar nesse contexto é por meio de uma pesquisa com todos os sócios do clube, procurando saber como essa evolução tecnológica que está ocorrendo de forma inquestionável no mundo 4.0 afeta, e poderá afetar, positiva ou negativamente, a atuação do clube perante os seus sócios.

Esse debate deve ser amplo, envolvendo todos os assuntos abordados neste livro, bem como outros de seu interesse.

Em um contexto bem amplo, você também deve considerar a interação do Jaqueira com os outros clubes da cidade, inclusive porque várias das atividades, principalmente esportivas, envolvem a interação entre esses clubes.

Com base nos resultados desses cinco exercícios apresentados no livro, você pode proporcionar uma contribuição – mesmo que pequena – ao seu clube social e esportivo.

Boa sorte!

Caso para análise, proposta de solução e debate

A Faculdade XYZ quer se preparar para ser uma instituição identificadora e captadora de modernas tecnologias que surgem e evoluem no ambiente industrial 4.0.

E, agora, chegou a hora da verdade!

A Faculdade XYZ quer ser consolidada como uma instituição identificadora, captadora e aplicadora das mais modernas tecnologias em seu processo educacional, ou seja, essa será a sua vantagem competitiva real, sustentada e duradoura.

Para tanto, você deve explicitar todas as estratégias e ações que devem ser desenvolvidas e operacionalizadas pela Faculdade XYZ – em parceria com a Escola Técnica ABC – para que esse processo se consolide com qualidade.

Como é importante o seu "exercício mental", uma ideia é você "errar pelo excesso", ou seja, listar e debater todas as questões possíveis que devem ser consideradas e analisadas nesse estudo de caso.

Após elencar e trabalhar com todas as possibilidades, você deve hierarquizar, por um critério de sua escolha, as várias estratégias e ações a serem operacionalizadas, sendo ideal que você explique, com o máximo de detalhes, "como" esses trabalhos serão realizados.

As duas instituições de ensino agradecem, antecipadamente, as suas valiosas contribuições inovadoras.

Bibliografia

"Você nunca sabe que resultados virão da sua ação. Mas, se você não fizer nada, não existirão resultados."
Mahatma Gandhi

A seguir são apresentadas as referências bibliográficas que proporcionam maior sustentação para esta obra.

Espera-se que você, durante a leitura, análise e aplicação do conteúdo deste livro, tenha complementado com outras referências bibliográficas, pois em administração – e outras áreas do conhecimento – é importante ter a visão de diferentes profissionais e autores do assunto "administração".

ASSOCIAÇÃO NACIONAL DOS FABRICANTES DE VEÍCULOS AUTOMOTORES (ANFAVEA). *Anuário da Indústria Automobilística Brasileira*. São Paulo, 2010.

BACHIR, José; FIUZA, José B. S.; SALOMÃO, Paulo. *TVL – Treinamento vivencial de liderança*. São Paulo: DO – Desenvolvimento de Organizações, 1976.

BES, Fernando de Trías; KOTTLER, Philip. *A bíblia da inovação*: princípios fundamentais para levar a cultura da inovação contínua às organizações. São Paulo: Leya, 2011.

CATMULL, Ed. *Criatividade S. A.*: superando as forças invisíveis que ficam no caminho da verdadeira inspiração. São Paulo: Rocco, 2014.

DALIO, Ray. *Princípios de administração*. Rio de Janeiro: Intrínseca, 2018.

DIAMANDIS, Peter H.; KOTTLER, Steven. *Abundância*: o futuro é melhor do que você imagina. São Paulo: HSM Editora, 2018.

DWECK, Carol S. *Mindset*: a nova psicologia do sucesso. São Paulo: Objetiva, 2017.

FERNANDES, Marcio. *Filosofia de gestão*: cultura e estratégia com pessoas. Rio de Janeiro: Portfolio – Penguin, 2019.

FERRY, Luc. *A inovação destruidora*: ensaio sobre a lógica das sociedades modernas. São Paulo: Objetiva, 2015.

GRANT, Adam. *Originais*: como os inconformistas mudaram o mundo. Rio de Janeiro: Sextante, 2017.

GOLEMAN, Daniel. *Inteligência emocional*: a teoria revolucionária que redefine o que é ser inteligente. São Paulo: Objetiva, 2019.

HARARI, Yuval N. *21 lições para o século 21*. São Paulo: Companhia das Letras, 2018.

HENDERSON, W. O. *A revolução industrial*. São Paulo: Verbo – USP, 1979.

HOFFMA, Reid; YEH, Chris. *Blitzscaling*. New York: Currency, 2018.

ISMAIL, Salim; MALONE, Michael S.; GEEST, Yuri van. *Organizações exponenciais*: por que elas são dez vezes melhores, mais rápidas e mais baratas que a sua; e o que pode ser feito a respeito. São Paulo: HSM Editora, 2015.

ITO, Joi; HOWE, Jeff. *Disrupção e inovação*: como sobreviver ao nosso futuro acelerado. Rio de Janeiro: Alta Books, 2018.

KAHNEMAN, Daniel. *Rápido e devagar*: duas formas de pensar. São Paulo: Objetiva, 2019.

KAPLAN, Robert; NORTON, David. *Estratégia em ação*: balanced scorecard. Rio de Janeiro; Campus: KPMG, 1998.

KELLY, Kevin. *Inevitável*: as 12 forças tecnológicas que mudarão nosso mundo. Rio de Janeiro: Alta Books, 2018.

KEPLER, João; OLIVEIRA, Thiago. *Os segredos da gestão ágil por trás das empresas valiosas*. São Paulo: Gente, 2019.

KESSLER, Sarah. *Gigged*: the end of job and the future of work. New York: St. Martino's Press, 2018.

KUCZYNSKI, Jürgen. *Evolução da classe operária*. Madri: Guadarrama, 1967.

KURZWEIL, Ray. *The singularity is near*: when humans transcend biology. New York: Penguin Books, 2018.

MAGALDI, Sandro; SALIBI NETO, José. *Gestão*: o novo código da cultura. São Paulo: Gente, 2018a.

MAGALDI, Sandro; SALIBI NETO, José. *Gestão do amanhã*: tudo que você precisa saber sobre gestão, inovação e liderança para vencer na 4ª Revolução Industrial. São Paulo: Gente, 2018b.

MLODINOW, Leonard. *Elástico*: como o pensamento flexível pode mudar nossas vidas. Rio de Janeiro: Zahar, 2018.

NAIL, Rob. *Exponential leadership*. Chicago: Singularity University Press, 2014.

NORDHAUS, William D.; SAMUELSON, Paul A. *Economia*. 19. ed. Porto Alegre: AMGH, 2012.

OSTERWALDER, Alexander; PIGNEUR, Yves. *Business Model Generation*: inovação em modelo de negócios. Rio de Janeiro: Alta Books, 2011.

PISTONO, Federico. *Os robôs vão roubar seu trabalho, mas tudo bem*. São Paulo: Companhia das Letras, 2017.

REIS, Abel. *Sociedade.com*: como as tecnologias afetam quem somos e como vivemos. Porto Alegre: Arquipélago, 2018.

RIES, Eric. *A startup enxuta*: como os empreendedores atuais utilizam a inovação contínua para criar empresas extremamente bem-sucedidas. São Paulo: Leya, 2012.

RIOUX, Jean Pierre. *A revolução industrial*. São Paulo: Pioneira, 1975.

SCHWAB, Klaus. *A quarta revolução industrial*. São Paulo: Edipro, 2016.

SISODIA, Raj; HENRY, Timothy; ECKSCHMIDT, Thomas. *Capitalismo consciente*: guia prático. São Paulo: Voo, 2018.

SORTINO, Guilherme. *Guia do executivo para tomada de decisões*: CEO's Tool Box. São Paulo: Atlas, 2005.

TAYLOR, Frederick. *Princípios de administração científica*. São Paulo: Atlas, 1970.

Índice Alfabético

A

Abordagem
   criativa, 131
   estrutural, 132
   processual, 132
Aceitação de novos produtos e serviços, 231
Aceleradora, 43
Ações para melhoria, 226
Adhocracia, 12
Administração
   de processos, 167, 168
   do conhecimento, 17, 119, 120
   dos processos e das atividades, 148
   estratégica, 16
   participativa, 16
   por competências, 119
   virtual, 16
Afetividade, 127

Agente(s)
   de desenvolvimento organizacional, 9
   do ambiente externo das empresas, 154
   externos das empresas, 199
Alocação
   das ferramentas administrativas nas diversas etapas, 156
   de pessoas, 193
Ambiente industrial 4.0, 202
Análise
   da capacitação
      estratégica, 90
      profissional, 97
   da efetividade, 227
   da eficiência, 227
   das ferramentas administrativas, 78
   das precauções, 141
   das questões para evitar atuação passiva, 210
   de decisão, 11

de risco, 11
de viabilidade, 169
do nível de
 eficácia, 227
 inovação efetiva, 224
do processo de inovação, 228
do serviço pós-venda, 228
dos fatores para uma atuação ativa, 207
externa da empresa, 12
Aprendizado
de máquina, 153
profundo, 153
Aprimoramento, 80, 106, 218
Atitude interativa, 38
Atuação
ativa, 203
dos profissionais, 37
passiva, 208
Autoavaliação, 128
Autoridade hierárquica, 6
Avaliação, 80, 105, 124, 218
da organização exponencial, 227
de desempenho por critérios objetivos, 163
Avanço na carreira, 230

B

B2B, 44
B2C, 44
Balanced scorecard, 119
Bem-estar, 229
Benchmarking, 58, 67, 70
Break-even, 44
Burocracia, 6

C

Cadastro de capacitação interna, 115, 162

Capacidade de pensar, 127
Capacitação profissional, 37, 97, 120, 149, 228
Capital
de risco, 44
empreendedor, 44
humano e intelectual, 117
intelectual, 118, 231
Cargo, 139
Cenários, 225
estratégicos, 13
Centro de orientação profissional, 45
Ciência de dados, 153
Clima organizacional, 8, 101, 139
Código de ética profissional, 42
Competência, 120, 229
Compliance, 39, 99, 215
Comportamento, 150
Comprometimento, 60, 128, 150, 230
Comunicação, 7
digital, 152
Conformidade
do(s) processo(s)
 crítico, 227
 estabelecidos, 228
do produto ou do serviço, 227
dos projetos, 228
social, 228
Conhecimento, 120, 149, 229
da marca, 229
instantâneo, 120
Conquista de novos clientes, 230
Consolidação de uma nova atuação inovadora da empresa, 215
Cooperação, 127
Coordenador da inovação, 226

Coragem, 127
Core business, 44
Coworking, 43
Crescimento da receita, 227
Criatividade, 7, 126
Cultura
    digital, 152
    organizacional, 9, 174
Curiosidade, 127
Custo
    ambiental, 228
    da qualidade, 184
    por atividades, 149

D

Datas, 226
Decisão, 80, 102, 103, 123
Departamentalização por processos, 14
Desempenho, 150
Desenho de processos, 14
Desenvolvimento
    de pessoas, 114, 123, 126, 130, 193, 219
    dos recursos humanos, 140
    dos trabalhos, 133
    organizacional, 165, 166, 179
Design thinking, 198
Desperdício, 228
Diagnóstico empresarial, 9
Dinâmica de grupo, 8
Direção, 80, 102, 103, 123, 217
Disrupção, 194
Disseminação, 101

E

Economia
    circular, 200

    criativa, 112
    linear, 200
Educação corporativa, 117
Efetivação dos níveis de inovação, 226
Efetividade, 128, 230
Eficácia, 128, 229
Eficiência, 127, 228
    operacional, 227
Empatia, 127
Empreendedorismo, 16
    social, 44
Entendimento, 60
Equidade de remuneração, 229
Equipe multidisciplinar, 9
Era Digital, 59, 85, 86
Escalabilidade, 44
Escola
    Burocrática, 5
    Clássica, 4, 6
    Contingencial, 11
    de administração, 4
    Humanista, 6
    Moderna, 13, 14
    Quantitativa, 10
    Sistêmica, 10
Estabelecimento
    dos cenários consolidados, 89
    inicial dos cenários, 89
Estilo administrativo, 8, 38, 74, 140, 160, 162, 165
Estratégia(s), 13
    básica, 225
Estrutura
    da carreira em linha ascendente, 47
    de administração de carreiras, 47
    em rede de evolução na carreira, 47

em Y de evolução na carreira, 48
organizacional, 53, 149
paralela de evolução na carreira, 48
Estruturação
de sistemas, 10
formal das empresas, 6
geral das empresas, 35
Evolução
pessoal, 101
processo irreversível, 24
tecnológica, 40, 53

F

Fatores
componentes, 206
condicionantes, 207
de influência, 182, 206
de sustentação, 205
Felicidade, 127
Ferramentas administrativas, 3, 57, 58, 67, 131, 133, 136, 138
estruturação e aplicação das, 131
momento ideal de aplicação das, 133
Fidelidade, 229
Finanças, 113, 123, 219, 220
Flexibilidade, 166, 228
inteligente, 166
Foco
no conhecimento, 127
nos resultados, 128
Formação da equipe ideal, 162
Fortalecimento da ética, 195
Função(ões)
avaliação e aprimoramento, 218
da administração, 80
das empresas, 107
desenvolvimento de pessoas, 219
direção e decisão, 217
finanças, 219
liderança, 217
marketing, 218
organização, 216
planejamento, 216
processos e tecnologia, 220
produção, 218

G

Garantia da qualidade, 229
Geração
de caixa, 227
de ideias, 231
Gestão da informação, 152
Governança corporativa, 16, 99, 215
Grau de importância, 141

H

Habilidade dos líderes, 231
Humildade, 127

I

Identidade digital, 152
Identificação dos fatores relevantes, 88
Imagem, 229
da empresa, 140
Imunização cognitiva, 76
Incompetência profissional, 209
Incubadora, 43
Indicadores de desempenho, 11, 70
Indústria 4.0, 19, 190
impactos da, 191
Inovação, 196, 197
de competitividade, 197

de continuidade, 197
de mercado, 197
de resultado, 197
Inspiração, 127
Instituto Nacional
de Padrões e Tecnologia, 23
de Propriedade Industrial, 22
Inteligência
artificial, 150, 193
emocional, 173
humana, 150
Interação e interatividade, 127
Interligação das estratégias, 67
Investidor anjo, 43
Investimento em responsabilidade social, 228

L

Lean manufacturing, 190
Liderança, 7, 80, 100, 104, 123, 126, 130, 217
Líderes exponenciais, 151
Logística, 15, 149
Lucratividade, 229

M

Manifestações dos clientes, 230
Mapeamento, 78
Margem bruta, 229
Marketing, 108, 123, 218
de atração, 110
total, 149, 168
Marketplaces, 113
Melhoria contínua, 230
Mentoria, 43
Meritocracia, 39

Metas, 226
Metodologia
de estabelecimento de objetivos e metas, 12
dos trabalhos com as ferramentas administrativas, 59
Modelo(s)
de administração, 74, 161, 166
organizacionais, 13

N

Negócios, 147, 191
Nível(eis)
de inovação envolvidos, 226
de rentabilidade, 84
hierárquicos da empresa, 50
Novas oportunidades identificadas, 226

O

Objetivo, 11, 154, 225, 226
alcançado, 226
de desenvolvimento sustentável, 154
empresarial, 11
Oportunidade identificada, 225
Organização, 80, 94, 98, 123, 216
do tema, 177
exponencial, 18, 146, 155, 230
formal da equipe, 177
mundial de propriedade industrial, 22
Orientação para o desempenho profissional, 140

P

Painel integrado, 178
Participação, 84, 229
de mercado, 229
do negócio, 84

Pensamento
    estratégico, 38, 104
    flexível, 196
Perguntas-chave, 176
Pesquisa operacional, 11
Pivotagem, 82
Planejamento, 80, 81, 97, 216
    empresarial, 83
    estratégico, 13, 135, 148
    operacional, 12
    tático, 12
Plano
    de carreira, 39, 46
    de negócios, 161
Políticas de sustentação, 225
Pontos
    fortes de sustentação, 225
    fracos a serem eliminados, 225
Potencial, 150
Precaução, 141
Preocupação, 127
Primeira Revolução Industrial, 19, 190
Princípio do "ganha-ganha", 82
Processo, 34, 39, 122, 123, 134, 155, 220
    de desenvolvimento e consolidação, 155
    de evolução profissional, 39
    e tecnologia, 220
    evolutivo, 34, 134
Produção, 121, 123, 218
Produtividade, 128, 228, 230
Produto
    mínimo viável, 44
    ou serviço oferecido, 149
Profissionais da empresa, 191
Projeto decorrente, 225
Propósito de vida, 128
Psicologia empresarial, 8

Q

Qualidade
    do sistema de informações, 231
    dos produtos e serviços adquiridos, 228
    total, 14, 148
        na organização exponencial, 183
Quarta Revolução Industrial, 19, 22, 189, 190

R

Receita de novos produtos ou serviços, 230
Recrutamento de pessoas, 193
Rede
    de integração entre empresas, 15
    escalar de objetivos, 12, 95
Reengenharia, 15, 169
Relacionamento, 231
Relatórios gerenciais, 97
Remuneração, 140
Rentabilidade, 230
Resiliência, 128, 194
Responsabilidade, 16, 128
    social, 16
Resultados
    alcançados, 226
    dos treinamentos, 230
    esperados, 226
Retenção de pessoas-chave, 230
Revolução Industrial 4.0, 22, 112
Risco
    alto, 90
    ambiental, 228
    baixo, 90
    médio, 90
    muito alto, 90
Robotização, 21

Rodada
    de contribuições, 177
    de esclarecimentos, 177

S

Sabedoria, 127
Satisfação, 229, 231
Segmentos de mercado, 154, 199
Segunda Revolução Industrial, 19, 190
Segurança, 153, 229
    de dados, 153
Seleção de pessoas, 193
Sistema
    de comunicação, 97
    de informações gerenciais, 10, 149
Situação do mercado, 84
Stakeholders, 43
Startups, 43
Sustentabilidade, 200

T

Técnica(s)
    de intervenção, 9
    de orientação profissional, 101
    do painel integrado, 178, 179
    específicas para o estabelecimento de cenários, 87
    estratégicas, 13, 83
        para análise de novos negócios, 83
        para análise dos negócios atuais, 83
    vivencial de liderança, 176
Tecnologia, 10, 40, 122, 123
    aplicada, 40
    da informação, 10
Tema, 177
Tempo de recuperação do investimento, 230
Tempo real e na tarefa, 20, 24, 38, 62, 82, 101, 104, 115, 166, 217, 221
Teoria
    Comportamentalista, 7, 8
    da Administração, 4, 11, 12, 14
        Científica, 4
        por Objetivos, 11, 12
        por Processos, 14
    da Burocracia, 6
    da Contingência, 12
    da Excelência das Empresas, 15
    das Relações Humanas, 6, 7
    de Sistemas, 10
    do Desenvolvimento Organizacional, 9
    do Processo Administrativo, 5
    Estruturalista, 8
    Matemática, 10
Terceira Revolução Industrial, 20, 190
Trabalho
    em equipes multidisciplinares, 128
    em rede, 152
Treinamento na tarefa e em tempo real, 163

U

Unicórnio, 44
Universidade corporativa, 116, 119

V

Valor
    agregado, 38, 104
        sinérgico, 66
    relativo do produto ou serviço, 230
Vantagem competitiva, 48
Violência organizada contra as máquinas, 21
Visão estratégica, 152
Vitalidade organizacional, 140
Volume de treinamento, 229

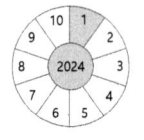